汽车概论及文化

主　编	熊前偲		
副主编	刘艳宾	向　波	
参　编	蔡　彧	庞宏磊	刘　良
	钟易谋	贾锡祥	杨章林
	张　芳	陆玉亭	郭振江
	李　飞		

重庆大学出版社

内容提要

本书从世界上主要汽车品牌中精选加工,整理汇集,形成了汽车多种文化的鲜明特点。

全书共分八章,分别介绍了汽车的发展历史、汽车分类标准、现代汽车构造、世界著名汽车品牌、中国汽车品牌、汽车外形与色彩、汽车运动文化、汽车使用技术。

本书可作为普通高等学校及高职高专院校汽车概论及文化课程的教材和参考书,也可供广大汽车爱好者学习参考。

图书在版编目(CIP)数据

汽车概论及文化/熊前偲主编.—重庆:重庆大
学出版社,2014.5(2022.9重印)
(高职高专汽车技术服务与营销专业示范建设丛书)
ISBN 978-7-5624-8135-5

Ⅰ.①汽… Ⅱ.①熊… Ⅲ.①汽车—文化—高等职业
教育—教材 Ⅳ.①U46-05

中国版本图书馆 CIP 数据核字(2014)第 074709 号

汽车概论及文化

主 编 熊前偲
副主编 刘艳宾 向 波
策划编辑:鲁 黎

责任编辑:李定群 高鸿宽 版式设计:鲁 黎
责任校对:谢 芳 责任印制:张 策

*

重庆大学出版社出版发行
出版人:饶帮华
社址:重庆市沙坪坝区大学城西路 21 号
邮编:401331
电话:(023) 88617190 88617185(中小学)
传真:(023) 88617186 88617166
网址:http://www.cqup.com.cn
邮箱:fxk@cqup.com.cn(营销中心)
全国新华书店经销
POD:重庆新生代彩印技术有限公司

*

开本:787mm×1092mm 1/16 印张:13.75 字数:343 千
2014 年 5 月第 1 版 2022 年 9 月第 4 次印刷
ISBN 978-7-5624-8135-5 定价:39.80 元

参编的人员有（排名不分先后）：

熊前偲（重庆三峡职业学院）

刘艳宾（重庆三峡职业学院）

向　波（重庆三峡职业学院）

蔡　彧（重庆三峡职业学院）

庞宏磊（南京工业职业技术学院）

刘　良（四川宜宾职业技术学院）

钟易谋（四川宜宾职业技术学院）

贾锡祥（重庆电讯职业学院）

杨章林（安徽滁州职业技术学院）

张　芳（包头轻工职业技术学院）

陆玉亭（常州纺织服装职业技术学院）

郭振江（扬州工业职业技术学院）

李　飞（乌鲁木齐职业大学）

前 言

本书从世界上主要汽车品牌中精选加工,整理汇集,形成了汽车多种文化的鲜明特点。对汽车概论及文化相关的内容深入分析,把汽车概论及文化的内容清晰地展现给大家。

本书共分8章,分别介绍了汽车的发展历史、汽车分类标准、现代汽车构造、世界著名汽车品牌、中国汽车品牌、汽车外形与色彩、汽车运动文化、汽车使用技术。本书图文并茂,内容经典,可读性强,可以给读者提供系统的知识、翔实的史料、智慧的启迪和未来的思考。

本书可作为普通高等学校及高职高专院"校汽车概论及文化"课程的教材和参考书,也可供广大汽车爱好者学习参考。

本书是由重庆三峡职业学院熊前偲担任主编,重庆三峡职业学院刘艳宾、向波担任副主编。特别感谢南京工业职业技术学院庞宏磊(第1章的1.1,1.2,1.3),重庆三峡职业学院蔡彧(第1章的1.4),四川宜宾职业技术学院刘良(第3章的3.1,3.2,3.3),四川宜宾职业技术学院钟易谋(第3章的3.4),重庆三峡职业学院熊前偲(第2章,第3章的3.5,3.6),重庆电讯职业学院贾锡祥(第4章的4.1,4.2,4.3,4.4,4.5),重庆三峡职业学院向波(第4章的4.6,4.7,4.8,4.9,4.10),安徽滁州职业技术学院杨章林(第5章),包头轻工业职业技术学院张芳(第6章),常州纺织服装职业技术学院陆玉亭(第7章的7.1,7.2),重庆三峡职业学院刘艳宾(第7章的7.3,7.4),扬州工业职业技术学院郭振江(第8章),乌鲁木齐职业大学李飞(第9章)参与编写。

由于水平有限,书中难免会有疏漏和不妥之处,欢迎读者批评指正。

编 者
2014年2月

目 录

第 **1** 章
汽车的发展历史

自19世纪末第一辆三轮汽车诞生至今,汽车的发展经历了100多年的历史,逐步成为国民经济发展的命脉,成为各国工业的火车头。如今,汽车已融入了人们生活,成为人们出行必要的交通工具。汽车集科技、文化与时代感为一体,是人类现代化文明的标志,是人类创造的精美的会行走的机器。

1.1　汽车的诞生与发展

原始社会时期,人们没有交通工具,只能靠手拉肩扛、众人搬抬等方式来搬运东西。人们通过把圆木置于重物之下,推着将其移动。后来人们用较大直径的圆木加工改造,并形成了带轴的轮子,于是便出现了最原始的车。通过驯化动物(如马、牛、骆驼等)来作为动力,驱动行驶。各种最原始的车如图1.1—图1.4所示。

图1.1　指南车

图1.2　记里鼓车

图1.3　手推车

图1.4　马车

1

1.1.1 蒸汽机诞生

约 1 世纪古希腊数学家亚历山大港的希罗发明了蒸汽机的雏形——汽转球(见图 1.5),它是已知最早以蒸汽转变成动力的机器。法国物理学家丹尼斯·巴本约在 1679 年研制了第一台蒸汽机的工作模型。1705 年纽科门及其助手卡利研制成功了大气式蒸汽机,主要用它来驱动独立的提水泵,人们称之为纽科门大气式蒸汽机,并得到了迅速推广。但此类蒸汽机只考虑气压差,对蒸汽张力利用较低,使得蒸汽进入汽缸时,大量的热量会被刚被水冷却过的汽缸壁吸收,使得热效率较低。在 1765 年英国格拉斯哥大学修理工詹姆斯·瓦特(见图 1.6)发现此缺点,经过大量实验发明设计了与汽缸壁分开的冷凝器蒸汽机,并在 1774 年,瓦特和其助手博尔制造了真正意义的蒸汽机(见图 1.7)。蒸汽机推动了机械工业甚至社会的发展,并为汽轮机和内燃机的发展奠定了基础。

  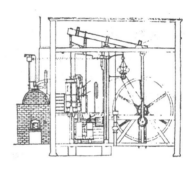

图 1.5 汽转球　　　　图 1.6 瓦特　　　　图 1.7 瓦特蒸汽机模型

1.1.2 蒸汽汽车时代

在瓦特改进蒸汽机后,许多发明家纷纷把瓦特的发明应用到"自走式车辆"的设计中。世界上第一辆动力车并不是真正意义上的汽车,它的主要动力来源于蒸汽,应称它为蒸汽汽车。

1769 年法国陆军工程师、炮兵大尉尼古拉斯·古诺(另译卡格诺·居里奥)受到法国陆军大臣肖瓦茨尔公爵两万英镑的研制费用的资助,用 6 年时间成功地研制了世界上第一辆完全靠自身动力行驶的蒸汽动力车(见图 1.8),标志着人类以机械动力驱动车辆的时代的开始,是古代交通运输与近代交通运输的分水岭,具有划时代的意义。

该车车身为木制三轮车,长 7.3 m,高 2.2 m,前轮直径 1.28 m,后轮直径 1.5 m。配有直径 1.34 m 的梨形锅炉和两个 11 加仑(UKgal)汽缸。前轮驱动并控制转向;最高时速 4 km。该车每行驶 15 min 停车一次,需 15 min 产生蒸汽再次驱动行驶。该车因为操纵性及制动性极差,在一次试车时撞到般圣奴兵工厂的墙上(见图 1.9),被认为是世界上第一起机动车事故。

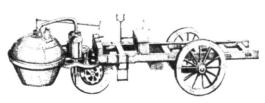 

图 1.8 世界第一辆蒸汽汽车　　　　图 1.9 第一起机动车事故

后经过改良,蒸汽车时速可达 9.5 km,牵引 4～5 t 的货物。

　　1801 年,英国煤矿工程师理查德·特雷威蒂克在古诺蒸汽机汽车的启发下,制成英国最早的蒸汽机公共汽车,此车 3 个车轮,时速 14.5 km。经过两年试制与改良,制造出载客 8 人,平路时速 9.6 km,上坡时速 6.4 km 的世界第一辆蒸汽公共汽车(见图 1.10)。

　　1825 年,英国人哥而斯瓦底·嘉内制造了真正意义上的蒸汽公共汽车(见图 1.11),此车 18 座,车速为 19 km/h。它的前轴用于转向,发动机后置,后轮驱动。它的转向轴设计巧妙,前面两车轮不承担车重,使得驾驶者能轻便转动方向舵柄,前轴通过一个车辕引领转动,使转向

图 1.10　世界第一辆蒸汽公共汽车

可操纵性提高。随后几年,蒸汽公共汽车得到发展,1828 年,哈恩格克制造了比嘉内性能更好的蒸汽汽车(见图 1.12),并开始了将公共运输事业迈向企业化发展。这种车可以载客 22 人,时速 32 km。1831 年,美国的史沃奇·古勒将一台蒸汽汽车投入运输,相距 15 km 的格斯特和切罗腾哈姆之间便出现了有规律的运输服务。1834 年,发展成立世界上最早的公共汽车运输公司——苏格兰蒸汽汽车公司。当时英国爱丁堡市内营运的蒸汽汽车前面坐着驾驶员,中部可容纳 20～30 名乘客,锅炉位于后部且配一名司炉员,蒸汽机汽缸位于后轴前方的地板下,以驱动后轮前进。然而,这些车少则 3～4 t,多则 10 t,体积大,速度慢,常常撞坏未经铺设的路面,引起各种事故。

　　图 1.11　嘉内制造的蒸汽公共汽车　　　　图 1.12　哈恩格克制造的蒸汽公共汽车

　　1804 年,脱威迪克研制成功一种蒸汽汽车,这种车可以拉 10 t 货物在铁路上行驶 15.7 km,被称为世界上第一辆货车。1928 年,法国人配夸尔发展了蒸汽牵引汽车,这种汽车首次采用发动机前置后轮驱动方案,发动机和后轴通过链条联接传动。后轴由两根半轴构成,中间通过差速齿轮联接(最早的差速器),便于转弯。前轮各自与车架弹性联接(早期独立悬挂)。配夸尔的链条传动、差速器、独立悬挂等设计,对汽车的发展贡献极大,至今仍在汽车上广泛使用。

　　世界上最早的机动车法规是英国在 1865 年颁布的,这就是有名的"红旗法规"。此法规规定汽车最高车速不得超过 6.4 km/h,行车时必须有专人挥动红旗,以警示路上的行人和马车。正是由于此法规的执行,导致英国的汽车制造业停滞,发展落后于其他国家。

　　直到 19 世纪末,欧美各国深知发展动力车的必要性,于是各国出台政策发展蒸汽汽车。1872 年法国人阿美德·珀列·配尔制造了一辆配备两台 V 形蒸汽机的四轮蒸汽长途公共汽车,这辆车还可以发现类似于现代汽车的转向盘和变速器。1883 年,法国人提翁·浦东合组汽车公司研制成功三轮蒸汽车,从此蒸汽车由单个试制进入了工业生产阶段。这个时期,还没有内燃机技术。火车、轮船全都以蒸汽为动力。

虽然蒸汽汽车得到了迅速的发展,但其难以逾越的技术缺陷使它走向了衰败。蒸汽汽车的结构非常简单,直接将蒸汽机安装在车架和车轮上作为动力。要提高蒸汽汽车输出功率必须加大锅炉的设计尺寸;必须装备足够的水和煤来保证其长时间运行;需要坚固的车架和车轮来支撑,种种因素使车子过于笨重,并加大了车子的惯性,使得转向和制动困难。而且锅炉工作不稳定,经常会因为高压发生爆炸。蒸汽汽车的缺陷,阻碍了汽车的发展,直到第一台内燃机的研制成功。

1.1.3 汽车的产生与发展

1794 年,英国人斯垂特首次提出把燃料和空气混合形成可燃混合气以供燃烧的设想。在此理论的影响下,1801 年,法国人勒本提出了煤气机的原理。与蒸汽机不同的是,混合气体燃烧对点火装置的要求非常高,必须具备密闭的空间以及较高的气压。1824 年,法国热力工程师萨迪·卡诺在《关于火力动力及其发生的内燃机考察》一书中,阐述"卡诺循环"的学说。1838 年,英国发明家亨纳特发明了世界第一台内燃机点火装置,该项发明被世人称之为"世界汽车发展史上的一场革命"。1858 年,法国工程师洛纳因发明了世界上第一只用陶瓷绝缘材料制成的电点火火花塞。1860 年,艾提力·雷骆制造了内燃机。1862 年,法国电器工程师莱诺研制出二冲程内燃机。1861 年,法国铁路工程师罗夏提出了进气、压缩、做功、排气等容燃烧的四冲程发动机理论,这一理论后来成为内燃机发展的基础。1867 年,德国工程师尼古拉斯·奥托(见图 1.13)成功地试制出内燃机史上有划时代意义的立式四冲程内燃机。1876 年,尼古拉斯·奥托试制出第一台实用活塞式四冲程单缸卧式煤气内燃机(见图 1.14),其功率为 2.9 kW,压缩比为 2.5,转速为 250 r/min。1872 年建立滋道依茨发动机制造公司。1878 年展出了第一台实用的四冲程内燃机。

图 1.13 尼古拉斯·奥托

图 1.14 奥托内燃机

1885 年,德国人卡尔·本茨(见图 1.15)购买了奥托的内燃机专利,在一辆三轮马车上安装了一台二冲程单缸 0.9 马力汽油机,最高车速 18 km/h,此车(见图 1.16)具备现代汽车的一些基本特点:火花点火、水冷循环、钢管车架、弹簧悬架、后轮驱动、前轮转向和制动手柄。1886 年 1 月 29 日德国曼海姆专利局批准卡尔·本茨在 1885 年研制成功的三轮汽车申请的专利(见图 1.17),从而获得世界第一辆汽车的发明权。

本茨的发明最初被人们所怀疑。本茨的夫人于 1888 年 8 月带领两个儿子驱车实验(见图 1.18),他们从曼海姆出发,途经维斯洛赫添油加水,直驶普福尔茨海姆,全程 144 km。这次历程为本茨的发明增添了说服力。因此,本茨的夫人是历史上第一位女驾驶员,而维斯洛赫成为历史上第一个汽车加油站。

图1.15　卡尔·本茨　　　　　　图1.16　卡尔·本茨第一辆汽车

图1.17　卡尔·本茨汽车专利书　　　图1.18　本茨夫人驱车实验

　　1885年,德国另一位工程师戈特利布·戴姆勒(见图1.19)造出了一辆用1.1马力汽油机作动力的四轮汽车。1882年,戴姆勒辞去奥托公司职务,与朋友们共同创建汽车制造厂。1883年,他成功发明了世界第一台高压缩比的内燃机,成为现代汽车发动机的鼻祖。1885年,戴姆勒将单缸发动机装到自行车上,制成了世界上第一辆摩托车(见图1.20)。1886年,戴姆勒将排量为0.46 L、功率0.82 kW、转速650 r/min的发动机装在一辆四轮马车上,最高车速达到18 km/h。这辆车被公认为是世界上第一辆汽油发动机驱动的四轮汽车(见图1.21)。

图1.19　戈特利布·戴姆勒　　　　图1.20　第一辆摩托车

图 1.21　戴姆勒四轮汽车

1926 年 6 月 29 日,戴姆勒和本茨的公司合并成立戴姆勒-奔驰汽车公司,生产的汽车命名为梅赛德斯-奔驰。1986 年国际汽车产业界推举德国戴姆勒-奔驰汽车公司主办国际汽车百年圣诞庆贺的盛典,卡尔本茨先生被公认为是国际汽车产业界的汽车发明家,从此人们把 1886 年称为汽车元年。

1.2　世界汽车发展史

从德国人本茨和戴姆勒于 1886 年制造出第一辆内燃机汽车开始,汽车的发展已有 100 多年的历史。汽车刚诞生时,只能是单件小批量生产。进入 20 世纪后,汽车逐渐成为大众化商品,汽车进入大批量生产。

1.2.1　汽车发展史上的量程碑

20 世纪是一个工业化高速发展的时代。世界工业化的龙头就是机械制造业的发展,它的发展影响整个工业化的进程,其中汽车工业是机械制造业的火车头,对工业化影响极大。在汽车发展史上,一些经典的车型在汽车发展过程中占有主导地位,曾经影响甚至决定了汽车发展的道路,具有重要的里程碑意义。

(1)第一辆内燃机汽车诞生

1885 年,德国工程师卡尔·本茨与工程师戈特利布·戴姆勒同时研制出了汽油发动机作动力的汽车。卡尔·本茨和戈特利布·戴姆勒同时被誉为"汽车之父",人们把 1886 年称为汽车元年。

(2)"梅塞德斯"时代

19 世纪末,法国的帕纳尔-勒瓦索公司提出了"帕纳尔系统",这种方案将发动机前置,通过离合器、变速器和齿轮传动装置把驱动力传到后轮。后来埃米尔·那利内克于 1901 年 3 月用安装有这种方案的赛车参加了"尼扎赛车周"。他用女儿的名字"梅塞德斯"作为汽车的牌号登记参赛,这种新赛车战胜了所有的对手。法国汽车俱乐部的秘书长保罗·梅昂说:"我们进入了梅塞德斯时代。"

(3)福特 T 型车的创新

亨利·福特(见图 1.22)于 1903 年成立了福特汽车公司,提出了将汽车由奢侈品变为人们必需品的主张。1908 年生产的 T 型车(见图 1.23)工作可靠、耐用、操作简便、售价低廉、使用和维护费用低，且各种零件被首次设计成统一规格，实现了总成互换。1913 年，福特公司在汽车城底特律市建成了世界上第一条汽车装配流水线(见图 1.24)，使 T 型车成为大批量生产的开端。T 型车一推出受到全世界青睐，它是便宜和可靠的象征。1915 年，福特一个公司的汽车年产量就占美国汽车公司总产量的 70%，从 1908 年到 1927 年，T 型车共生产了 1 500 多万辆。在 20 世纪 20 年代，全世界一半以上的注册汽车都是福特牌。

图 1.22　亨利·福特　　　　　　图 1.23　T 型车

图 1.24　福特公司的第一条装配流水线　　　图 1.25　农民开着福特 T 型车送货

　　T 型车的创新很多，如方向盘左置；发动机汽缸体和曲轴箱制成单一铸件；使用可拿掉的汽缸盖等。T 型车的许多创新永久改变了汽车制造业。流水组装线不仅为汽车制造业，乃至整个工业界带来伟大的变革。T 型车使福特获得了巨大的成功，为福特赢得了汽车大王的美誉。它改变了人们的生活出行方式，将人类带入了便利的交通时代。

　　尽管汽车技术有了迅速的发展，但 T 型车的技术变化不大，但从汽车进入人类生活角度来看意义重大。它的外形设计并不很体面，而只把它当成一种"行驶的机器"。而且价格也起了很大的作用：福特 T 型汽车最便宜时只卖 295 美元，普通职业者(见图 1.25)也能买得起它。

　　(4)前轮驱动轿车

　　1919 年法国企业家德烈·雪铁龙第一个在欧洲实行汽车的流水线生产。1934 年 3 月 24 日，雪铁龙汽车公司推出一种新型的汽车——7A 前驱动轿车(见图 1.26)。它将前轮驱动、无底盘车身结构、单轮减振及液压制动等技术集于一身。它的设计方案即使今天也没有过时，它连续生产了 25 年。前轮驱动轿车至少在行车安全方面证明了它优于常规构造方式。

（5）第一辆划时代汽车——甲壳虫

1933 年德国的波尔舍博士设计了一种类似甲壳虫外形的汽车（见图 1.27）。它的成功可以从产量上来衡量，其产量超过福特 T 型车数百万辆，打破了福特 T 型车的产量纪录。真正让汽车成为价廉物美的大众汽车是甲壳虫。它和 T 型车的共同点：都是"行驶的机器"，不讲究豪华。近年来，"甲壳虫"轿车再次展现在大家面前，大众汽车公司推出了"甲壳虫"车，并取名"新甲壳虫（New Beetel）"，获得了人们的青睐。

图 1.26　雪铁龙 7A　　　　　　　　图 1.27　德国大众甲壳虫汽车

（6）第一辆微型汽车

1959 年面世的"迷你（Mini）"（见图 1.28）汽车引发了汽车设计的一场革命。"迷你"汽车所有机械部件都集中在人不需要用的地方——两个前轮之间以及后座地板下面。此车车长 3.05 m，宽 1.4 m，车轮直径 25.4 cm，车重 630 kg，配备 25 kW 横置发动机，百公里油耗 3.5 L 以下。巧妙的重心分布及适当的轴距和轮距是其他厂家难以比拟的技术优势，至今仍然流行。由于"迷你"车十分周密、无懈可击的设计，许多想改造它的工程师都以失败告终。

图 1.28　第一辆 Mini 汽车

（7）多用途厢式车

多用途厢式车（Multi-Purpose Vehicle，MPV），在 20 世纪 80 年代法国雷诺汽车公司创造的 Espace 牌 MPV（见图 1.29），它新颖的车厢布局设计引起了车坛的轰动。

它的后排座位不是固定不动的，MPV 则是车内每个座椅都可独立调节，可以变化成多种形式的组合，即可是乘车形式，又可组合成有小桌的小型会议室。从车厢座椅位置的固定到可调,从固定空间布置到可变空间布置,标志着汽车使用概念上的变革。

图 1.29　第一代 Espace 牌 MPV

受 MPV 设计概念的启发,现代汽车上又出现了运动型多用途车,英文全称为 Sport & Utility Vehicle,简称 SUV,它具有轿车和轻型卡车的特点。在 MPV 与 SUV 的基础上,又出现了近年风靡全球的休闲车热浪。

1.2.2　各国汽车工业发展史

从德国 1885 年制造出第一辆内燃机汽车开始,法国于 1890 年,美国于 1893 年,英国于 1896 年,日本于 1907 年,俄罗斯于 1910 年,相继制造出了汽车。在各国汽车工业发展史上,德国、美国、法国、日本、韩国比较有影响力。其中,法、德、美属于先导国;日本的汽车工业起步较早,在 20 世纪 50 年代;韩国的汽车工业起步较晚,但发展速度快,是自主创新的代表。汽车诞生于德国,成长于法国,成熟于美国,兴旺于欧洲,挑战于日本。

(1)德国汽车工业发展史

1885 年,卡尔·本茨制造了世界上第一辆三轮汽车。同年戈特利布·戴姆勒也发明了一部四轮汽车。1926 年两家合并为戴姆勒-奔驰汽车公司。截至 1901 年,德国汽车厂增加至 12 家,职工 1 773 人,汽车年产量 884 辆。而 1908 年,汽车厂达到 53 家,职工约 12 400 人,年产量 5 547 辆。1914 年之前,德国汽车工业已基本形成一个独立的工业部门,年产量达 2 万辆。

1934 年 1 月,在希特勒政府的支持下,波尔舍联合 34 万人合股成立了大众汽车公司,其开发的甲壳虫汽车令大众迅速成为国际性的汽车厂商。

由于第二次世界大战中德国战败,阻碍了其汽车工业的发展。但 1950 后,德国汽车工业发展较快,超过英国成为世界第二大汽制造国。1967 年时汽车产量被日本超过,位居第三。

德国汽车牌老,含金量极高。以传统、安全、厚实及高性能享有盛誉,经久不衰。如奔驰、宝马、保时捷等。德国汽车的高档、豪华给其拓展市场带来了难度,除了大众居世界十大汽车厂商第四位外,其他公司的产量都不高,最终被日本超过。

(2)美国汽车工业发展史

1908 年福特公司研制了 T 型车,推动了汽车的发展。后在 1913 年使用流水线装配汽车,使美国汽车得到普及。

1908 年 9 月 16 日,当今全球第一大汽车公司通用汽车公司成立。美国汽车工业在福特和通用的带动下,汽车产销量不断增长。1916 汽车销量突破 100 万辆,1920 年取得了超过 200 万辆的新成绩。美国第三大汽车制造厂商克莱斯勒汽车公司在 1925 成立。1929 年,经济大萧条之前,美国汽车销量已突破 500 万辆。

美国汽车业激烈的竞争中不断创新,迎合消费者的需求,主宰了世界汽车工业。在竞争中美国成为了名副其实的汽车大国。美系车宽大、悬吊柔软、大扭力、空调效果好的特性,成了安全舒适豪华的代表,但负面地说,美国车因宽大而耗油,悬吊柔软而不适合高速转弯或行驶,行驶时缺乏需要的大马力。

(3)法国汽车工业发展史

汽车诞生于德国,成长于法国。但法国人的一些新技术促进了汽车初期的发展,部分技术沿用至今。1888 年,法国标致汽车公司成立,次年研制成功齿轮变速器、差速器;1891 年法国人首次采用前置发动机后轮驱动,开发出摩擦片式离合器;1895 年法国人开发出充气式橡胶轮胎;1898 年,路易斯·雷诺创建雷诺汽车公司发明汽车传动轴,雷诺 1 号车采用了箱式变速器、万向节传动轴和齿轮主减速器;1902 年法国的狄第安采用了流传至今的狄第安后桥半独立悬架;1913 年,法国人安德烈·雪铁龙创建雪铁龙公司,发明人字形齿轮;其次,德国在 1893年发明了化油器;1896 年英国首次采用石棉制动片和转向盘。

法国的汽车公司在第二次世界大战后发展迅速。雷诺汽车公司在政府的支持下,吞并许多小汽车公司,1975 年产量超过 150 万辆,成为法国第一大汽车厂商。标致紧跟其后,成为法国第二大汽车公司,在 20 世纪 80 年代超过雷诺,1976 标致收购雪铁龙。1999 年 3 月雷诺公司收购了日产汽车公司 36.8% 的股份。

法国车的造型中柔和了法兰西民族的浪漫和时尚,造汽车和做衣服一样,是当作艺术品来设计的,我行我素,造型优雅,线条简练,精巧灵活,极富动感和充满活力。但是在豪华车、跑车领域,法国汽车公司就不如美、德、日等国汽车公司出色,这成为法国汽车业的遗憾。

(4)日本汽车工业发展史

1904 吉田真太郎成立东京汽车制造厂,1907 年制造出第一辆国产汽车"太古里 1 号"。随后众多汽车制造厂成立。第二次世界大战后丰田、东洋工业、富士重工都推出了自己的新车型。由于美国西方国家的汽车竞争,威胁当时日本汽车工业的发展。

除丰田外,日本小汽车厂家采取与国外连手搞"事业合作"或"技术合作"得以发展。1960年,日本汽车年产量仅为 16 万辆,短短 7 年间,日本汽车年产量达到 300 万辆,居世界第二。由于 20 世纪 70 年代的两次石油危机,使日本油耗低的小型汽车得到青睐。1980 年,汽车年产量达 1 100 万辆,超过美国。日本成为美国和欧洲之后世界第三个汽车工业发展中心。20世纪 90 年代,日本汽车工业停滞,美欧汽车通过兼并重组得到发展,并购了许多日本汽车厂。富士重工、五十铃、铃木汽车公司被通用控股;马自达被福特控股;三菱汽车公司被戴姆勒-克莱斯勒控股;日产汽车公司受雷诺公司控股,日本汽车工业进入危机。直到 21 世纪,日本汽车企业得到发展,丰田汽车公司在产量、销量、利润方面均超越了通用汽车公司,成为全球汽车工业的霸主。

(5)韩国汽车工业发展史

1944 年,韩国第一家汽车公司起亚诞生。但韩国汽车业的真正起步在 20 世纪 60 年代,各汽车厂商通过组装进口零件的方式试制汽车。1970 年,韩国的汽车年产量仅为 2.8 万辆。随后韩国政府实行"汽车国产化"政策,各汽车公司开始大规模引进国外生产技术。1973 年,现代汽车公司引进日本三菱公司发动机、传动系和底盘技术,1975 年便开始自己开发生产汽车,并大量向非洲出口。1972 年大宇与通用合资,1990 年第一辆自主设计名为"王子"的国产车的推出并在市场获得成功,1992 年解除了与通用 20 年的合作关系。1985 年,韩国的汽车年产量为 37 万辆,1986 年达到 60 万辆。1987 年,汽车普及高潮开始,国内市场迅速扩大。

韩国汽车工业的高速发展,主要靠其政府把汽车工业作为出口战略产业的政策及民族自豪感。1988 年韩国汽车产量突破 100 万辆,1995 年达到 240 万辆,1997 年达到 280 万辆。1997 年亚洲金融危机爆发,韩国的汽车业遭受了重大打击。1997 年,双龙汽车公司因资不抵债而被大宇收购,1998 年现代集团收购起亚。2000 年现代被通用汽车公司收购。

1.2.3　汽车外形的演变

随着汽车的不断发展,汽车车身外形、内燃机、底盘及辅助电子设备都得到了快速发展。其中车身外形的演变是最富特色、最具直观感。它见证了整个汽车的发展史。在 20 世纪前期,汽车的基本结构基本成熟,设计者们开始从汽车外形着手,通过空气动力学、流体力学、人体工程学以及工业造型设计(工业美学)等理论的引入,让汽车满足各种年龄、各种阶层、甚至各种文化背景的人的不同需求。使得车身变得越来越长,越来越低,车身的整体和刚度增强,其振动和噪声不断下降,车身变化越来越快,各种变型车和选用款式纷纷出现。

汽车车身形式演变主要经历了马车形、箱形、流线型、船形、鱼形、楔形和子弹头形汽车等阶段。

(1)马车形汽车

19 世纪末到 20 世纪初,世界上相继出现了一批汽车制造公司,除戴姆勒和奔驰各自成立的公司外,还有美国的福特公司、法国的标致和雪铁龙公司、意大利的菲亚特公司等。当时,人们的主要精力集中在动力的更换上,汽车的外形仍沿用了马车造型,当时人们将汽车称无马的"马车",汽车还没有自己的造型风格。如图 1.30 所示分别为德国奔驰的维洛牌、法国标致牌、福特 T 型车。

图 1.30　德国奔驰的维洛牌、法国标致牌、福特 T 型车

(2)箱形汽车

马车形汽车很难抵挡风雨的侵袭,1915 年美国福特汽车公司生产出一种新型的福特 T 型车(见图 1.31),这种车的车室部分很像一只大箱子,人们把这类车称为"箱形汽车"。这种车因结构紧凑、坚固耐用、容易驾驶、价格低廉而受到欢迎。

图 1.31　美国福特 T 型车

1928 年,美国通用汽车公司的雪佛莱部看准用户多样化的要求,于 1928 年制造出在散热器罩、发动机通风口和轮罩上增加豪华装饰的汽车(见图 1.32),从而博得了用户的欢迎。

随着生活节奏的加快,人们对车速的要求也越来越高。提高车速的两条主要途径:一是增大功率,二是减小空气阻力。最先是通过降低车顶高度减小空气阻力来提高车速,这使得前窗变窄,影响视野,降低了乘坐舒适性;后来便放弃降低高度转为提高发动机功率来提高车速。

发动机便得到发展,由单缸变成四缸、六缸、八缸,而且汽缸是一列排开的,因而发动机罩也随之变长。典型的例子就是意大利1931年生产的阿尔法·罗密欧牌汽车的外形(见图1.33)。

图1.32　美国通用汽车公司雪佛莱汽车　　　　图1.33　意大利阿尔法·罗密欧牌敞篷车

(3)流线型汽车

箱形汽车阻力大,对汽车车速提高造成影响。设计者们开始考虑改变车身外形来降低空气阻力,并研究出一种新的车型——流线型。流线型车身的大量生产从德国"大众"开始。1933年德国的波尔舍博士设计了一种类似甲壳虫外形的汽车(见图1.34)。波尔舍最大限度地发挥了甲壳虫外形的长处,使其成为同类车中之王,"甲壳虫"也成为该车的代名词。后来各国伪造改进汽车,1934年美国的克莱斯勒公司生产的气流牌汽车首先采用了流线型的车身外形(见图1.35)。1936年福特公司在"气流"的基础上,加以精练并吸收商品学要素研制成功林肯和风牌流线型汽车(见图1.36)。1937年的福特生产流线型汽车V8型、1937年的菲亚特和1955年的雪铁龙等。

图1.34　德国大众牌1200甲壳虫形汽车　　　图1.35　美国克莱斯勒气流牌汽车

图1.36　美国福特林肯和风牌汽车　　　　　图1.37　美国福特V8型汽车

(4)船形汽车

1949年美国福特公司推出新型的福特V8型汽车。这种车型使前翼子板和发动机罩、后翼子板和行李舱罩融为一体,车室位于中部,整个造型像一只小船,这类车称为"船形汽车"。

福特V8型汽车(见图1.37)便于操纵、乘坐舒适。从20世纪50年代开始一直到现在,不论是美国还是欧亚大陆,不管是大型车或者是中、小型车都采用了船形车身。船形车型成为世界上数量最多的一种车型。

(5) 鱼形汽车

为了克服船形车在高速时会产生较强的空气涡流的缺陷,设计者把船形车的后窗玻璃逐渐倾斜,倾斜的极限即成为斜背式。由于斜背式汽车的背部像鱼的脊背,因此这类车称为"鱼形汽车"。

鱼形汽车的背部和地面的角度较小,尾部较长,围绕车身的气流也比较平顺,涡流阻力较小,且保留了船形汽车的长处,车室宽大,视野开阔,舒适性提高。

1952年美国生产了第一辆鱼形别克牌小客车(见图1.38)。1964年美国的克莱斯勒顺风牌和1965年的福特野马牌都采用了鱼形造型。鱼形汽车由于鱼形车后窗玻璃倾斜太甚,表面积增加2倍,强度下降,产生结构上的缺陷。人们想了许多方法加以克服,在尾部安上一只翘翘的"鸭尾",这便是"鱼形鸭尾"式车型。

(6) 楔形轿车

为了从根本上解决鱼形汽车的升力问题,设计者将车身整体向前下方倾斜,车身后部像刀切一样平直,这种造型能有效地克服升力。1963年司蒂倍克·阿本提第一次设计了楔形小客车。1968年,通用公司的奥兹莫比尔·托罗纳多改进和发展了楔形汽车(见图1.39),1968年又为凯迪拉克高级轿车埃尔多所采用。楔形对于目前所考虑到的高速汽车,已接近理想造型。现在世界各大汽车厂商生产的汽车都有楔形效果。这些轿车的外形清爽利落、简洁大方,具有现代气息,给人以美的享受。

图1.38 美国别克牌鱼形小客车　　　　图1.39 通用公司的托罗纳多楔形汽车

1.2.4　汽车结构的完善

(1) 发动机的完善

汽油机逐渐发展完善,解决了汽油气和点火困难的问题。最初用一根弯曲的管子让水循环流动来实现汽油机的冷却,直到迈巴赫在1901年发明蜂窝状的冷却水箱,提高了冷却效率。1917年,美国凯迪莱克公司通过电动机带动曲轴启动发动机,改变了最初靠手摇动曲轴来启动发动机的方法。有趣的是,第一个电启动器这项发明最初是凯特林(Kettering)(见图1.40)为电

图1.40 凯特林在修理一辆别克汽车　　　　图1.41 同步器

动点钞机设计的,却歪打正着地用到了汽车上。

（2）传动系统的完善

1929 年,凯迪莱克公司研制出同步器(见图 1.41)。汽车的动力通过传动轴传递功率,发动机在一定转速工作时,为了使汽车行驶时获得不同速度,人们在传动轴与发动机之前安装了变速器,变速器由齿轮构成。但汽车行驶换挡时,由于两个齿轮转速不同,使啮合困难。同步器的发明,成功解决了换挡难题,使换挡时既轻便又不打齿,且大大缩短了换挡时间。

（3）制动系统的完善

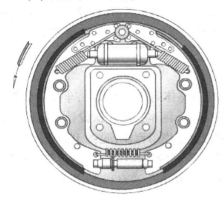

图 1.42　鼓式制动器

最原始的汽车制动器是照搬马车上的结构,即用手刹带动一个单支点的摩擦片来抱住后轮。随着汽车速度的提升,汽车所需的制动力也随之增加。原始的制动装置已不适合汽车的发展。1914 年轮内鼓式制动器开始使用(见图 1.42);1919 年,法国海斯柏诺-索扎公司研制成功用脚踏板统一控制的四轮鼓式制动器,大大改善了制动效果。1921 年,美国的杜森伯格公司推出了液压助力器,由一个主液压缸来增加制动力。随着科技的发展,制动装置逐渐形成了脚刹控制轮边制动、手刹控制传动轴制动的普遍的结构形式。

（4）行驶系统的完善

汽车最初的车轮为实心木轮,后来采用自行车所用的辐条式的铁制车轮,外部有实心橡胶轮。当车速超过 16 km/h 时车就会跳起来,导致汽车舒适性极差。1895 年,法国的米其林兄弟(见图 1.43)就制造出了用于汽车的充气轮胎,改善了汽车的舒适性,但这种轮胎漏气严重。当出现可拆卸的车轮,轮胎也分为内胎外胎两层,外胎中用金属丝加强,增加了车胎的寿命,且更换车轮也成了一件比较容易的事了(见图 1.44)。20 世纪 20 年代后期,一般妇女都能完成换车轮的工作。

图 1.43　米其林兄弟

图 1.44　更换轮胎

1.2.5　近代汽车发展的特点

近年来汽车技术发展迅速,体现在动力系统、传动系统、电子通信、安全环保等各个方面,在制造领域柔性技术被广泛应用,另外汽车的多用途逐渐成为发展的趋势。

（1）全驱技术

斯巴鲁在 30 年前推出全驱汽车,然后是 AMC,Pontiac 和其他车型试用。当时全驱技术

（见图1.45）存在造价昂贵、体积较大且油耗高并没有得到迅速发展。直到德国奥迪公司的高级汽车上应用此技术，才不断得到发展，获得广泛应用。据统计，2004年美国全驱汽车产量接近100万辆。

（2）变速器技术

目前，自动变速器的类型主要有液力机械式自动变速器（AT）、无级变速器（CVT）、机械式自动变速器（AMT）和双离合自动变速器（DSG）。其中以CVT和DSG应用最为广泛。

早在1958年，荷兰DAF城市轿车就已经开始采用皮带式无级变速系统CVT，但当时不适合量产，而应用停滞不前。直到2002年，奥迪公司在奥迪A4上，应用链条代替皮带的CVT，从而CVT（见图1.46）技术广泛应用。20世纪90年代末期，大众公司和博格华纳（美国）携手合作生产第一个适用于大批量生产和应用于主流车型的双离合变速器。DSG双离合器变速箱（见图1.47）是以大众集团为首的欧洲车系主推的一款新型自动变速箱。由于大众和一汽、上汽的合作，在我国拥有广泛的市场基础，由此DSG变速箱拥有广阔的推广平台。

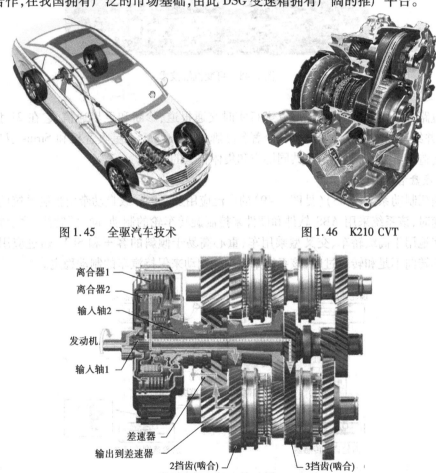

图1.45　全驱汽车技术　　　　　图1.46　K210 CVT

图1.47　大众6挡DSG双离合变速器

（3）可变技术

可变配气系统（如气门、正时、涡轮及其增压等）、可变汽缸排量（汽缸停用技术）等发动机领域的可变技术，在最近10年得到了不断改进、完善并广泛应用。随着电控技术的飞速发展,可变汽缸(见图1.48)技术又兴起了。1998年,梅赛德斯-奔驰开发了一种该系统并作为选配,1999年正式在S级车上推出。随后通用、克莱斯勒、日产等公司开始在发动机上广泛应用。据称,该技术的应用可以提高燃油经济性5%~12%;并降低发动机废气污染15%~25%。

图1.48　可变汽缸技术

（4）通信技术

通过路旁系统的帮助,汽车可以进行实时交通报道、诊断和卫星通信,它在21世纪初引入市场,并给市场带来巨大变化。各个著名品牌OnStar,XM卫星收音机和Sirius卫星收音机是汽车制造商、供应商和经销商共同协作和集体智慧的结晶。

（5）底盘智能控制技术

防抱死制动系统(ABS)(见图1.49)的广泛应用及发展导致自动牵引控制系统的出现,在汽车加速时,该系统采用ABS软件和硬件来控制旋转车轮的制动,同时"智能"底盘控制系统越来越多地用于高级轿车、交叉型乘用车、重心高易于倾斜的客车和SUV,通过应用传感器,监测汽车转向不足和转向过度,该系统采用智能制动来保持汽车的制动稳定。

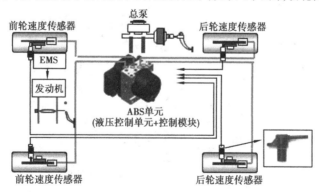

图1.49　ABC基本结构

（6）替代能源技术

近年来,全世界范围内对新能源的开发应用工作进行得如火如荼。采用新能源替代石油燃料从本质上讲属于开源的范畴,即用这种能源去代替那种能源。因此,当进行能源替代的时候,有可能节能,也有可能耗能;同样的,新能源更不等于绿色能源,即使公认的绿色能源也不一定绝对降污。经过汽车工程师们的不懈努力,今天,在各种广泛应用的替代能源汽车上,如燃气汽车、醇类汽车、混合动力汽车和电动汽车等,新能源与节能、环境净化已经取得了很好的统一。如图1.50所示为我国研发的二甲醚/柴油混合燃料客车。

图1.50 我国研发的二甲醚/柴油混合燃料客车

(7)安全技术日新月异

近年来,安全带、气囊、ABS等传统安全技术得到了广泛发展和应用,而许多新的安全技术的不断出现和应用,例如,主动安全方面:检测路面及环境状况系统、打瞌睡警告及唤醒系统、高适应性定速巡航系统、紧急制动先期警告系统、火灾隐患或轮胎气压过低的警报系统、改善视野并增强视觉的系统、主动行驶安全系统、卫星定位导航系统、防碰撞系统、安全的行驶方向控制系统、转弯减速调节系统等;在被动安全方面:能承受碰撞吸收能量的车身及车门、侧边安全气囊、紧急门锁释放装置、自动灭火系统、行车记录仪、紧急事故自动通报系统等,已使得汽车的安全事故危害性降到最低程度。

(8)柔性制造技术的广泛应用

柔性制造技术是20世纪日本人发明的,在同一个生产线上可生产一种系列汽车或不同系列汽车(如轿车、准轿车和皮卡)中的不同品种。

近年来,柔性制造技术经过不断发展,已在各主要跨国汽车集团广泛采用。目前,单个型号汽车量产组装厂的时代已经结束了。柔性制造不仅使得汽车制造商能够随时调整产品结构以满足消费者需求,降低库存,更可以让他们的组装厂高效率运行。

1.3 中国汽车发展史

1.3.1 旧中国的汽车梦

中国的汽车工业起步较晚,在旧中国时代,并没有自己的汽车工业。中国的第一辆汽车是1901年匈牙利商人李恩时开创先河,购买两辆美国生产的奥兹莫比尔(Oldsmobile)汽车(见图1.51)。从美国出发,途经中国香港,最终运抵上海租界备用。1902年,上海市政府颁发了中国第一块汽车牌照。

慈禧太后是第一个拥有汽车的中国人。现在此车就保存在颐和园博物馆里,被人称为"中国第一车"(见图1.52)。八国联军之乱期间,因袁世凯护驾有功,慈禧晋升他为直吏总督。1902年袁世凯为取悦慈禧特意购买此车献给慈禧。

图 1.51　第一辆进入中国的汽车　　　　图 1.52　中国第一车

"中国第一车"是德国本茨公司 1898 年的产品,它设有 4 个座位,发动机在前排底座下方,通过链条驱动后轮。采用开式车身,6 根垂直的杆子支起一个精美的顶棚,车头悬挂两盏精美的黄铜煤油灯,更为出色的是钢板弹簧悬架和 4 只充满气体的轮胎大大提高了汽车的平顺性。

1903 年以后,上海已陆续出现了从事汽车或零部件销售、汽车出租的洋行。到 1920 年,全国汽车保有量达 2 279 辆,上海有汽车维修厂 29 家,天津有 20 来家。1929 年汽车进口量已达 8 781 辆,世界各国汽车蜂拥而入,1930 年中国汽车保有量为 38 484 辆,至 1949 年,历年累计进口汽车 7 万余辆,当时的汽车保有量 5 万余辆。产品可以说是万国汽车,却没有一辆国产汽车,不少有识之士都想制造中国的汽车,可是限于当时的情况,都没能实现。

张学良先生是第一个组织生产国产汽车的人。1928 年,张学良在东北易职后,化兵为工,在辽宁迫击炮厂成立了民用工业制造处,后改称为辽宁民生工厂,拨款 80 万元试制汽车。聘美国人迈尔斯(Myers)为总工程师。1929 年 3 月,民生工厂引进了一辆美国"瑞雷

图 1.53　民生 75 型载货汽车

号"汽车进行装配实验,并以该车为样板,于 1931 年试制成功了第一辆命名为"民生牌"的汽车 75 型载货汽车(见图 1.53),此车可装载 1.8 t 货物,适于城镇使用。它开辟了中国人试制汽车的先河。接着又试制 100 型民生牌货车,并进行了小批量生产。1931 年九一八事变,日本帝国主义入侵东三省,扼杀了中国汽车工业的萌芽。

继"民生牌"汽车以后,20 世纪 30 年代国产汽车试制工作在国内许多地方进行,但均以失败告终。

1.3.2　新中国汽车工业史

从新中国第一辆汽车制造成功至少汽车工业已有 50 年的发展历程,从自立自主到合资开发,合资开发与自主研发并存,一步一个脚印地向前发展,最终形成了一个种类比较齐全、生产能力不断增长、产品水平日益提高的汽车工业体系。通过我国汽车工业走过的历程,我国汽车工业的发展可以总结为 3 个阶段:创建阶段、成长阶段和发展阶段。

(1)创建阶段

1950 年 1 月,毛泽东主席和周恩来总理访问苏联,中苏双方商定,苏联援助我国建设第一个载重汽车厂。次年 3 月,政务院财经委员会批准第一汽车制造厂在长春市郊兴建。1953 年 7 月 15 日在长春打下了第一根桩,毛泽东主席为奠基仪式亲自题写了"第一汽车制造厂奠基纪念"(见图 1.54),从而拉开了新中国汽车工业筹建工作的帷幕。由饶斌担任厂长,后来被称为"中国汽车工业之父"。

图 1.54　1953 年第一汽车制造厂奠基

国产第一辆解放牌 CA10 型 4 t 载货汽车(见图 1.55)于 1956 年 7 月 13 日驶下总装配生产线,它以苏联生产的吉斯 150 型汽车为范本改造而成。这是由长春一汽生产的"解放牌"载货汽车,标志中国汽车不能自制的历史结束,圆了中国人自己生产国产汽车之梦。

图 1.55　国产第一辆汽车 CA10 载货汽车

1953 年武汉大学工学院、湖南大学、南昌大学、广西大学机械系和华南大学机械系动力部分组建成华中工学院,设汽车及内燃机系。1955 年华中工学院汽车内燃机系、上海交通大学和山东工学院的汽车专业调出合并,建立长春汽车拖拉机学院(见图 1.56)。

1958 年 5 月 12 日一汽以"仿造为主,自主设计"的原则试制出东风 CA71 型轿车(见图

1.57），结束了中国不能制造轿车的历史。东风 CA71 的标志为一条昂首腾跃的龙和取自苏东坡的字帖的"东风"二字；"东风"牌轿车装的是我国自己设计的四挡机械式变速器,整车自重1 230 kg,载重 420 kg,最高时速为 128 km。

图 1.56　长春汽车拖拉机学院

图 1.57　东风 CA71 型轿车

　　1958 年 6 月,一汽开始设计与试制高级轿车,并以"红旗"为高级轿车命名。红旗轿车造型设计充分体现中华民族传统风格和特色,采用了中国扇面形状的水箱面罩,梅花窗格式的转向灯装饰板,两侧为毛泽东主席题写的"中国第一汽车制造厂"汉字,在发动机罩前端是一面迎风飘扬的红旗,尾标图案"红旗"二字,尾灯继承"东风"轿车的宫灯造型。内饰仪表板涂装福建大漆"赤宝砂"、座椅及门护板选用杭州"都锦生"云纹织锦、顶棚为丝织面料。1958 年 8 月 1 日,中国第一辆红旗轿车试制成功。整车自重 2 200 kg,最高车速为 185 km/h。1959 年此车投入生产,并参加了国庆十周年献礼活动,定型为 CA72 型高级轿车(见图 1.58)。1960 年,红旗 CA72 参加莱比锡国际博览会,并自该年起载入《世界汽车年鉴》。

1958 年 6 月 20 日，北京第一汽车附件厂仿制德国大众汽车甲壳虫，生产第一辆井冈山牌轿车(见图 1.59)。上级部门宣布附件厂更名为北京汽车制造厂。该车装备 1.2 L 四缸发动机，采用后置后驱布局。

图 1.58　红旗 CA72 型高级轿车　　　　　　图 1.59　井冈山牌汽车

1958 年 9 月 28 日，上海汽车装修厂仿制波兰华沙与美国顺风，生产第一辆轿车命名为凤凰(见图 1.60)。在车头的发动机盖上，一只栩栩如生的凤凰展翅欲飞，与一汽东风车的那一条金龙形成"北龙南凤"呼应。该车装备仿制格斯 M20 胜利轿车上的四缸发动机，底盘仿自波兰华沙轿车，车身仿自普利茅斯 Savoy。凤凰轿车开启了上海轿车工业的新篇章，为以后生产上海牌轿车奠定了基础。

1958 年后，国民经济实行"调整、巩固、充实、提高"方针，国家实行企业下放，各省市利用汽车配件厂和修理厂仿制和拼装汽车，形成了一批汽车制造厂、汽车制配厂和改装车厂，汽车制造厂由当初(1953 年)的 1 家发展为 16 家(1960 年)，维修改装厂由 16 家发展为 28 家。其中，南京、上海、北京和济南共 4 个较有基础的汽车制配厂，经过技术改造成为继一汽之后第一批地方汽车制造厂，发展汽车品种，相应建立了专业化生产模式的总成和零部件配套厂。20世纪 60 年代中期汽车改装业起步，重点发展了一批军用改装车。民用消防车、救护车、自卸车和牵引车相继问世，并为社会经济发展提供了城市、长途和团体这 3 大类客车。

南京汽车制造厂前身是国民政府的枪炮修理厂。1958 年 3 月，仿制苏联嘎斯 51 型 2.5 t载货汽车，生产出第一辆跃进 NJ130 轻型载货汽车(见图 1.61)。

图 1.60　凤凰轿车　　　　　　　　　图 1.61　南京 NJ130 轻型载货汽车

1959 年，济南汽车制造厂参照捷克的斯柯达 706RT8t 载货汽车设计出我国的重型载货汽车。1960 年 4 月，试制成功了黄河 JN150 重型载货汽车(见图 1.62)。

1961 年，国防科委批准北京汽车制造厂作为轻型越野汽车的生产基地。1962 年，试制成功第一辆北京 BJ210 轻型越野汽车（见图 1.63）。

图 1.62　黄河 JN150 重型载货汽车

图 1.63　北京 BJ210 轻型越野汽车

图 1.64　红旗 CA770 高级轿车

1962 年 6 月周恩来总理试坐了一辆红旗。随后一汽将这辆车送达北京，专门用来接待锡兰总理班达拉奈克夫人。1964 年，红旗轿车正式被国家指定为礼宾用车。先前中央领导人的专车主要是苏联吉斯 100 型和 115 型轿车。随着中苏关系的恶化，我国迫切需求替代吉斯的高级轿车。1964 年，一汽正式成立轿车厂，1965 年 9 月 19 日，一辆崭新的红旗 CA770 型（见图 1.64）三排座样车开进北京，该车长 5.7 m，内饰精美考究，乘坐十分舒适，造型也为全世界所称道，一亮相就受到国家领导人的高度赞赏。

1965 年北京汽车制造厂历经三轮样车试制、成功开发出我国第一代轻型越野车。北京 BJ212 型的机动性、通过性、最大车速均比苏联格斯 69 型有所提高。当年它不仅是县团级以上干部的座驾，也是中国道路上最主要的乘用车型。

这一阶段奠定了汽车工业发展的基础。主要成果：建立了一汽这样的现代化汽车生产企业，同时建立了南汽、上汽、济汽、北汽等制造厂，形成了 5 个汽车生产基地。初步形成重型、中型、轻型载货汽车、轻型越野汽车和少数轿车品种的生产能力。积累了一定的汽车制造工厂设计、产品设计经验，培育了一批汽车制造产业工人和技术人员。总体发展模式为自力更生制造；采用单件和小批量生产方式；流通形式为计划供销制，由国家物资领导机关统一管理，后改为中央与地方一代代级管理，其市场完全是政府机关的公务用车。中国的轿车工业开始于"大跃进"时期，这一阶段主要侧重卡车的发展。轿车始终没有得到很好的发展。这个发展阶段的品牌数量少，且处于幼稚期，均为独立的国有品牌。

1966 年以前，汽车工业共投资 11 亿元，主要格局是形成一大四小 5 个汽车制造厂及一批小型制造厂，年生产能力近 6 万辆、9 个车型品种。1965 年底，全国民用汽车保有量近 29 万辆，国产汽车 17 万辆（其中一汽累计生产 15 万辆）。

（2）成长阶段

新中国自力更生制造出的轿车填补了中国汽车工业的空白，让中国自立于世界汽车工业之林，但这一阶段由于国家不开放，我国的汽车工业与世界隔绝，失去了交流提高的机会，使我国的汽车工业逐渐地被现代化的世界汽车工业抛在后面。另外，当时我国的汽车工业是以载货车为主导的，对轿车缺乏应有的重视，这使得我国的轿车工业技术水平长期处于极为幼稚的状态。

1964 年，国家确定在三线建设以生产越野汽车为主的第二汽车制造厂，1965 年，随着川汉铁路线修建计划变更,二汽选址由湖南转至湖北西北部地区。1969 年 9 月 28 日,第二汽车制造厂正式在湖北十堰市兴建与投产,主要生产中型载货汽车和越野汽车(见图 1.65、图 1.66)。二汽是由我国自行设计,自行提供装备,采用专业对口老厂包建新厂、小厂包建大厂的模式,依靠我国自己的力量建起的工厂,并在湖北省内各处安排新建、扩建 25 个重点协作配套厂。二汽的建成,开创了中国汽车工业以自己的力量设计产品、确定工艺、制造设备、兴建工厂的纪录,检验了整个中国汽车工业和相关工业的水平,标志着中国汽车工业上了一个新台阶。

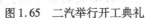

图 1.65　二汽举行开工典礼　　　　　　图 1.66　二汽厂址原始地貌

中央领导人的专车主要是苏联吉斯 100 型和 115 型轿车。随着中苏关系的恶化,红旗 770 轿车替代吉斯的高级轿车,1966 年,红旗 770 型轿车进入批量生产阶段。1969 年,一汽研制出红旗 772 型特种车(见图 1.67)。

图 1.67　红旗 772 型特种车

20 世纪六七十年代,除了红旗外,中国唯一已大批量生产的轿车就是上海牌轿车。1964 年,凤凰牌轿车改名为上海牌,并对制造设备作了一系列改进。首先制成了车身外板成套冲模,结束了车身制造靠手工敲打的落后生产方式,又以此为基础制成各种拼装台,添置点焊机,实现拼装流水线生产,轿车质量得到稳定和提高。1965 年上海轿车通过一机部技术鉴定,批准定型上海牌 SH760(见图 1.68)。到 1979 年,上海轿车共生产了 1.7 万多辆,成为我国公务用车和出租车的主要车型。1972 年起还对车身进行了改型,并减轻了自重。1980 年,该车年产量突破 5 000 辆。1985 年,已经开始与德国大众公司合资的上海轿车厂和嘉定县联营另行建厂继续生产上海轿车,并继续作了一些技术改进,一直生产到 20 世纪 90 年代。在相当长的时间里,上海轿车支撑着国内对轿车的需求,为社会发展作出了贡献。

1965 年,北京吉普 212 型汽车(见图 1.69)诞生,但它真正的大批生产和发扬光大是在 20 世纪 70 年代,直到 80 年代,甚至 90 年代都曾主宰着一部分轿车市场。直到 1984 年,北汽与克莱斯勒公司合资,它才退出了历史舞台。

图 1.68　上海牌 SH760 汽车　　　　　　　　图 1.69　北京吉普 212 型汽车

1978 年是二汽由亏损转为赢利的转折年,而这一切主要源于一款转型 5 t 载货汽车 EQ140(见图 1.70)。它使二汽拥有了第一款 5 t 货用车型,EQ140 曾占据中国公路运输三分之二的市场。

四川和陕西汽车制造厂及与陕汽生产配套的陕西汽车齿轮厂,分别在重庆市大足县和陕西省宝鸡市(现已迁西安)兴建和投产,主要生产重型载货汽车和越野汽车。20 世纪 60 年代中后期,矿用自卸车成为其重点装备,上海 32 t(见图 1.71)试制成功投产之后,天津 15 t、常州 15 t、北京 20 t、一汽 60 t(后转本溪)和甘肃白银 42 t 电动轮矿用自卸车也相继试制成功投产,缓解了冶金行业采矿生产装备的需要。

图 1.70　EQ140 载货汽车　　　　　　　　　图 1.71　我国第一台 32 t 矿用自卸车

这一阶段先后兴建了第二汽车制造厂、四川汽车制造厂和陕西汽车制造厂 3 个主要生产货用越野汽车的三线汽车制造厂;开发矿用自卸车和重型汽车;5 个老汽车生产基地为包建、支援二汽、川汽、陕汽作出了巨大贡献,其自身也得到一定发展;地方积极建设汽车制造厂,汽车生产的分散局面已几乎形成。

这一阶段,与其说是成长阶段,不如说是停滞阶段。1965 年试制成功的红旗 CA770 三排座高级轿车,已基本接近了当时先进国家的大型轿车设计水平,经历了十年动乱,国民经济和科学技术止步不前甚至倒退。中国的汽车工业错过了发展的大好机遇,发展缓慢,呈低速徘徊状态,与世界先进水平拉大了距离。主要呈现:产量少,品种单一;产品工艺落后,成本高,质量差;产品性能落后;缺乏自主开发能力,远落后于几乎与我国同时起步的日本和韩国。

(3)全面发展阶段

在改革开放方针指引下,汽车工业进入全面发展阶段。这个阶段可分为两部分:一部分是合资品牌占主导地位的发展时期,另一部分是合资与自主创新并存的发展时期。

这个阶段,我国汽车产业正在蓬勃发展,汽车行业步入快速稳定增长期。整个行业在经过2002年的爆发,2005年的恢复性调整以后,自2006年以来已经步入一个长达5~8年(甚至更长)的稳定快速增长期。2011年中国汽车保有总量为7 802万辆,其中,私人汽车保有量6 539万辆,占汽车总保有量的83.81%;家用轿车的保有量为3 443万辆,占汽车总保有量的44.13%。

1)合资品牌发展时期

这个阶段以合资品牌为主,国家对轿车生产企业实行严格的审批准入制度。轿车生产企业以"三大"和"三小"为主,产量大幅度上升。总体发展模式为引进国外技术,成立合资企业。

20世纪80年代初期,中国汽车主要生产中型载货汽车,"缺重少轻,轿车几乎空白"。改革开放之后,随着国民经济的发展,对汽车的需求量越来越大。1983年开始,"中国要不要发展轿车工业""如何发展轿车工业"成为人们争论的焦点。1984年7月27日,国务院北戴河会议明确了通过合资引进发展轿车工业的总体思路,对中国轿车工业的发展方向和格局产生了重要的影响,具有里程碑式的意义。

1984年,中国汽车的第一个中外合资企业——北京吉普诞生了。它是北汽与美国AMC公司合资,主要生产切诺基XJ系列四轮驱动越野车。随后在2004年重组为北京奔驰-戴姆勒·克莱斯勒汽车有限公司,开始生产奔驰轿车。

1985年,上海大众汽车公司成立。同年,南京汽车引入了意大利菲亚特的依维柯汽车;广州汽车与法国标致的合资项目也获批准。1986年3月,天津汽车工业公司引进日本大发公司夏利轿车技术许可证转让合同在天津签字。1986年9月,中法合资广州标致汽车有限公司投产。

1987年8月,国务院北戴河会议讨论发展轿车工业问题,会议决定要发展轿车工业,确定了一汽、二汽、上海3个轿车生产基地。

一汽把技术合作生产3万辆奥迪项目,称为"先导工程",同时和德国大众商谈合资生产普通家用轿车,结果拿下了15万辆捷达、高尔夫项目,成了真正的一大轿车基地。同时又利用奥迪100平台开发出了"小红旗"轿车,成为当时唯一具有完全知识产权的产品。

二汽以"出口导向"的软指标,与法国雪铁龙公司达成了协议,合资的神龙公司成立形成了其后来的经济规模。

上海主要是加快桑塔纳的"国产化"进程,通过项目滚动发展。1991年将上海汽车厂并入上海大众,同时进行技术改造,很快形成20万辆的生产能力,成为中国第一个"按经济规模组织生产"的轿车企业。

天津汽车公司从微型车起步,并将发展重点由微车移至夏利轿车,1993年形成5万辆生产能力,1995年形成15万辆生产能力,1998年起市场年销售连续突破10万辆,发展势头较好。

这一阶段与国外合资,引进了先进的生产技术与工艺、管理与营销模式,带来了制造软环境的改善。产品制造水平、工艺水平有所提高,制造成本降低,价格下降。使中国汽车产业发展加速,工业增加值在 GDP 中的比重稳步提高,在国民经济的地位得到提升,确立了支柱产业的地位。但中国汽车产品的技术控制权都掌握在国外跨国公司手中,没有形成自己的研发能力,始终停留在"引进—模仿—再引进"的低级发展模式。

2)合资和自主品牌并存阶段

进入 21 世纪以来,中国汽车工业出现井喷式增长,合资品牌得到快速发展。由于国家对自主创新和自主研发的产品给予政策方面的支持,中国的民族汽车品牌如奇瑞、吉利等作为一股新生力量,得到全面发展。中国汽车进入了自主开发与合作开发并进的阶段,发展速度加快;流通形式更加多元化;消费模式发生重大变化,市场进一步开放,产品更加多样化,竞争日趋激烈;私人购车迅速升温;国家干预减少,政策放宽,鼓励民营资本进入市场;企业自主权增大,发生了一系列的价格战。

①合资品牌的发展

德系汽车是中国车市最大的赢家,大众公司凭借先发优势,依靠其品质魅力备受人们青睐。2007 年,一汽大众和上海大众分别以 46.1 万辆和 44.6 万辆的销售量位列第一和第三位,合计占有 19% 的市场份额。目前德系合资企业除了大众外,还有华晨宝马和北京奔驰,但由于进入中国市场相对较晚和生产高档车,产销量还比较小。

日系车进入中国车市较晚,但近几年在中国的发展越来越大。特别是丰田系和本田系。目前日系合资企业有一汽丰田、东风日产、广州本田、广州丰田、东风本田、长安铃木等。2007年,以上几个企业的合计销量达到 113 万辆,占有 23% 的市场份额。

美系车在中国的合资企业主要有上海通用、长安福特、通用五菱等,2007 年合计销量 70万辆,占有 15% 的市场份额。其中上海通用 2007 年以 45.6 万辆的销售量位列第二,占有10% 的市场份额。

韩系车近年来发展势头很猛,在中国的合资企业主要有北京现代、悦达起亚等,占有国内6% 的市场份额。

法系车是进入中国最早的,当时广州标志是继北京吉普和上海大众之后的第三家合资企业,但 1997 却以失败告终。2004 年标致重返中国市场,同东风汽车成立神龙汽车公司。2007年神龙公司销量为 20.7 万辆,占有 4.3% 的市场份额。

需要说明的是,由于跨国汽车公司之间的兼并重组和交叉持股,如戴姆勒-克莱斯勒、雷诺-日产、通用-大宇、福特-马自达等,有时很难说清合资品牌是哪个系的,以上只是一个大概的划分,并不十分准确。

②自主品牌的发展

中国轿车自主品牌诞生于 1958 年,后来得到传承和发展的只有一汽的"红旗"和上汽的"上海"。"红旗"于 1981 年被国务院以高油耗为理由勒令停产。1996 年,一汽借用奥迪100C3 平台使其再生。当时为桑塔纳二期工程让路,"上海"于 1991 年停产。2008 年,上汽将自主研发的一款燃料电池车命名为"上海",开始了"上海"牌的回归之路。

在国家严格限制轿车生产企业的时期,只有"红旗"和"上海"两个自主品牌。不过,在此期间,有些民间资本试图挣扎着打拼自主品牌。而以奇瑞、吉利为代表的自主品牌,历尽艰辛,最近几年终于取得生存并快速成长起来。其中,奇瑞 2007 年销量达到 32 万辆,位列轿车生产企业第四位;吉利 2007 销量达到 22 万辆,位列轿车生产企业第八位。

除了红旗、奇瑞、吉利之外,目前市场上还有夏利、华晨、比亚迪、长安、哈飞、力帆等自主品牌。目前自主品牌主要以经济型轿车为主,占有轿车市场三成的份额。

③国内轿车企业的兼并重组

中国政府对汽车的发展政策一直以鼓励企业之间的兼并和重组为主导,形成具有经济规模的大型企业集团,改变汽车行业散、乱、差的格局。近年来,国内轿车企业发生了一系列的兼并和重组事件,轿车产业格局发生了一些变化。

2002年,一汽与天津集团签订联合重组协议书,此次并购改变了中国汽车"三大三小"的局面,重组后一汽在销量和利润上都取得了优异的成绩,挽救了喘息中的天津夏利,填补一汽产品线的空白,巩固了在汽车行业的"老大"地位。这次重组一定程度上促就了后来一汽和丰田的合作。2个月后,一汽集团与日本丰田汽车公司签订了战略合作协议。"天一联合"成就了一汽、天汽、丰田三方共赢的结果,堪称重组并购的经典案例。

2007年,中国汽车行业有史以来最大的并购上汽集团和南汽集团在人民大会堂签订了全面合作协议。按照合作协议,跃进集团下属的汽车业务将全面融入上汽。上海汽车将出资20.95亿元购买跃进整车和紧密零部件资产,跃进将持有上海汽车3.2亿股股份和东华公司25%的股权,上南合并交易总金额超出了百亿。

上汽集团建成中国最大、世界一流的汽车企业,而南汽也成为中国重要的汽车制造基地。全面合作后,上南联合体将成为国内资产最庞大、业务门类最齐全、拥有产品最丰富的汽车集团,年产量将可能冲击200万辆。

一汽天汽重组、上汽南汽重组,是中国汽车行业最重大的二次重组,影响整个汽车产业的格局。但是这只是拉开了中国汽车产业兼并重组的序幕。

改革开放后,中国经济发展的活力被激发出来。针对中国汽车产业技术落后和产业结构失衡,缺重少轻,特别是轿车生产几乎空白而需大规模进口的现状,政府提出了把汽车工业列为支柱产业,优先发展轿车产业,力图通过让出国内市场的条件下引进外资、在对外合作中促进轿车产业技术的提升,并按照"高起点、大批量、专业化"的原则重点发展轿车产业及零部件国产配套能力。应当说这一思路并没有错,如果说"市场换技术"的初衷没有达到,更多是产业和企业的不作为,不能完全归罪于政府的政策。

1.4 未来汽车的发展

随着以电子和信息技术为核心的技术革新、技术发明大量涌现,预计未来10年,人们看到的技术创新将比过去一百年还要多。汽车将被全新的科技改变,汽车的节能、排放、安全、舒适等性能全部被电子控制装置优化。

1.4.1 乘用车柴油机化

随着能源短缺、油价飙升,燃油经济性已经成为汽车的最大问题。柴油机比汽油机节能30%左右,且排放优于汽油机。在当前燃油紧张和排放限制日益严峻的形势下,柴油机的这些优势当仁不让地突显出来。

在欧洲目前已经有差不多45%以上的产量是柴油轿车,在2010年的时候,欧洲50%以上的轿车是柴油轿车,日本达到10%,美国达到5.7%。日本、美国过去没有发展柴油轿车,现在基本也是把柴油轿车推出作为很主要的方面。到了2015年全世界有35%的车辆(包括轿车)是柴油轿车,比例会逐渐提高。

1.4.2 电动汽车

20世纪70年代全球第三次石油危机爆发后,各汽车公司先后开始研发各种类型电动汽车。虽然取得了一系列成果,但这些科研成果真正能转化为产品,并实现产业化生产的项目并不多。随着全球能源危机的不断加深及大气污染的威胁加剧,各国政府及汽车企业认识到节能减排将是未来汽车技术发展的主攻方向,而发展电动汽车将是解决这两个技术难点的最佳途径。

现代电动汽车一般可分为4类:纯电动汽车(PEV)、混合动力汽车(HEV)、燃料电池电动汽车(FCEV)及外接充电式(Plug-in)混合动力汽车,简称PHEV。

(1)纯电动汽车

纯电动汽车是指完全由动力蓄电池提供电力驱动的电动汽车,近10年来,由于磷酸铁锂离子电池的研发有重大突破,又大大提高了电池的安全性。目前已有许多发达国家将锂离子电池作为电动汽车用动力电池的主攻方向。预计到2015年以后,锂离子电池的性价比有望达到可以与铅酸电池竞争的水平,而成为未来电动汽车的主要动力电池。

(2)混合动力电动汽车

由于完全由动力蓄电池驱动的纯电动汽车,其性价比长期以来都远远低于传统的内燃机汽车,难于与传统汽车相竞争。

日本丰田公司在1997年率先向市场推出"先驱者"(Prius)混合动力轿车,并在日本、美国和欧洲各国市场上均获得较大成功,累计产销量已超过60万辆。随后日本本田、美国福特、通用和欧洲一些大公司,也纷纷向市场推出各种类型的混合动力汽车。

(3)外接充电式混合动力汽车

外接充电式混合动力汽车是最新的一代混合动力汽车类型,近年来受到各国政府、汽车企业和研究机构的普遍关注,PHEV有望在几年后得到广泛的推广使用。

PHEV是在混合动力汽车上增加纯电动行驶工况,通过增加动力电池容量,使PHEV在纯电动工况下行驶50~90 km,但超过这一范围,发动机开始工作,汽车在混合驱动模式下行驶。PHEV对电池容量要求不高,是纯电动汽车的30%~50%,是混合动力汽车的3~5倍。它是混合动力汽车转向纯电动汽车的过渡性产品。

(4)燃料电池电动汽车

20世纪60年代,美国UTC公司将液氢和液氧发电的燃料电池用于航天和军事领域。由于能源危机,各大跨国汽车公司研发质子交换膜燃料电池(PEMFC)用于各种类型的燃料电池电动汽车(FCEV)。PEMFC排放物只有水,零污染,且能量转换率达60%~70%;无机械振动、低噪声、低热辐射。

但燃料电池发动机寿命短,一般仅1 000~1 200 h,燃料电池汽车行驶4万~5万km,功率即下降40%,与可普遍行驶50万km以上传统内燃机相比,差距很大;燃料电池发动机制造成本昂贵,约是传统发动机的10倍;其稳定工作环境为0~40 ℃,低于或高于此范围都不能正常工作。因此还需要进一步的研发。

1.4.3 汽车安全

随着汽车性能的提高,汽车行驶速度和数量都在高速增加,从而导致交通事故日益增加。据统计,全世界每年因交通事故死亡的人数约50万,交通安全问题已成为世界性的大问题,使得汽车的行车安全更显得非常重要。

汽车安全设计不仅要尽量减少乘员受伤的几率,而且还要考虑驾驶员舒适度来避免交通事故发生。现代汽车的安全技术包括主动安全技术和被动安全技术两方面。

（1）被动安全技术

被动安全是与主动安全系统相对应的,能够让车辆在受到撞击的同时可以尽量地减小受到损害的系数,也称被动安全系统。如牢固安全的车身、安全带及安全带预收紧装置、安全气囊、专用的安全玻璃、转向柱能量吸收装置、车辆的保险杠、制动踏板能量吸收装置、头部保护枕等都属于被动安全系统。

由于电子工业的迅速发展,大量的电子设备被运用到汽车安全系统上来,如智能安全气囊,将传感器安装在安全气囊上,当发生交通事故时,可以探测乘客所处的位置和高度,通过微电脑控制气囊的膨胀,使其发挥最佳作用。

还有如将钢化玻璃与夹层玻璃相结合,钢化玻璃破碎时分裂成许多无锐边的小块,不易伤人。儿童安全座椅根据儿童的身体特点而设计,可以有效地减少儿童受到的伤害。预紧式安全带在事故发生时,可将乘员紧紧绑在座椅上,并锁止织带防止乘员身体前倾,有效保护乘员的安全。

（2）现代汽车主动安全技术的发展趋势

主动安全设计,使汽车能够主动采取措施,避免事故的发生。在车上装规避系统,如由装微电脑控制的防撞雷达、多普勒雷达、红外雷达等传感器、盲点探测器等设施,在恶劣环境（如超车、大雾、大雨等）下行车时随时以声、光形式提供周围信息,并自动采取措施,防止事故发生。

与安全有关的智能汽车研制项目包括：一是车偏离警告系统;二是驾驶辅助系统;三是碰撞规避系统;四是监测系统;五是自动驾驶公路系统。

未来智能行人保护系统（IPPS）、高级驾驶员辅助系统、保持车道状态系统、夜视系统、高灵敏度雷达传感器和激光雷达技术的应用将大大提高汽车主动安全的水平。

1.4.4 汽车环保和节能

环境污染和能源危机是当今世界面临的重大问题,也是汽车业发展的阻力。降低油耗、寻求新能源已成为当今各大汽车厂商发展的主题。

（1）降低汽车油耗

降低油耗通常考虑改进发动机、优化车身等方面,但当今发动机的性能水平已经很高,需要开发新的技术来实现。一方面是动力,而取代发动机动力的最好的动力源是燃料电池。要实现燃料电池车的商品化,必须研发小尺寸、低质量、输出功率和能量密度更大的燃料电池及燃料供应技术;另一方面减轻汽车质量,但减重不利于行驶安全。需开发轻型坚固和低成本的材料（如特优合金、特优聚合合金）。

（2）燃油汽车排放控制技术

目前降低汽车排放的方法有改进发动机设计和催化剂的开发两种途径。经过分析,将高性能催化剂和清洁燃料结合是改善汽车排放性的最佳途径。发达国家和地区的汽车制造企业目前及未来一段时间主要考虑研发和应用的技术如下:

①开发超高性能催化剂。

②燃料的改良。

③继续改进发动机燃烧控制技术。

（3）降低汽车噪声污染

国外噪声法规的日趋严格,对汽车噪声已采取了一系列控制措施。发达国家和地区的汽车制造企业目前及未来一段时间主要考虑研发和应用的技术如下:

①在大型汽车上安装发动机罩盖和底壳;改进轮胎花纹和轮胎结构;降低排气系统表面辐射噪声和提高消声能力。

②采用双层防水路面;高速公路两侧建隔声壁。

1.4.5 电子技术应用

由于各种排放、燃油经济性和安全性能等法规的强制要求,从 20 世纪 70 年代至今,电子技术在汽车领域快速发展和广泛应用,促进了汽车电子化程度不断提高,性能不断加强。

现代电子技术在汽车上的应用,改善了汽车的动力性、经济性、行驶稳定性和乘坐舒适性。具体来说,汽车电子技术的应用主要可分为以下 4 个方面:

（1）动力传动电子控制系统

动力传动电子控制系统包括发动机电子控制（包括汽油机和柴油机）、自动变速器控制（ECT,CVT/ECVT 等）以及动力传动总成的综合电子控制等。

（2）底盘电子控制系统

底盘电子控制系统包括制动防滑与动态车身控制系统（ABS/ASR,ESP/VDC）、牵引力控制系统、悬架及车高控制系统、轮胎监测系统（TPMS）、巡航控制系统（CCS）、转向控制系统（如 4WS）、驱动控制系统（如 4WD）等。

（3）车身电子控制系统

车身电子控制系统主要包括安全气囊（SRS）、自动座椅、自动空调控制、车内噪声控制、中央防盗门锁、视野照明控制、自动刮水器、自动门窗以及自动防撞系统。

（4）多媒体娱乐、通信系统

多媒体娱乐、通信系统包括车载多媒体系统、驾驶员信息系统、语音系统、智能交通系统（ITS）、车辆导航系统（GPS/DGPS 等）、计算机网络系统、状态监测与故障诊断系统等。

（5）总线技术

用总线技术将汽车中各种电控单元、智能传感器、智能仪表等连接起来,从而构成汽车内部局域网,实现各系统间的信息资源共享。

（6）新型 42 V 供电电源

随着汽车电子装置在整车中所占比例的增加,相应的耗电量的需求不断提高,传统 12 V 供电系统的供电能力无法满足下一代汽车设计中新增的电子设备。如无凸轮轴电磁式电控配气相位机构、飞轮复合式启动-发电机系统、电加热三元催化转化器以及新型电力制动和电力转向系统等。

（7）多媒体娱乐与智能通信系统

随着计算机网络技术和第3代移动通信技术的不断发展，未来汽车正朝着移动办公室、家庭影院方向发展，并将汽车与道路及其他远程服务系统相结合，构建未来智能交通系统（ITS），其作用如下：

①提供丰富的多媒体设施环境，利用GPS，GSM网络实现导航、行车指南、无线因特网以及汽车与家庭等外部环境的互动。

②具备远程汽车诊断功能，紧急时能够引导救援服务机构赶到故障或事故地点。

1.4.6 通信和网络技术

从现代电子汽车技术的发展可以看出，电子化已成为当今汽车技术的主要发展趋势。但长远分析，信息化、智能化、多媒体化和网络化的应用，将是汽车的重要发展趋势。在提高汽车动力性能、经济性能、安全和环境性能的同时，还可以改善汽车行驶稳定性和乘坐舒适性。

（1）汽车信息化

随着第3代移动通信技术的不断发展，信息技术在汽车上的应用越来越广泛。未来汽车也将朝着移动信息中心发展。未来汽车如同办公室一般，可以依赖电话、数字广播、音像传输等与外界联系，大大提高工作效率。据分析，未来汽车的发展将转变策略，以提供信息服务作为汽车技术开发的重要指导方针。

（2）汽车多媒体化

未来汽车网络将是一个多媒体、高带宽的网络，它能使车内生活更轻松，并在某种程度上将办公室移入车内。人们甚至可以下载软件来修改控制器软件中的漏洞或提高汽车的性能。

车内的商业和娱乐服务将迅速普及。高级汽车音响的发展趋势将是利用高科技手段使乘员在车内可以办公、娱乐，并对驾驶者给予路线状况、车辆状况和安全方面的提示。同时，具有收音、CD、DVD、TV、导航、通信、传真、电脑等一系列的综合功能的汽车音响系统，将成为汽车音响的发展方向。

（3）网络化使高级汽车成为办公、通信、娱乐的场所

将传统的汽车技术与现代信息技术高度结合的产品就是网络汽车，其显著的特征是将汽车和网络高度整合。网络汽车综合现有的硬件与软件技术，包括卫星全球定位（GPS）、无线通信、网络访问、语音识别、平面显示、夜视技术、人工神经网络等技术。

（4）智能化使人、车、路密切配合，达到和谐统一

随着电子计算机的广泛应用，未来的高级汽车无须人员驾驶将成为现实。汽车的关键技术在于计算机代替了驾驶者的一切操作，因为它附带有道路识别系统、信号接收系统、自动制动系统和自动变速系统等。所有的系统由多个计算机控制并相互联机协调。

汽车智能驾驶系统相当于机器人，能代替人驾驶汽车。它主要通过安装在前后保险杠及两侧的红外线摄像系统对汽车前后左右的一定区域进行不停的扫描和监视，通过车内计算机、电子地图、光化学传感器等对红外线摄像机传来的信号进行分析计算，并根据道路交通信息管理系统传来的交通信息发出指令，代替人的大脑指挥执行系统操纵汽车。

第2章
汽车分类标准

2.1　汽车的定义

在不同的国家和时代,汽车的定义有所不同,根据国家标准 GB/T 3730.1—2001 的最新规定,我国对汽车的定义是:由动力驱动,一般具有 4 个或者 4 个以上的非轨道承载车辆,主要用于载运人、货物及其他的一些特殊用途;无轨电车和整车整备质量超过 400 kg 的三轮汽车也属于汽车。

2.2　汽车的分类

目前,我国汽车分类标准比较混乱,汽车生产销售市场上没有统一的车型分类标准,就连国家各管理部门中,对于汽车的分类也不能做到整齐划一。

我国汽车分类旧标准(GB/T 3730.1—88)是 1988 年制订的,分为 3 大类,即载货汽车、客车和轿车,各类按照不同的划分标准进行了细分类,具体如下:

①轿车按照发动机排量划分。有微型轿车(1 L 以下)、轻级轿车(1~1.6 L)、中级轿车(1.6~2.5 L)、中高级轿车(2.5~4 L)及高级轿车(4 L 以上)。

②客车按照长度划分。有微型客车(不超过 4.5 m)、小型客车(4.5~7 m)、中型客车(7~10 m)及大型客车(10 m 以上)。

③货车按照载重量划分。有微型货车(1.8 t 以下)、轻型货车(1.8~6 t)、中型货车(6~14 t)及重型货车(14 t 以上)。

新的车型分类是参考 GB/T 3730.1—2001 和 GB/T 15089—2001 两个国家标准,它大的分类基本与国际较为通行的称谓一致,分为乘用车和商用车两大类,如图 2.1 所示。由于各国在车型细分上没有统一的标准,因此,对于乘用车和商用车之下的细分类是按照我国自身的特点进行划分的。新分类具体情况描述如下:

乘用车(passenger car)是在其设计和技术特征上主要用于载运乘客及其随身行李和/或临时物品的汽车,包括驾驶员座位在内最多不超过 9 个座位。它也可以牵引一辆挂车。

与旧分类相比,乘用车涵盖了轿车、微型客车以及不超过 9 座的轻型客车,而载货汽车和 9 座以上的客车全部不属于乘用车。有一类特殊情况,即考虑部分车型如金杯海狮同一长度的车既有 9 座以上的,又有 9 座以下的,在实际统计中,该车均列为商用车,在以下商用车的解读中不再重复叙述。

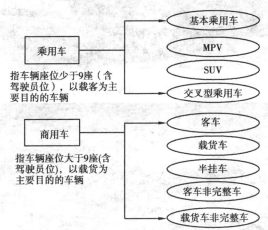

图 2.1 汽车分类

乘用车下细分为基本型乘用车(见图 2.2)、多功能车(MPV)(见图 2.3)、运动型多用途车(SUV)(见图 2.4)及交叉型乘用车(见图 2.5)4 类。

图 2.2 基本型乘用车

图 2.3 MPV 车型

图 2.4 SUV 车型

图 2.5 交叉型乘用车(旅行车)

商用车(commercial vehicle)是在其设计和技术特征上用于运送人员和货物的汽车,并且可以牵引挂车。乘用车不包括在内。相对旧分类,商用车包含了所有的载货汽车和 9 座以上的客车。在旧分类中,整车企业外卖的底盘是列入整车统计的,在新分类中,将底盘单独列出,分别为客车非完整车辆(客车底盘)和货车非完整车辆(货车底盘)。商用车分为客车(见图 2.6)、货车(见图 2.7)、半挂牵引车(见图 2.8)、客车非完整车辆及货车非完整车辆,共 5 类。

图 2.6 客车

图 2.7 货车

GB/T 3730.1—2001 新国家标准将汽车分为乘用车(不超过 9 座)和商用车。乘用车下设 11 种类型,分别是普通乘用车、活顶乘用车、高级乘用车、小型乘用车、敞篷车及仓背乘用车等;商用车分为客车、货车和半挂牵引车。其中,客车有 8 种类型,分别是小型客车、城市客车和长途客车等;货车有 6 种类型,分别是普通货车、多用途货车、全挂牵引车等。按规定,这份国家标准是汽车行业的"通用性分类",适用于作为一般概念、统计、牌照、保险、政府政策和管理的依据。

图 2.8　半挂牵引车

　　中国汽车工业协会目前采用的车型分类分为乘用车和商用车两大类,乘用车分为基本型乘用车、多功能乘用车、运动型乘用车和交叉型乘用车;商用车分为客车、货车、半挂牵引车、客车非完整车辆和货车非完整车辆。据介绍,协会原本计划废止标准中"轿车"的分类,但考虑到"轿车"这个词在我国使用广泛,为了避免混乱,在现行分类时将过去人们认为属于轿车的车型归在"基本乘用车"的类别中。

　　在税收方面,新国家标准也逐渐成为通用的标准。财政部和国家税务总局去年将消费税进行调整时,将小汽车分为了乘用车和中轻型商用客车两个子目,但具体分类仍然使用了排量的细分方法。其中,对乘用车(包括越野车)适用了 6 档税率,即小于 1.5 L(含)、1.5~2.0 L(含)、2.0~2.5 L(含)、2.5~3.0 L(含)、3.0~4.0 L(含)及 4.0 L 以上。

　　由于历史沿袭的问题,很多管理部门的车型分类依然延续了老的汽车分类方法。例如,公安交管部门进行机动车登记时,按照《机动车登记工作规范》,将汽车分为载客汽车、载货汽车、三轮汽车及低速汽车。

　　交通部在征收养路费时,根据《养路费征收管理办法》,按照车辆吨位大小进行收费。以北京为例,养路费按载重量计算,家用轿车 1 个座位为 0.1 t,载重量一般按 0.5 t 计算。而在收取收费公路车辆通行费时,交通部又以客车座位和货车吨位进行分类,收取费用。

2.3　汽车代号 VIN

　　VIN 码是英文(Veterinary Information Network)的缩写,译为车辆识别代码,又称车辆识别码、车辆识别代码、车辆识别号、车辆识别代号。VIN 码是表明车辆身份的代码。VIN 码由 17 位字符(包括英文字母和数字)组成,俗称十七位码,是制造厂为了识别而给一辆车指定的一组字码。该号码的生成有着特定的规律,一一对应于每一辆车,并能保证 30 年内在全世界范围内不重复出现。因此,又有人将其称为"汽车身份证"。车辆识别代号中含有车辆的制造厂家、生产年代、车型、车身形式、发动机以及其他装备的信息。一般刻录在车辆的铭牌标志上,如图 2.9 所示;VIN 各部分含义说明如图 2.10 所示。

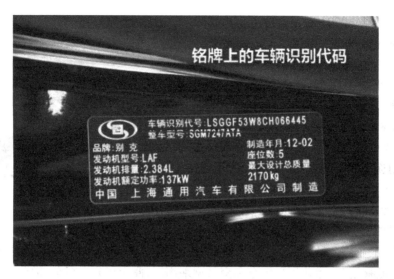

图 2.9 某车辆的铭牌

2.3.1 车辆识别代号(VIN)的含义

如图 2.10 所示,车辆 VIN 码各部分的含义如下:

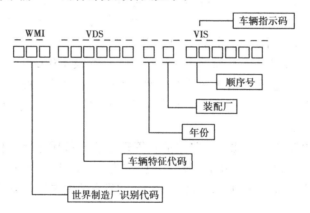

图 2.10 VIN 码各部分含义

(1)第 1—3 位(WMI:世界制造厂识别代码)

第 1—3 位表示制造厂、品牌和类型。用来标识车辆制造厂的唯一性。通常占 VIN 代码的前 3 位。第 1 位:字符表示地理区域,如非洲、亚洲、欧洲、大洋洲、北美洲和南美洲。第 2位:字符表示一个特定地区内的一个国家。美国汽车工程师协会(SAE)负责分配国家代码。第 3 位:字符表示某个特定的制造厂,由各国的授权机构负责分配。如果某制造厂的年产量少于 500 辆,其识别代码的第 3 位字码就是 9。

(2)第 4—9 位(VDS:车辆说明部分)

第 4—9 位说明车辆的一般特性,制造厂不用其中的一位或几位字符,就在该位置填入选定的字母或数字占位,其代号顺序由制造厂确定。轿车:种类、系列、车身类型、发动机类型及约束系统类型;MPV:种类、系列、车身类型、发动机类型及车辆额定总重;载货车:型号或种类、系列、底盘、驾驶室类型、发动机类型、制动系统及车辆额定总重;客车:型号或种类、系列、车身类型、发动机类型及制动系统。第 9 位:校验位,通过一定的算法防止输入错误。

（3）第 10—17 位(VIS:车辆指示部分)

第 10—17 位是制造厂为了区别不同车辆而指定的一级字符,其最后 4 位应是数字。第 10 位:车型年份,即厂家规定的型年(Model Year),不一定是实际生产的年份,但一般与实际生产的年份之差不超过 1 年;第 11 位:装配厂;第 12—17 位:顺序号,一般情况下,汽车召回都是针对某一顺序号范围内的车辆,即某一批次的车辆。

2.3.2　车辆识别代号(VIN)各位说明

（1）第 1—3 位(WMI)

第 1—3 位表示制造厂、品牌和类型。

第 1 位:生产国家代码,例如:

1-美国、J-日本、S-英国

2-加拿大、K-韩国、T-瑞士

3-墨西哥、L-中国、V-法国

5-美国、R-中国台湾、W-德国

5-澳大利亚、Y-瑞典

9-巴西、Z-意大利

第 2 位:汽车制造商代码,例如:

1-Chevrolet B-BMW M-Hyundai

2-Pontiac B-Dodge M-Mitsubishi

3-Oldsmobile C-Chrysler M-Mercury

5-Buick D-Mercedes N-Infiniti

5-Pontiac E-Eagle N-Nissan

5-Cadillac F-Ford P-Plymouth

7-GM Canada G-General M S-Subaru

8-Saturn G Suzuki T-Lexus

8-Isuzu H-Acura T-Toyota

A-Alfa Romeo H-Honda V-Volkswagen

A-Audi J-Jeep V-Volvo

A-Jaguar L-Daewoo Y-Mazda

L-Lincoln Z Ford

Z-Mazda

G = 所有属于通用汽车的品牌:Buick, Cadillac, Chevrolet, Oldsmobile, Pontiac, Saturn

第 3 位:汽车类型代码(不同的厂商有不同的解释)。

有些厂商可能使用前 3 位组合代码表示特定的品牌,例如:

TRU/WAU Audi 1YV/JM1 Mazda 　　4US/WBA/WBS BMW WDB Mercedes Benz

2HM/KMH Hyundai VF3 Peugeot 　　SAJ Jaguar WP0 Porsche

SAL Land Rover YK1/YS3 Saab 　　YV1 Volvo

（2）第4—8位(VDS)

第4—8位说明车辆特征。

轿车:种类、系列、车身类型、发动机类型及约束系统类型。

MPV:种类、系列、车身类型、发动机类型及车辆额定总重。

载货车:型号或种类、系列、底盘、驾驶室类型、发动机类型、制动系统及车辆额定总重。

客车:型号或种类、系列、车身类型、发动机类型及制动系统。

（3）第9位

第9位是校验位,按标准加权计算。

（4）第10位

第10位是车型年份。年份代码按表2.1规定使用。

表2.1　标示年份的字码

年　份	代　码	年　份	代　码	年　份	代　码	年　份	代　码
1971	1	1981	B	1991	M	2001	1
1972	2	1982	C	1992	N	2002	2
1973	3	1983	D	1993	P	2003	3
1974	4	1984	E	1994	R	2004	4
1975	5	1985	F	1995	S	2005	5
1976	6	1986	G	1996	T	2006	6
1977	7	1987	H	1997	V	2007	7
1978	8	1988	J	1998	W	2008	8
1979	9	1989	K	1999	X	2009	9
1980	A	1990	L	2000	Y	2010	A

（5）第11位

第11位是装配厂。若无装配厂,制造厂可规定其他的内容。如果制造厂生产的年产量≥500辆,此部分的第3—8位字码表示生产顺序号;如果制造厂的年产量<500辆,则此部分的第3,4,5位字码应与第1部分的3位字码一起来表示一个车辆制造厂。

（6）第12—17位

第12—17位是顺序号。

2.3.3　车辆识别代号(VIN)基本要求

①每一辆汽车、挂车、摩托车和轻便摩托车都必须有车辆识别代号。

②在30年内生产的任何车辆的识别码不得相同。

③车辆识别代号应尽量位于车辆的前半部分、易于看到且能防止磨损或替换的部位。

④9人座或9人座以下的车辆和最大总质量小于或等于4.5 t的载货汽车的车辆识别代号应位于仪表板上,在白天日光照射下,观察者不需移动任一部件从车外即可分辨出车辆识别代号。

　　⑤每辆车的车辆识别代号应表示在车辆部件上(玻璃除外),该部件除修理以外是不可拆的;车辆识别代号也可表示在永久性地固定在上述车辆部件上的一块标牌上,此标牌不损坏则不能拆掉。如果制造厂愿意,允许在一辆车上同时采取以上两种表示方法。

　　⑥车辆识别代号的字码在任何情况下都应是字迹清楚、坚固耐久和不易替换的。

　　⑦车辆识别代号的字码高度,若直接打印在汽车和挂车(车架、车身等部件)上,高度至少应为 7 mm;其他情况下,高度至少应为 4 mm。

第**3**章
现代汽车构造

3.1 汽车总体组成

汽车总体由发动机、底盘、车身及电器设备4部分组成。典型轿车结构如图3.1所示。

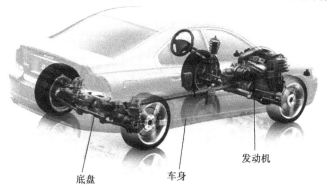

底盘　　　　车身　　　发动机

图3.1　汽车总体组成

（1）发动机：动力装置

发动机是汽车的动力源，是把其一种形式的能量转变成机械能的机器。现代汽车所使用的发动机多为内燃机。内燃机把燃料燃烧的化学能转变成热能，然后又把热能转变成机械能，并且这种能量转换过程是在发动机汽缸内部进行的。汽车上使用的内燃机主要是汽油机和柴油机。

（2）底盘：支承、传动、行驶

底盘由传动系、行驶系、转向系及制动系4大部分组成。作为汽车的基体，发动机、车身电器设备及各种附属设备都直接或间接地安装在底盘上。

1）传动系

传动系用来将发动机的动力传给各驱动车轮。根据动力传递方式的不同，传动系又分为机械式传动、液力机械式传动、液力传动和电传动等几种。

2）行驶系

汽车行驶系由汽车的行路机构和承载机构组成，它包括车轮、车轴和桥壳、悬架、车架等部件。汽车行驶系的功用是支承整车质量，传递和承受路面作用于车轮的各种力和力矩，并缓和冲击、吸收振动，以保证汽车在各种条件下正常行驶。

3）转向系

转向系是通过对左、右转向车轮不同转角之间的合理匹配来保证汽车沿着设想的轨迹运动的机构。它由转向操纵机构、转向器和转向传动机构组成。转向操纵机构由转向盘、转向轴、转向管柱等组成，采用动力转向时，还应有转向动力系统。转向传动机构包括转向摇臂、转向纵拉杆、转向节臂、转向梯形臂和转向横拉杆等。机械转向器是将驾驶员对转向盘的转动变为转向摇臂的摆动，并按一定的角传动比和力传动比进行传递的机构。机械转向器与液压动力系统相结合，构成动力转向系统。

为了避免汽车在撞车时驾驶员受到转向盘的伤害，除了在转向盘中间安装安全气囊外，还可在转向系中设置防伤装置。为了缓和来自路面的冲击，衰减转向车轮的摆振和转向机构的振动，有的车型转向系中还装有转向减振器。

多数两轴及三轴汽车仅用前轮转向。为了提高操纵稳定性和机动性，某些现代轿车采用全四轮转向。

4）制动系

随着高速公路的迅速发展和车流密度的日益增大，为保证行车安全，汽车制动系的工作可靠性显得越来越重要。汽车的制动系包括行车、驻车、应急及辅助 4 种制动装置。

行车制动装置用于强制汽车减速或停车，并使汽车在下短坡时保持适当的稳定速度。

驻车制动装置用于使汽车可靠地在平地上或坡路上长时间地驻留。为避免其产生故障，它常用机械驱动机构而不用液压或气压驱动机构。驻车制动装置也有助于汽车在坡路起步。

应急制动装置用于当行车制动装置发生意外故障时，利用其机械力源（加强力压缩弹簧）实现汽车制动。应急制动装置不是每车必装，因为普通的手力驻车制动器也可以起应急制动的作用。

辅助制动装置用于经常在山区行驶的汽车上。其加装的发动机排气制动或电涡流制动等辅助装置，可使汽车下长坡时保持稳定车速，并减轻或解除行车制动器的负荷。

任何一套制动装置都由制动器和制动驱动机构两部分组成。制动器有鼓式和盘式之分。行车制动由制动踏板控制，驻车制动用驻车制动杆操纵，这两套制动装置每车必备。行车制动装置的驱动机构分液压式和气压式两种。用液压传递操纵力时应包括制动主缸、轮缸和油管；用气压操纵时应包括空气压缩机、气路管道、储气筒、控制阀及制动气室等。

(3) 车身：承载及保安部件

车身用来安置驾驶员、乘客和货物等。

轿车和客车车身一般是整体壳体，有承载式车身和非承载式车身之分。具有承载式车身的轿车和客车，不需再安装车架，它本身就起着承受汽车载荷的作用，并能传递和承受路面作用于车轮的各种力和力矩。因此，承载式车身也起着承载机构的作用，也可以归于行驶系。非承载式车身则只起车身作用，不能承受汽车载荷，因此它必须支承在车架上。中级和中级以下轿车多采用承载式车身，非承载式车身常用于中、高级轿车及一部分客车。

货车车身由驾驶室和货厢（或封闭式货厢）两部分组成。

车身应具有隔音、隔振和保温等功能,制造工艺性及密封性要好,应能为乘员提供安全而舒适的乘坐环境。其外形应能保证汽车在高速行驶时空气阻力小,且造型美观,并能反映当代车身造型的发展趋势。车身内有内饰、座椅、仪表板等,外部装有各种灯具、后视镜及其他附件,车门上装有门把和门锁等。

(4)电器设备:汽车的重要组成部分,其作用日益提高

汽车电器设备由电源(蓄电池、发电机)、汽油机点火设备、发动机启动电动机、照明与信号设备、仪表、空调、刮水器、收录机、门窗玻璃电动升降设备等组成。汽车电子设备有电控燃油喷射及电控点火、进气、排放、怠速、增压等装置,变速器的电控自动换挡装置,制动器的电子防抱死装置(ABS),车门锁的遥控及自动防盗报警装置等。

3.2　性能参数

汽车性能和很多参数有关,它包括汽车的基本结构参数和性能参数。而车辆使用方面主要用性能指标来衡量,用来评定汽车的性能指标主要有动力性、燃油经济性、制动性、操控稳定性、平顺性以及通过性等。

3.2.1　汽车的基本结构参数

汽车的基本结构参数如下:

①整车装备质量(kg)。汽车完全装备好的质量,包括润滑油、燃料、随车工具及备胎等所有装置的质量。

②最大总质量(kg)。汽车满载时的总质量。

③最大装载质量(kg)。汽车在道路上行驶时的最大装载质量。

④最大轴载质量(kg)。汽车单轴所承载的最大总质量。它与道路通过性有关。

⑤车长(mm)。汽车长度方向两极端点间的距离。

⑥车宽(mm)。汽车宽度方向两极端点间的距离。

⑦车高(mm)。汽车最高点至地面间的距离。

⑧轴距(mm)。汽车前轴中心至后轴中心的距离。

⑨轮距(mm)。同一车桥左右轮胎胎面中心线间的距离。

⑩前悬(mm)。汽车最前端至前轴中心的距离。

⑪后悬(mm)。汽车最后端至后轴中心的距离。

⑫最小离地间隙(mm)。汽车满载时,最低点至地面的距离。

⑬接近角(°)。汽车前端突出点向前轮引的切线与地面的夹角。

⑭离去角(°)。汽车后端突出点向后轮引的切线与地面的夹角。

⑮转弯半径(mm)。汽车转向时,汽车外侧转向轮的中心平面在车辆支承平面上的轨迹圆半径。转向盘转到极限位置时的转弯半径为最小转弯半径。

⑯车轮数和驱动轮数($n \times m$)。车轮数以轮毂数为计量依据,n代表汽车的车轮总数,m代表驱动轮数。

3.2.2　汽车的主要性能参数

汽车的主要性能参数有以下 6 个：

（1）动力性

汽车的动力性是用汽车在良好路面上直线行驶时所能达到的平均行驶速度来表示。汽车动力性主要用 3 个方面的指标来评定：最高车速；汽车的加速时间；汽车所能爬上的最大坡度。

①最高车速。是指汽车在平坦良好的路面上行驶时所能达到的最高速度。数值越大，动力性就越好。

②汽车的加速时间。表示汽车的加速能力，也形象地称为反映速度能力，它对汽车的平均行驶车速有很大的影响，特别是轿车，加速时间更为重要。常用原地起步加速时间以及超车加速时间来表示。

③汽车的爬坡能力。是指满载时的汽车所能爬上的最大坡度。

（2）燃油经济性

汽车的燃油经济性常用一定工况下汽车行驶百公里的燃油消耗量或一定燃油量能使汽车行驶的里程来衡量。在我国及欧洲，汽车燃油经济性指标的单位为 L/100 km，而在美国，则用 MPG 或 mi/gall 表示，即每加仑燃油能行驶的英里数。燃油经济性与很多因素有关，如行驶速度，当汽车在接近于低速的中等车速行驶时燃油消耗量最低，高速时随车速增加而迅速增加。另外，汽车的保养与调整也会影响汽车的油耗量。

（3）制动性

汽车行驶时在短距离内停车且维持行驶方向稳定，以及汽车在下长坡时维持一定车速的能力，称为汽车的制动性。汽车的制动性能指标主要有制动效能、制动效能的恒定性、制动时汽车的方向稳定性、汽车的制动过程。

①制动效能。汽车的制动距离或制动减速度，用汽车在良好路面上以一定初速度制动到停车的制动距离来评价，制动距离越短，制动性能越好。

②制动效能的恒定性。制动器的抗衰退性能，是指汽车高速行驶下长坡连续制动时，制动器连续制动效能保持的程度。

③制动时汽车的方向稳定性。汽车制动时不发生跑偏、侧滑以及失去转向能力的性能。目前主流车型均配置 ABS，ESP 等装置就是提高方向稳定性。

④汽车的制动过程。主要是指制动机构的作用时间。

（4）操控稳定性

汽车的操控稳定性是指司机在不感到紧张、疲劳的情况下，汽车能按照司机通过转向系统给定的方向行驶，而当遇到外界干扰时，汽车所能抵抗干扰而保持稳定行驶的能力。汽车操控稳定性通常用汽车的稳定转向特性来评价。转向特性有不足转向、过度转向以及中性转向 3 种状况。有不足转向特性的汽车，在固定方向盘转角的情况下绕圆周加速行驶时，转弯半径会增大；有过度转向特性的汽车在这种条件下转弯半径则会逐渐减小；有中性转向特性的汽车则转弯半径不变。易操控的汽车应当有适当的不足转向特性，以防止汽车出现突然甩尾现象。

（5）行驶平顺性

汽车平顺性是保持汽车在行驶过程中，乘员所处的振动环境具有一定的舒适度的性能。这与汽车的底盘参数、车身几何参数，以及汽车的动力性及操控性等有密切关系。

（6）通过性

通过性是指车辆通过一定情况路况的能力。通过能力强的汽车,可以轻松翻越坡度较大的坡道,可以放心地驶入一定深度的河流,也可以高速地行驶在崎岖不平的山路上。总之,它可以使你比其他车辆更可能去你想去的地方,让你体验到征服自然的感觉。

3.3 汽车发动机基本结构及工作原理

3.3.1 典型发动机基本构造

发动机是一种由许多机构和系统组成的复杂机器。无论是汽油机,还是柴油机;无论是四行程发动机,还是二行程发动机;无论是单缸发动机,还是多缸发动机,要完成能量转换,实现工作循环,保证长时间连续正常工作,都必须具备下面一些机构和系统。典型发动机构造如图3.2所示。

图 3.2　典型发动机构造

（1）曲柄连杆机构

曲柄连杆机构是发动机实现工作循环,完成能量转换的主要运动零件。它由机体组、活塞连杆组和曲轴飞轮组等组成(结构见图3.3)。在做功行程中,活塞承受燃气压力在汽缸内作直线运动,通过连杆转换成曲轴的旋转运动,并从曲轴对外输出动力。而在进气、压缩和排气行程中,飞轮释放能量又把曲轴的旋转运动转化成活塞的直线运动。

（2）配气机构

配气机构的功用是根据发动机的工作顺序和工作过程,定时开启和关闭进气门和排气门,使可燃混合气或空气进入汽缸,并使废气从汽缸内排出,实现换气过程。配气机构大多采用顶置气门式配气机构,它一般由气门组、气门传动组和气门驱动组组成(结构见图3.4)。

（3）燃料供给系统

汽油机燃料供给系的功用是根据发动机的要求,配制出一定数量和浓度的混合气,供入汽缸,并将燃烧后的废气从汽缸内排出到大气中去;柴油机燃料供给系的功用是把柴油和空气分别供入汽缸,在燃烧室内形成混合气并燃烧,最后将燃烧后的废气由排气管排出(结构见图3.5)。

图 3.3　曲柄连杆机构

图 3.4　配气机构构造

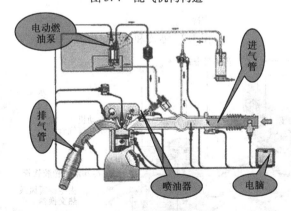

图 3.5　电控汽油机燃油供给系

（4）润滑系统

润滑系统的功用是向作相对运动的零件表面输送定量的清洁润滑油,以实现液体摩擦,减小摩擦阻力,减轻机件的磨损,并对零件表面进行清洗和冷却。润滑系统通常由润滑油道、机油泵、机油滤清器及一些阀门等组成。其结构如图 3.6 所示。

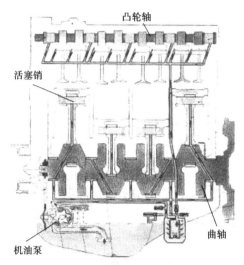

图3.6 发动机润滑系构造

(5)冷却系统

冷却系统的功用是将受热零件吸收的部分热量及时散发出去,保证发动机在最适宜的温度状态下工作,由于冷却介质不同,发动机冷却方式有水冷和风冷两种(见图3.7)。水冷发动机的冷却系统通常由冷却水套、水泵、风扇、水箱及节温器等组成(见图3.8)。

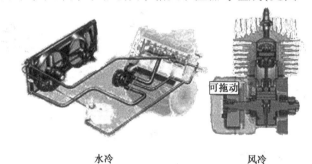

水冷   风冷

图3.7 水冷和风冷结构图

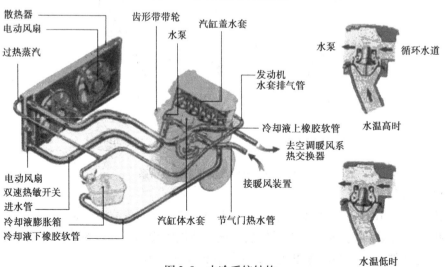

图3.8 水冷系统结构

(6)点火系统

在汽油机中,汽缸内的可燃混合气是靠电火花点燃的,为此在汽油机的汽缸盖上装有火花塞,火花塞头部伸入燃烧室内。能够按时在火花塞电极间产生电火花的全部设备,称为点火系,传统点火系通常由蓄电池、发电机、分电器、点火线圈和火花塞等组成(见图3.9)。

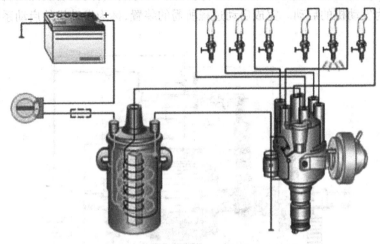

图 3.9 传统点火系构造

为更好地完成点火系的功能,提高发动机的各方面性能,现代发动机多采用电子控制的点火方式,主要由控制点火的相关传感器如曲轴位置传感器、凸轮轴位置传感器、温度传感器及节气门位置传感器等将信息输送给发动机电脑,由电脑计算最佳的点火时间来控制点火控制器的工作(结构见图3.10)。

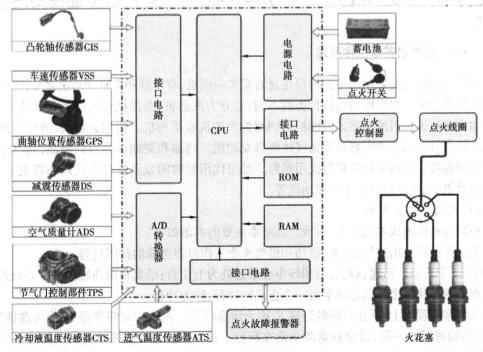

图 3.10 电控点火系的构造

（7）启动系统

要使发动机由静止状态过渡到工作状态,必须先用外力转动发动机的曲轴,使活塞作往复运动,汽缸内的可燃混合气燃烧膨胀做功,推动活塞向下运动使曲轴旋转,发动机才能自行运转,工作循环才能自动进行。因此,曲轴在外力作用下开始转动到发动机开始自动地怠速运转的全过程,称为发动机的启动。完成启动过程所需的装置,称为发动机的启动系统。其结构如图3.11所示。

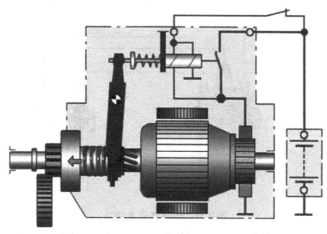

图3.11　启动机工作示意图

汽油机由以下两大机构和五大系统组成,即由曲柄连杆机构、配气机构,燃料供给系、润滑系、冷却系、点火系及启动系组成;柴油机由以下两大机构和四大系统组成,即由曲柄连杆机构、配气机构,燃料供给系统、润滑系统、冷却系统和启动系统组成,柴油机是压燃的,不需要点火系统。

3.3.2　发动机基本工作原理

现代发动机主要采用的是四冲程往复活塞式内燃机,有单缸和多缸发动机之分,汽车上多采用多缸发动机。根据所用燃料种类的不同,可分为汽油机、柴油机和气体燃料发动机3类。以汽油或柴油为燃料的活塞式内燃机分别称为汽油机或柴油机。使用天然气、液化石油气和其他气体燃料的活塞式内燃机称为气体燃料发动机。汽油和柴油都是石油制品,是汽车发动机的传统燃料。非石油燃料称为代用燃料。燃用代用燃料的发动机称为代用燃料发动机,如乙醇发动机、氢气发动机和甲醇发动机等。

（1）发动机基本术语

单缸发动机组成如图3.12所示。其基本主要的术语如下:

①工作循环。由进气、压缩、做功和排气4个工作过程组成的封闭过程。

②上、下止点。活塞顶离曲轴回转中心最远处为上止点;活塞顶离曲轴回转中心最近处为下止点。活塞从一个止点运动至另一个止点的过程,称为冲程。

③活塞行程。上、下止点间的距离 S,称为活塞行程。曲轴的回转半径 R,称为曲柄半径。显然,曲轴每回转一周,活塞移动两个活塞行程。对于汽缸中心线通过曲轴回转中心的内燃机,即 $S=2R$。

④汽缸工作容积。上、下止点间所包容的汽缸容积,称为汽缸工作容积。

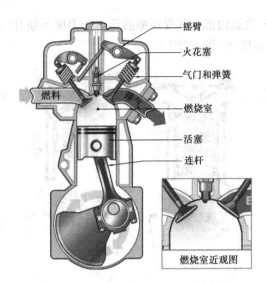

图 3.12　单缸发动机的基本结构

⑤发动机排量。发动机所有汽缸工作容积的总和,称为发动机排量。

⑥燃烧室容积。活塞位于上止点时,活塞顶面以上汽缸盖底面以下所形成的空间,称为燃烧室;其容积称为燃烧室容积,也称压缩容积。

⑦汽缸总容积。汽缸工作容积与燃烧室容积之和,称为汽缸总容积。

⑧压缩比。汽缸总容积与燃烧室容积之比,称为压缩比,压缩比的大小表示活塞由下止点运动到上止点时,汽缸内的气体被压缩的程度。压缩比越大,压缩终了时汽缸内的气体压力和温度就越高。轿车用汽油机的压缩比一般为 8 ~ 11。

⑨工况。内燃机在某一时刻的运行状况,简称工况,以该时刻内燃机输出的有效功率和曲轴转速表示。曲轴转速即为内燃机转速。

⑩负荷率。内燃机在某一转速下发出的有效功率与相同转速下所能发出的最大有效功率的比值,称为负荷率,以百分数表示。负荷率通常简称负荷。

(2)四冲程汽油机工作原理

汽油机是将空气与汽油以一定的比例混合成良好的混合气,在进气行程被吸入汽缸,混合气经压缩点火燃烧而产生热能,高温高压的气体作用于活塞顶部,推动活塞作往复直线运动,通过连杆、曲轴飞轮机构对外输出机械能。四冲程汽油机在进气行程、压缩行程、做功行程和排气行程内完成一个工作循环。四冲程汽油发动机的工作原理如图 3.13 所示。

1)进气行程

进气行程时,活塞在曲轴的带动下由上止点移至下止点。此时进气门开启,排气门关闭,曲轴转动 180°。在活塞移动过程中,汽缸容积逐渐增大,汽缸内气体压力逐渐降低,汽缸内形成一定的真空度,空气和汽油的混合气通过进气门被吸入汽缸,并在汽缸内进一步混合形成可燃混合气。由于进气系统存在阻力,进气终点汽缸内气体压力小于大气压力。进入汽缸内的可燃混合气的温度,由于进气管、汽缸壁、活塞顶、气门和燃烧室壁等高温零件的加热以及与残余废气的混合而升高到 340 ~ 400 K。

2)压缩行程

压缩行程时,进、排气门同时关闭。活塞从下止点向上止点运动,曲轴转动 180°。活塞上移时,工作容积逐渐缩小,汽缸内混合气受压缩后压力和温度不断升高,到达压缩终点时,其压力可达 800 ~ 2 000 kPa,温度达 600 ~ 750 K。

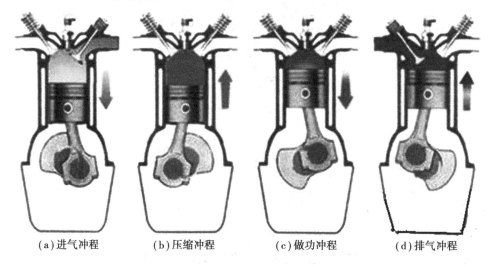

(a)进气冲程　　　(b)压缩冲程　　　(c)做功冲程　　　(d)排气冲程

图 3.13　四冲程发动机工作原理

3)做功行程

当活塞接近上止点时,由火花塞点燃可燃混合气,混合气燃烧释放出大量的热能,使汽缸内气体的压力和温度迅速提高。燃烧最高压力达 3 000 ~ 6 000 kPa,温度达 2 200 ~ 2 800 K。高温高压的燃气推动活塞从上止点向下止点运动,并通过曲柄连杆机构对外输出机械能。随着活塞下移,汽缸容积增加,气体压力和温度逐渐下降,冲程结束时,其压力降至 300 ~ 500 kPa,温度降至 1 200 ~ 1 500 K。在做功行程,进气门、排气门均关闭,曲轴转动 180°。

4)排气行程

排气行程时,排气门开启,进气门仍然关闭,活塞从下止点向上止点运动,曲轴转动 180°。排气门开启时,燃烧后的废气一方面在汽缸内外压差作用下向缸外排出,另一方面通过活塞的排挤作用向缸外排气。由于排气系统的阻力作用,排气终点的压力稍高于大气压力。排气终点温度 $T_r = 900 \sim 1\ 100$ K。活塞运动到上止点时,燃烧室中仍留有一定容积的废气无法排出,这部分废气称残余废气。

3.4　汽车底盘基本结构及工作原理

汽车底盘主要功能是支承、安装汽车发动机及其各部件、总成,形成汽车的整体造型,并接受发动机的动力,使汽车产生运动,保证正常行驶。底盘由传动系、行驶系、转向系和制动系 4 部分组成,如图 3.14 所示。

3.4.1　汽车传动系

传动系一般由离合器、变速器、万向传动装置、主减速器、差速器及半轴等组成,如图 3.15 所示。

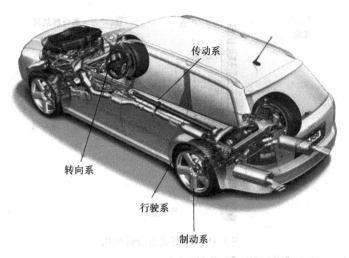

图 3.14　汽车底盘组成

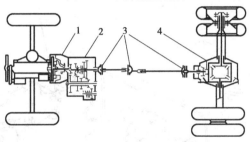

图 3.15　汽车传动系组成及布置

1—离合器;2—变速器;3—方向传动装置;4—驱动桥

汽车发动机所发出的动力靠传动系传递到驱动车轮。传动系具有减速、变速、倒车、中断动力、轮间差速及轴间差速等功能,与发动机配合工作,能保证汽车在各种工况条件下的正常行驶,并具有良好的动力性和经济性。

(1)汽车离合器

离合器位于发动机和变速箱之间的飞轮壳内,用螺钉将离合器总成固定在飞轮的后平面上,离合器的输出轴就是变速箱的输入轴。在汽车行驶过程中,驾驶员可根据需要踩下或松开离合器踏板,使发动机与变速箱暂时分离和逐渐接合,以切断或传递发动机向变速器输入的动力。离合器类似于开关,起接合或断离动力传递的作用,离合器机构其主动部分与从动部分既可以暂时分离,又可以逐渐接合,并且在传动过程中还要有可能相对转动。离合器的主动件与从动件之间不可采用刚性联系。任何形式的汽车都有离合装置,只是形式不同而已。

摩擦离合器是应用得最广也是历史最久的一类离合器,结构如图 3.16 所示,它基本上是由主动部分、从动部分、压紧机构和操纵机构 4 部分组成。主、从动部分和压紧机构是保证离合器处于接合状态并能传递动力的基本结构,而离合器的操纵机构主要是使离合器分离的装置。在分离过程中,踩下离合器踏板,在自由行程内首先消除离合器的自由间隙,然后在工作行程内产生分离间隙,使离合器分离。在接合过程中,逐渐松开离合器踏板,压盘在压紧弹簧的作用下向前移动,首先消除分离间隙,并在压盘、从动盘和飞轮工作表面上作用足够的压紧力;之后分离轴承在复位弹簧的作用下向后移动,产生自由间隙,使离合器接合。

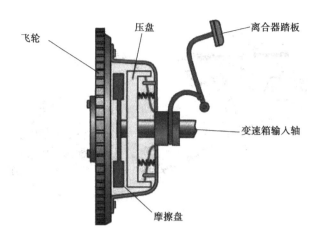

图3.16　摩擦式离合器结构

离合器在车辆上的布置图如图3.17所示。

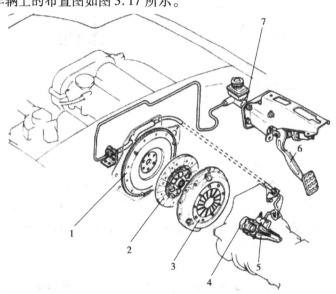

图3.17　离合器在车辆上的布置图

1—飞轮;2—离合器摩擦片;3—离合器盖;4—离合器分离轴承;

5—离合器分离叉;6—离合器踏板;7—离合器主油缸

在分析离合器工作过程之前,应该掌握以下两个常用名词:

①自由间隙。离合器接合时,分离轴承前端面与分离杠杆端头之间的间隙。分离间隙:离合器分离后,从动盘前后端面与飞轮及压盘表面间的间隙。

②离合器踏板自由行程。从踩下离合器踏板到消除自由间隙所对应的踏板行程是自由行程。离合器踏板工作行程:消除自由间隙后,继续踩下离合器踏板,将会产生分离间隙,此过程所对应的踏板行程是工作行程。

离合器的工作过程可以分为分离过程和接合过程。

在分离过程中,踩下离合器踏板,在自由行程内首先消除离合器的自由间隙,然后在工作行程内产生分离间隙,使离合器分离。

在接合过程中,逐渐松开离合器踏板,压盘在压紧弹簧的作用下向前移动,首先消除分离间隙,并在压盘、从动盘和飞轮工作表面上作用足够的压紧力;之后分离轴承在复位弹簧的作用下向后移动,产生自由间隙,使离合器接合。

（2）汽车变速器

汽车变速器是通过改变传动比,改变发动机曲轴的扭力,适应在起步、加速、行驶以及克服各种道路阻碍等不同行驶条件下对驱动车轮的牵引力与车速的不同需要,手动变速器结构如图 3.18 所示。通俗上分为手动变速器(MT)、自动变速器(AT)、手动/自动变速器及无级式变速器。汽车变速器一般由前箱体和后箱体组成。其主要功能如下:

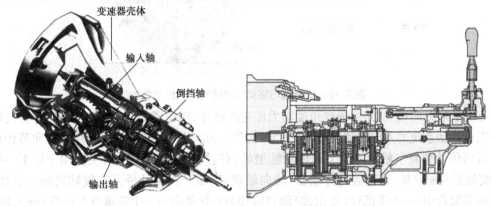

图 3.18　手动变速器结构

①改变传动比,满足不同行驶条件对牵引力的需要,使发动机尽量工作在有利的工况下,满足可能的行驶速度要求。在较大范围内改变汽车行驶速度的大小和汽车驱动轮上扭矩的大小。由于汽车行驶条件的不同,要求汽车行驶速度和驱动扭矩能在很大范围内变化。例如,在高速路上车速应能达到 100 km/h,而在市区内,车速常在 50 km/h 左右。空车在平直的公路上行驶时,行驶阻力很小,则当满载上坡时,行驶阻力便很大。而汽车发动机的特性是转速变化范围较小,而转矩变化范围更不能满足实际路况需要。

②实现倒车行驶,用来满足汽车倒退行驶的需要。实现倒车行驶汽车,发动机曲轴一般都是只能向一个方向转动的,而汽车有时需要能倒退行驶,因此,往往利用变速箱中设置的倒挡来实现汽车倒车行驶。

③中断动力传递,在发动机启动,怠速运转,汽车换挡或需要停车进行动力输出时,中断向驱动轮的动力传递。

④实现空挡,当离合器接合时,变速箱可以不输出动力。例如,可保证驾驶员在发动机不熄火时松开离合器踏板离开驾驶员座位。

手动变速器就是通过多对不同齿轮啮合来实现传动比的变化,传动比越大,挡位越低,传动比越小,挡位越高,一般手动变速器设置有 5~8 个前进挡,一个倒挡。根据主要轴的数目不同又可分为两轴式和三轴式变速器。

自动变速器是指汽车行驶时,变速器的操纵和换挡操纵全部或者部分实行自动化,与手动变速器相比,自动变速器具有操作简单省力、行车安全性好、舒适性好、机件使用寿命长等优点,但是也存在结构复杂、精度高、成本高、维修困难等缺点。目前轿车大多采用电子控制油压AT,DSG 等自动变速器。

（3）万向传动装置

万向传动装置的作用是联接不在同一直线上的变速器输出轴和主减速器输入轴,并保证在两轴之间的夹角和距离经常变化的情况下,仍能可靠地传递动力,如图3.19所示。

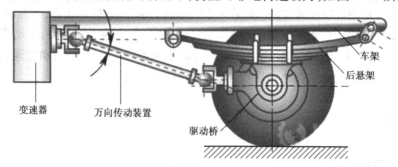

图3.19　变速器与驱动桥之间的万向传动装置

万向节即万向接头,是实现变角度动力传递的机件,用于需要改变传动轴线方向的位置,它是汽车驱动系统的万向传动装置的"关节"部件。万向节与传动轴组合,称为万向节传动装置。万向传动装置一般由万向节和传动轴组成,有时还要有中间支承,主要用于以下一些位置:变速器与驱动桥、变速器与分动器、转向驱动桥、断开式驱动桥及联接转向操纵机构等。在万向节配合中,一个零部件(输出轴)绕自身轴的旋转是由另一个零部件万向节(输入轴)绕其轴的旋转驱动的。

按万向节在扭转方向上是否有明显的弹性可分为刚性万向节和挠性万向节。刚性万向节又可分为:不等速万向节(常用的为十字轴式20,结构见图3.20)、准等速万向节(如双联式万向节)和等速万向节(如球笼式万向节)3种。

（4）驱动桥

驱动桥一般由主减速器、差速器、车轮传动装置及驱动桥壳等组成,结构如图3.21所示。它的作用是将万向传动装置传来的动力折过90°,改变力的传递方向,并由主减速器降低转速,增大转矩后,经差速器分配给左右半轴和驱动轮。

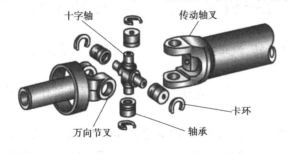

图3.20　普通十字轴万向节

图3.21　驱动桥结构图

主减速器一般用来改变传动方向,降低转速,增大扭矩,保证汽车有足够的驱动力和适当的速度。主减速器类型较多,有单级、双级、双速、轮边减速器等。

差速器用以联接左右半轴,可使两侧车轮以不同角速度旋转同时传递扭矩。保证车轮的正常滚动。有的多桥驱动的汽车,在分动器内或在贯通式传动的轴间也装有差速器,称为桥间差速器。其作用是在汽车转弯或在不平坦的路面上行驶时,使前后驱动车轮之间产生差速作用。目前国产轿车及其他类汽车基本都采用了对称式锥齿轮普通差速器。

半轴是将差速器传来的扭矩再传给车轮,驱动车轮旋转,推动汽车行驶的实心轴。由于轮毂的安装结构不同,而半轴的受力情况也不同。因此,半轴分为全浮式、半浮式、3/4 浮式 3 种形式。

桥壳主要有整体式和分段式两种。整体式桥壳因强度和刚度性能好,便于主减速器的安装、调整和维修,而得到广泛应用。整体式桥壳因制造方法不同,可分为整体铸造式、中段铸造压入钢管式和钢板冲压焊接式等。分段式桥壳一般分为两段,由螺栓将两段连成一体。分段式桥壳比较易于铸造和加工。

3.4.2 汽车行驶系

行驶系由汽车的车架、车桥、车轮和悬架等组成。

汽车的车架、车桥、车轮和悬架等组成了行驶系,行驶系的功用是接受传动系的动力,通过驱动轮与路面的作用产生牵引力,使汽车正常行驶。

(1)车架

车架是汽车的基体,如发动机、变速器、传动机构、操纵机构、车身等总成和部件都安装于车架上。汽车上装用的车架按其结构形式不同可分为边梁式车架、中梁式车架、综合式车架和无梁式车架。边梁式车架由位于左右两侧的两根纵梁和若干横梁构成,横梁和纵梁一般由 16Mn 合金钢板冲压而成,两者之间采用铆接或焊接连接;中梁式车架只有一根位于汽车中央的纵梁,纵梁断面为圆形或矩形,其上固定有横向的托架或连接梁,使车架成鱼骨形;综合式车架结合边梁式车架和中梁式车架二者的特点;而目前轿车均采用无梁式车架,结构如图 3.22 所示。

图 3.22 轿车车架(车身)

(2)车桥

车桥通过悬架与车架联接,支承着汽车大部分质量,并将车轮的牵引力或制动力,以及侧向力经悬架传给车架。汽车的车桥分为整体式和断开式两种。按使用功能划分,车桥又可分为转向桥、转向驱动桥、驱动桥和支持桥。

1)转向桥

安装转向轮的车桥称转向桥。现代汽车一般都是前桥转向,也有少数是多桥转向的。

①与非独立悬架匹配的转向车桥

这类转向桥结构大体相同,主要由前梁、转向节、主销及轮毂等部分组成。车桥两端与转向节铰接。前梁的中部为实心或空心梁。货车大部分采用这样的结构,如图3.23所示。

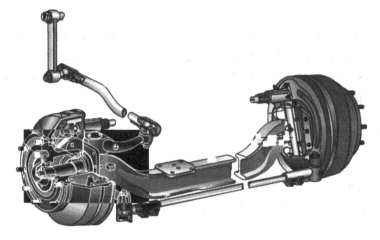

图3.23　货车前桥结构

②与独立悬架匹配的转向桥

断开式转向桥的作用与非断开式转向桥一样,所不同的是断开式转向桥与独立悬架匹配,断开式车桥为活动关节式结构。轿车常采用这样的结构,如图3.24所示。

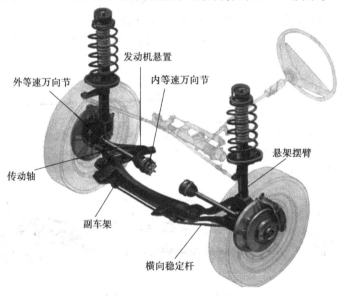

图3.24　轿车前桥结构

③转向车轮定位

为了使汽车保持稳定的直线行驶,转向轻便、减少轮胎与转向机构的磨损,要求装配后的转向车轮、转向节和前轴与车架有正确的相对位置。前轮、前轴、转向节与车架的相对安装位置,称为转向车轮定位,也称前轮定位。前轮定位包括主销后倾、主销内倾、前轮外倾及前轮前束4个参数。

A. 主销后倾

主销装在前轴上后,其上端略向外倾,称为主销后倾,如图 3.25 所示。

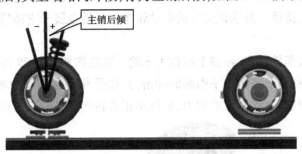

图 3.25　主销后倾示意图

B. 主销内倾

主销装在前轴上后,其上端略向内倾,称为主销内倾,如图 3.26 所示。

C. 前轮外倾

汽车的前轮安装后,其旋转平面上方略向外倾,称为前轮外倾,如图 3.27 所示。

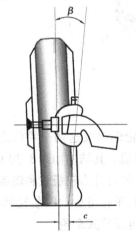

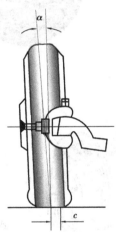

图 3.26　主销内倾示意图　　　　　　　　图 3.27　车轮外倾示意图

D. 前轮前束

汽车两个前轮的旋转平面不平行,前端略向内收,称为前轮前束。汽车的前束值一般小于 10 mm,通过改变横拉杆的长度可调整前束的大小,如图 3.28 所示。

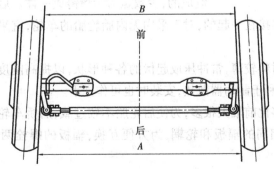

图 3.28　车轮外倾示意图

2)支持桥

转向桥和支持桥都属于从动桥。有些单桥驱动的三轴汽车,往往将后桥设计成支持桥。挂车上的车桥也是支持桥。发动机前置前驱动轿车的后桥也属于支持桥。

（3）车轮

车轮与轮胎组成车轮总成,习惯上简称为车轮。其结构如图3.29所示。车轮的功用是支承汽车车体质量,缓和由于路角不平引起的冲击力,接受和传递制动力和驱动力,轮胎具有抵抗侧滑的能力,轮胎具有自动回正的能力,使汽车正常转向,保持汽车直线行驶。

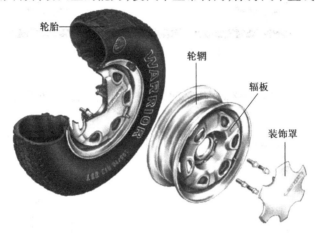

图3.29 车轮总成结构

1)车轮

通常车轮由轮毂、轮辋以及这两个零件之间的联接部分称为轮辐的零件所组成。其结构如图3.30所示。

按照轮辐的结构车轮可分为辐板式和辐条式。

根据轮辋形式不同,车轮可分为组装轮辋式车轮、可调式车轮、对开式车轮及可反装式车轮。

根据车轮材质不同,车轮可分为铝合金、镁合金及钢车轮。

辐板式车轮由挡圈、辐板、轮辋及气门嘴伸出口组成。辐板为钢质圆板,它将轮毂和轮辋联接为一体,大多是冲压制成的,少数是与轮毂铸成一体。后者多用于重型汽车上。

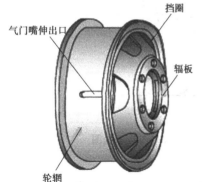

图3.30 车轮结构

辐板与轮辋是铆接或焊接在一起的,对于采用无内胎轮胎的车轮,宜采用焊接法,可提高轮辋的密闭性。

轿车的辐板采用材料较薄,常冲压成起伏的各种形状,以提高刚度。辐板上开有若干孔,用以减轻质量,同时有利于制动器散热,安装时也可作把手。

货车后轴负荷大多比前轴大很多,为使后轮胎不致过载,后桥车轮一般安装双式车轮,在同一轮毂上安装两副相同的辐板和轮辋,为方便互换,辐板的螺栓两端面也制成锥形,便于安装。

辐条式车轮的轮辐是钢丝辐条或者是用轮毂铸成一体的铸造辐条。钢丝辐条车轮由于价格昂贵、维修安装不便,故仅用于赛车和某些高级轿车上。铸造辐条式车轮用于重型货车上,在这种结构的车轮上,轮辋是用螺栓和特殊形状的衬块固定在辐条上,为使轮辋与辐条对中好,在轮辋和辐条上都加工出配合锥面。

2)轮胎

轮胎作为汽车与道路之间力的支承和传递部分,它的性能对汽车行驶性能影响很大。轮胎的性能与其结构、材料、气压、花纹等因素有关。

轮胎总成是安装在轮辋上的,直接与路面接触。它的作用是承受汽车的重力;当汽车行驶中,路面不平引起冲击和振动要求轮胎与悬架共同起缓和冲击的作用;保证车轮与路面接触具有良好的附着性,传递驱动力和制动力,保持汽车行驶稳定性。

轮胎主要由胎冠、胎肩、胎侧、胎体和胎圈等部分组成。其结构如图 3.31 所示。

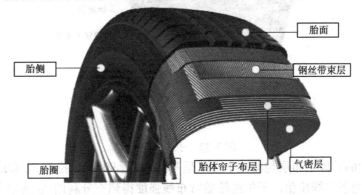

图 3.31　轮胎结构

胎冠是指外胎两胎肩夹的中间部位。它包括胎面、缓冲层(或带束层)和帘布层等。

胎面是指胎冠最外层与路面接触带有花纹的外胎胶层。它的作用是保护胎体,防止其早期磨损和损伤。

缓冲层是指斜交轮胎胎面与胎体之间的胶布层。它的作用是缓和并部分吸收路面对轮胎的冲击。

带束层是指在子午线轮胎和带束斜交轮胎的胎面基部下,沿胎面中心线圆周方向箍紧胎体的材料层。它的作用是增强轮胎的周向刚度和倾向刚度,并承受大部分胎面的应力。

帘布层是指胎体中由覆胶平行帘线组成的布层,它是胎体的骨架,支撑外胎各部分。

胎侧是指胎肩到胎圈之间的胎体侧壁部位上的橡胶层。它的作用是保护胎体,承受侧向力。

胎体是由一层或数层帘布与胎圈组成整体的充气轮胎的受力结构。斜交轮胎的胎体帘布线彼此交叉排列,子午线轮胎的胎体帘布线互相平行。

胎圈是指轮胎安装在轮辋上的部分。它是由胎圈芯和胎圈包布等组成。它的作用是防止轮胎脱离轮辋。

汽车轮胎按胎体结构不同,可分为充气轮胎和实心轮胎。汽车上常用的轮胎是充气轮胎。实心轮胎目前仅用于在沥青混凝土路面的干线道路上行驶的低压汽车或重型挂车上。

充气轮胎按结构不同,可分为有内胎和无内胎两种。

按帘布材料,轮胎可分为棉帘布轮胎、人造线轮胎、尼龙轮胎、钢丝轮胎、聚酯轮胎、玻璃纤维轮胎及无帘布轮胎。

按胎面花纹,轮胎可分为普通花纹轮胎、越野花纹轮胎和混合花纹轮胎。

按气压,轮胎可分为高压轮胎、低压轮胎和超低压轮胎。

按帘布层结构,轮胎可分为斜交轮胎、带束斜交轮胎和子午线轮胎。子午线轮胎结构如图3.32所示。

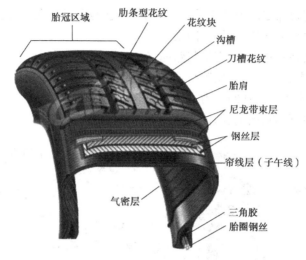

图3.32　子午线轮胎

子午线轮胎的胎体帘布层与胎面中心线呈90°或接近90°夹角排列,帘布线分布如地球的子午线,因而称为子午线轮胎。子午线轮胎帘布线强度得到充分利用,它的帘布层数小于普通斜交轮胎帘布层数,使轮胎质量可以减轻,胎体较柔软。子午线胎采用了与胎面中心线夹角较小(10°~20°)的多层缓冲层,用强力较高、伸张力小的结构帘布或钢丝帘布制造,可以承担行驶时产生的较大的切向力。带束层像钢带一样,紧紧镶在胎体上,极大地提高胎面的刚性和驱动性以及耐磨性。

子午线轮胎由于本身结构原因,使其高速旋转时,变形小,升温低,产生驻波的临界速度比斜交胎高,提高了行驶中的安全性。

现今,载重车、轿车大都采用低压胎,因为低压胎弹性好,断面宽,与路面接触面积大,胎壁薄,散热性好。这些性能使轮胎寿命延长。

(4)悬架

悬架是汽车的车架与车桥或车轮之间的一切传力联接装置的总称,其作用是传递作用在车轮与车架之间的力和力扭,并且缓冲由不平路面传给车架或车身的冲击力,并衰减由此引起的振动,以保证汽车能平顺地行驶。

悬架一般由弹性元件、导向装置和减振器3部分组成,典型轿车悬架结构如图3.33所示。悬架可分为独立悬架和非独立悬架两类。

独立悬架的特点是每一侧车轮单独通过弹簧悬挂在车架下面,汽车行驶中,当一侧车轮跳动时,不会影响另一侧车轮的工作。独立悬架中多采用螺旋弹簧和扭杆弹簧作为弹性元件,并配用导向装置和减振器。独立悬架在轿车上广泛应用,结构如图3.34所示。

非独立悬架的特点是两侧的车轮分别安装在同一整体式车桥上,车桥通过弹性元件与车架相连。这种悬架在汽车行驶中,当一侧车轮跳动时,另一侧车轮也将随之跳动。非独立悬架中广泛采用钢板弹簧作为弹性元件,这种悬架在中、重型汽车上普遍采用,结构如图3.35所示。

悬架采用的弹性元件有钢板弹簧、螺旋弹簧、扭杆弹簧、空气弹簧、油气弹簧、橡胶弹簧等。

为衰减振动,汽车悬架系统中采用减振器多是液力减振器,结构如图 3.36 所示。

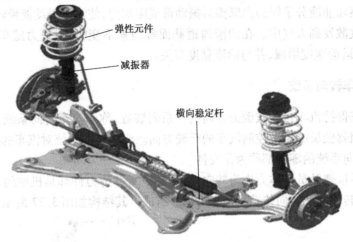

图 3.33　轿车悬架

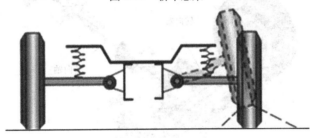

图 3.34　独立悬架

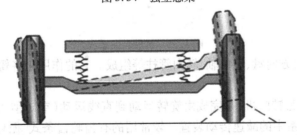

图 3.35　非独立悬架

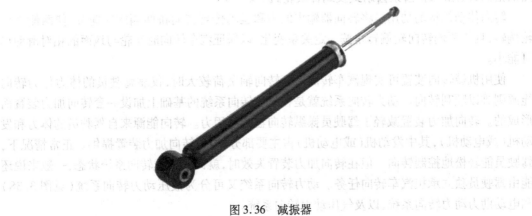

图 3.36　减振器

减振器的工作原理是当车架(或车身)与车桥间受振动出现相对运动时,减振器内的活塞上下移动,减振器腔内的油液便反复地从一个腔经过不同的孔隙流入另一个腔内。此时孔壁与油液间的摩擦和油液分子间的内摩擦对振动形成阻尼力,使汽车振动能量转化为油液热能,再由减振器吸收散发到大气中。在油液通道截面等因素不变时,阻尼力随车架与车桥(或车轮)之间的相对运动速度增减,并与油液黏度有关。

3.4.3　汽车转向系统

用来改变或保持汽车行驶或倒退方向的一系列装置,称为汽车转向系统。汽车转向系统的功能就是按照驾驶员的意愿控制汽车的行驶方向。汽车转向系统对汽车的行驶安全至关重要,因此汽车转向系统的零件都称为保安件。

机械转向系以驾驶员的体力作为转向能源,其中所有传力件都是机械的。机械转向系由转向操纵机构、转向器和转向传动机构3大部分组成。其结构如图3.37所示。

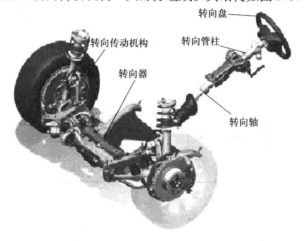

图 3.37　机械转向系统

转向操纵机构由方向盘、转向轴、转向管柱等组成。它的作用是将驾驶员转动转向盘的操纵力传给转向器。

转向器(也常称为转向机)是完成由旋转运动到直线运动(或近似直线运动)的一组齿轮机构,同时也是转向系中的减速传动装置。较常用的有齿轮齿条式、循环球曲柄指销式、蜗杆曲柄指销式、循环球-齿条齿扇式及蜗杆滚轮式等。

转向传动机构的功用是将转向器输出的力和运动传到转向桥两侧的转向节,使两侧转向轮偏转,且使两侧转向轮偏转角按一定关系变化,以保证汽车转向时车轮与地面的相对滑动尽可能小。

使用机械转向装置可实现汽车转向。当转向轴负荷较大时,仅靠驾驶员的体力作为转向能源则难以顺利转向。动力转向系统就是在机械转向系统的基础上加设一套转向加力装置而形成的。转向加力装置减轻了驾驶员操纵转向盘的作用力。转向能源来自驾驶员的体力和发动机(或电动机),其中发动机(或电动机)占主要部分,通过转向加力装置提供。正常情况下,驾驶员能轻松地控制转向。但在转向加力装置失效时,就回到机械转向系统状态,一般来说还能由驾驶员独立承担汽车转向任务。动力转向系统又可分为液压动力转向系统(见图3.38)和电动助力动力转向系统,以及气压动力转向系统。

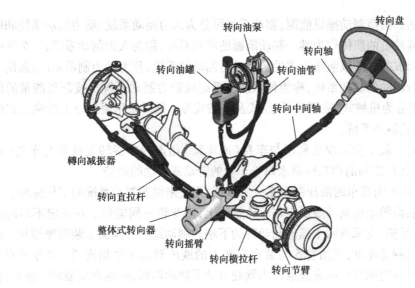

图 3.38　液压动力转向结构

3.4.4　汽车制动系统

制动系统是汽车上用以使外界(主要是路面)在汽车某些部分(主要是车轮)施加一定的力,从而对其进行一定程度的强制制动的一系列专门装置。制动系统的作用是使行驶中的汽车按照驾驶员的要求进行强制减速甚至停车;使已停驶的汽车在各种道路条件下(包括在坡道上)稳定驻车;使下坡行驶的汽车速度保持稳定。对汽车起制动作用的只能是作用在汽车上且方向与汽车行驶方向相反的外力,而这些外力的大小都是随机的、不可控制的,因此汽车上必须装设一系列专门装置以实现上述功能,汽车用制动系统布置结构如图 3.39 所示。

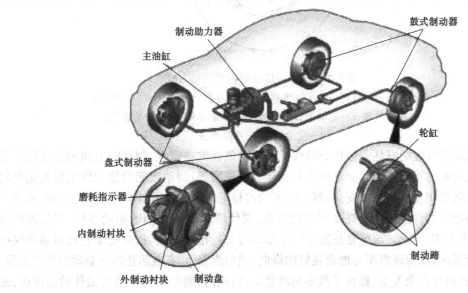

图 3.39　汽车制动系布置图

制动系的分类较多,按制动系统的作用,制动系统可分为行车制动系统、驻车制动系统、应急制动系统及辅助制动系统等;上述各制动系统中,行车制动系统和驻车制动系统是每一辆汽车都必须具备的。按照制动操纵能源,制动系统可分为人力制动系统、动力制动系统和伺服制动系统等。以驾驶员的肌体作为唯一制动能源的制动系统,称为人力制动系统;完全靠由发动机的动力转化而成的气压或液压形式的势能进行制动的系统,称为动力制动系统;兼用人力和发动机动力进行制动的制动系统,称为伺服制动系统或助力制动系统。按制动能量的传输方式,制动系统可分为机械式、液压式、气压式及电磁式等。同时采用两种以上传能方式的制动系,统称为组合式制动系统。

制动系统的一般工作原理是利用与车身(或车架)相连的非旋转元件和与车轮(或传动轴)相连的旋转元件之间的相互摩擦来阻止车轮的转动或转动的趋势。

如图3.40所示为简单的液压制动系统示意图,用它来说明制动系统的工作原理。一个以内圆面为工作表面的金属制动鼓固定在车轮轮毂上,随车轮一同旋转。在固定不动的制动底板上,有两个支承销,支承着两个弧形制动蹄的下端。制动蹄的外圆面上装有摩擦片。制动底板上还装有液压制动轮缸,用油管5与装在车架上的液压制动主缸相连通。主缸中的活塞3可由驾驶员通过制动踏板机构来操纵。当驾驶员踏下制动踏板,使活塞压缩制动液时,轮缸活塞在液压的作用下将制动蹄片压向制动鼓,使制动鼓减小转动速度,或保持不动。

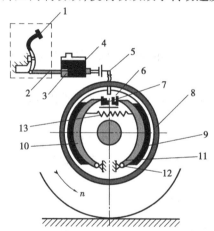

图3.40 简单液压制动系统工作原理

1—制动踏板;2—推杆;3—主缸活塞;4—制动主缸;5—油管;6—制动轮缸;
7—轮缸活塞;8—制动鼓;9—摩擦片;10—制动蹄;11—制动底板;
12—支承销;13—回位弹簧

汽车制动系性能的好坏一般用制动效能及制动效能的稳定性、制动时方向的稳定性等来衡量。制动效能的指标主要是制动距离和制动的减速度等;制动效能的稳定性主要是指车轮涉水和长时间使用发热的性能变化;制动时方向的稳定性是指汽车制动时不发生跑偏、侧滑以及失去转向能力的性能。为了提高制动的安全,现代轿车都采用ABS制动系统,即防抱死制动系统,如图3.41所示。该装置是防止汽车制动时车轮抱死的装置,并把车轮的滑移率保持在最佳的范围内,以保证汽车与地面良好的纵向、横向附着力,有效防止汽车制动时汽车侧滑、甩尾、失去转向等现象发生,提高了汽车制动稳定性;同时,将制动力保持在最佳的范围内,缩短了制动距离,减少了轮胎与地面的剧烈摩擦,提高轮胎使用寿命。

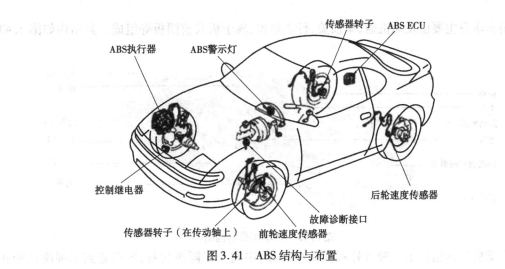

图 3.41　ABS 结构与布置

3.5　汽车车身

　　汽车车身的作用主要是保护驾驶员以及构成良好的空气力学环境。好的车身不仅能带来更佳的性能,也能体现出车主的个性。汽车车身结构从形式上说,主要分为非承载式和承载式两种。

　　非承载式车身的汽车有刚性车架,又称底盘大梁架。车身本体悬置于车架上,用弹性元件联接。车架的振动通过弹性元件传到车身上,大部分振动被减弱或消除,发生碰撞时车架能吸收大部分冲击力,在坏路行驶时对车身起保护作用,因此车厢变形小,平稳性和安全性好,而且厢内噪声低。

　　但这种非承载式车身比较笨重,质量大,汽车质心高,高速行驶稳定性较差。

　　承载式车身的汽车没有刚性车架,只是加强了车头、侧围、车尾、底板等部位,车身和底架共同组成了车身本体的刚性空间结构,结构如图 3.42 所示,这种承载式车身除了其固有的乘载功能外,还要直接承受各种负荷。这种形式的车身具有较大的抗弯曲和抗扭转的刚度,质量小,高度低,汽车质心低,装配简单,高速行驶稳定性较好。但由于道路负载会通过悬架装置直接传给车身本体,因此噪声和振动较大。

图 3.42　轿车承载式车身

轿车车身主要由发动机盖、车顶盖、行李箱盖、翼子板及前围板等组成。其结构如图 3.43 所示。

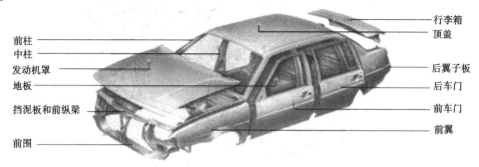

图 3.43　轿车车身结构图

发动机盖在结构上一般由外板和内板组成，中间夹以隔热材料，内板起到增强刚性的作用，其几何形状由厂家选取，基本上是骨架形式。发动机盖开启时一般是向后翻转，也有小部分是向前翻转。发动机盖(又称发动机罩)是最醒目的车身构件，是买车者经常要察看的部件之一。对发动机盖的主要要求是隔热隔音、自身质量轻、刚性强。

车顶盖是车厢顶部的盖板。对于轿车车身的总体刚度而言，顶盖不是很重要的部件，这也是允许在车顶盖上开设天窗的理由。从设计角度来讲，重要的是它如何与前、后窗框及与支柱交界点平顺过渡，以求得最好的视觉感和最小的空气阻力。当然，为了安全车顶盖还应有一定的强度和刚度，一般在顶盖下增加一定数量的加强梁，顶盖内层敷设绝热衬垫材料，以阻止外界温度的传导及减少振动时噪声的传递。

行李箱盖要求有良好的刚性，结构上基本与发动机盖相同，也有外板和内板，内板有加强筋。一些被称为"二厢半"的轿车，其行李箱盖向上延伸，包括后挡风玻璃在内，使开启面积增加，形成一个门，因此又称为背门，这样既保持一种三厢车形状，又能够方便存放物品。如果采用背门形式，背门内板侧要嵌装橡胶密封条，围绕一圈以防水防尘。行李箱盖开启的支撑件一般用钩形铰链及四连杆铰链，铰链装有平衡弹簧，使启闭箱盖省力，并可将其自动固定在打开位置，便于提取物品。

翼子板是遮盖车轮的车身外板，因旧式车身该部件形状及位置似鸟翼而得名。按照安装位置又分为前翼子板和后翼子板，前翼子板安装在前轮处，必须要保证前轮转动及跳动时的最大极限空间，因此设计者会根据选定的轮胎型号尺寸用"车轮跳动图"来验证翼子板的设计尺寸。后翼子板无车轮转动碰擦的问题，但出于空气动力学的考虑，后翼子板略显拱形弧线向外凸出。当前有些轿车翼子板已与车身本体成为一个整体，一气呵成。但也有轿车的翼子板是独立的，尤其是前翼子板，因为前翼子板碰撞机会比较多，独立装配容易整件更换。有些车的前翼子板用有一定弹性的塑性材料(如塑料)制成。塑性材料具有缓冲性，比较安全。

前围板是指发动机舱与车厢之间的隔板，它与地板、前立柱联接，安装在前围上盖板之下。前围板上有许多孔口，作为操纵用的拉线、拉杆、管路和电线束通过之用，还要配合踏板、方向机柱等机件安装位置。为防止发动机舱里的废气、高温、噪声窜入车厢，前围板上要有密封措施和隔热装置。在发生意外事故时，它应具有足够的强度和刚度。对比车身其他部件而言，前围板装配最重要的工艺技术是密封和隔热，它的优劣往往反映了车辆运行的质量。

为了提高汽车碰撞的安全性，现代汽车都在车身中布置有安全带和安全气囊，如图 3.44

所示。安全气囊设置在车内前方(正副驾驶位)、侧方(车内前排和后排)和车顶 3 个方向。安全带和安全气囊的功能是当车辆发生碰撞事故时减轻乘员的伤害程度,避免乘员发生二次碰撞,或车辆发生翻滚等危险情况下被抛离座位。如果发生碰撞,充气系统可在不到 0.1 s 的时间内迅速充气,气囊在膨胀时将冲出方向盘或仪表盘。从而使车内人员免受正向碰撞所产生作用力的冲击,大约在 1 s 后,气囊就会收缩(气囊上有许多小孔),因此不会妨碍车内人员的行动。安全气囊由 3 部分组成,即气囊、传感器和充气系统。

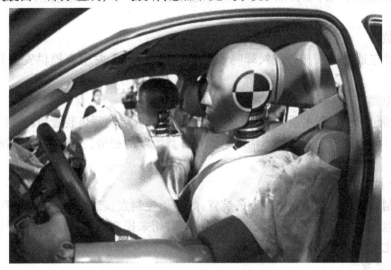

图 3.44 安全气囊示意图

3.6 汽车电器设备

电器和电子设备是汽车的重要组成部分,其性能的好坏直接影响汽车的动力性、经济性、可靠性、安全性、排气净化及舒适性。例如,为使汽车发动机获得最高的经济性,需靠点火系统能在最适当的时间点火;为使发动机可靠启动,需采用电动启动机;为保证汽车工作可靠、行驶安全,则有赖于各种指示仪表、信号和照明装置等电器的正常工作。

现代汽车上所装用的电器和电子设备的数量很多,但按其用途可大致归纳并划分为以下 5 部分:

(1)电源部分

电源部分包括蓄电池、发电机及其调节器。蓄电池、发电机两者并联工作,发电机是主要电源,蓄电池是辅助电源。发电机配有调节器,其主要作用是在发电机转速增高时,自动调节发电机的输出电压使之保持稳定。

(2)用电设备

汽车上的用电设备数量很多,大致可分为以下 5 种:

1)启动装置

它由蓄电池供电,将电能转变为机械能带动发动机转动。完成启动任务后,立即停止工作。

2）点火系统

点火系统是汽油机不可缺少的部分,其功能是按发动机工作顺序产生高压电并通过火花塞跳火,保证适时、准确地点燃汽缸内的可燃混合气。有传统点火系统及电子点火系统之分。目前国产汽车广泛使用的是电子点火系统。

3）照明设备

照明设备包括车内外各种照明灯以提供夜间安全行车所必要的灯光,其中以前照灯最为重要。

4）信号装置

信号装置包括电喇叭、闪光器、蜂鸣器及各种信号灯,主要用来提供安全行车所必要的信号。

5）辅助电器

辅助电器包括电动刮水、风窗洗涤器、空调器、低温启动预热装置、收录机、点烟器、防盗装置、玻璃升降器、座椅调节器等。辅助电器有日益增多的趋势,主要向舒适、娱乐、保障安全方面发展。

（3）电子控制装置

电子控制装置主要指由微机控制的装置,如电子控制点火装置、电子控制汽油喷射装置、电子控制防抱死制动装置、电子控制自动变速器等,用来提高汽车的动力性、经济性、安全性,实现排气净化和操纵自动化。

（4）检测装置

检测装置包括各种监测仪表如电流表、电压表、机油压力表、温度表、燃油表、车速里程表、发动机转速表及各种报警灯。用来监视发动机和其他装置的工作情况。

（5）配电装置

配电装置包括中央接线盒、电路开关、熔丝装置、插接件及导线。

第 **4** 章
世界著名汽车品牌

进入新世纪后,随着我国工业、科学技术及国民经济飞速发展,人民生活和消费水平有了显著提高。过去汽车对于普通百姓来说是"昔日王侯堂前燕",如今已经"飞入寻常百姓家"。在生活中,购买汽车不只是有钱人的谈资,也已经成为寻常百姓经常谈论的话题,对于汽车爱好者或车迷则更多地关注着汽车品牌及汽车新技术。同时,光彩夺目、引人遐想的各种著名汽车标志,如今更成为车迷朋友玩赏的宝物。因此,本章精心搜集了世界著名汽车的名称、标志及相关资料等信息,在后续的内容中将娓娓道来。

4.1 主要汽车生产国及品牌

(1)中国汽车

自主品牌:红旗、吉利、奇瑞、长安、江淮、中华、比亚迪、力帆、东风(除此之外还有其他一些优秀国产品牌轿车、轻卡、微车等)。

特点:朴素而且精线条,注重实用性,外观、舒适性及可靠性等方面有待改进。

合资品牌:一汽大众、一汽奥迪、一汽丰田、广州本田、广州丰田、上海大众、长安福特、长安铃木、东风雪铁龙、东风标致等。

(2)德国汽车

汽车品牌:大众、奔驰(Smart)、宝马(Mini)、奥迪、保时捷、欧宝、迈巴赫等。

特点:德国车技术、品质等都上乘,沉静、深藏不露,很少"哗众取宠",但价格高。

(3)美国汽车

汽车品牌:通用、福特、克莱斯勒、凯迪拉克、别克、雪佛莱、林肯、悍马、道奇、Jeep等。

特点:美国车宽大、舒适,但油耗高。

(4)英国汽车

汽车品牌:劳斯莱斯、宾利、阿斯顿马丁、路虎、罗孚等。

特点:英国车豪华,做工细腻,有涵养、讲传统、更不会有夸张的外形,但性价比低。

（5）法国汽车

汽车品牌:雷诺、布加迪、标致、雪铁龙等。

特点:法国车浪漫、追求品位,但款式、价格、质量不尽如人意。

（6）意大利汽车

汽车品牌:法拉利、兰博基尼、玛莎拉蒂、菲亚特、蓝旗亚、阿尔法·罗密欧等。

特点:外形超前,马力强劲,追求速度,艺术色彩浓,是玩车族理想的车型。

（7）瑞典汽车

汽车品牌:沃尔沃、萨博、柯尼赛格等。

特点:标新立异的设计、创新化的工艺、舒适的驾驶性能和出众的安全性能,赢得了全世界消费者的信赖。

（8）日本汽车

汽车品牌:丰田、雷克萨斯、本田、三菱、日产、铃木、马自达、讴歌、帕杰罗、斯巴鲁、英菲尼迪、威驰、五十铃等。

特点:小巧玲珑,轻便省油,用料精打细算,重经济性甚至安全性。

（9）韩国汽车

汽车品牌:现代、起亚、大宇、双龙等。

特点:价格低廉,外形小巧,较之日车更显中庸,迎合消费者口味,但质量不高。

4.2 德国汽车

4.2.1 大众-VOLKSWAGEN

（1）车标

图4.1

Volks 在德语中意思为"国民",Wagen 在德语中意思为"汽车",全名的意思即"国民的汽车",故又常简称为"VW"。中国台湾译为福斯汽车,中国香港和澳门译为大众汽车或福士汽车,意思是"人民的汽车"。标志中的 VW 为全称中头一个字母。标志(见图4.1)是由 3 个用中指和食指做出的"V"组成,表示大众公司及其产品必胜—必胜—必胜。

（2）大众简介

大众汽车公司(德语:Volkswagen)由世界著名的汽车设计大师波尔舍创立于 1937 年,总部位于德国沃尔夫斯堡的汽车制造公司,是德国及欧洲最大、最年轻的汽车生产集团,也是世界四大汽车生产商之一的大众集团的核心企业。汽车产量居世界排名第五位。大众集团包括有在德国本土的大众汽车公司和奥迪公司以及设在美国、阿根廷、墨西哥、巴西、南非等 7 个子公司。由于大众车型满足不了美国人对大空间的需要,导致销路不畅,因此到后来撤销了在美国的子公司,连设备一并卖给中国第一汽车制造厂继续生产高尔夫捷达。使大众公司扬名的产品是由保时捷汽车创始人——费迪南德·保时捷博士设计的"甲壳虫"轿车,该车在 20

世纪 80 年代初就已生产了 2 000 万辆。启动了大众公司的第一班高速列车,紧随其后的 PO-LO、帕萨特、高尔夫、桑塔纳等也畅销全球。

(3)著名车型

著名车型有甲壳虫、大众帕萨特、POLO、大众辉腾、EOS 跑车等。

4.2.2 奔驰-Mercedes Benz

(1)车标

Mercedes-Benz

图 4.2

奔驰的标志(见图 4.2)最初是 Benz 外加月桂枝环绕。1926 年,戴姆勒与奔驰合并,星形的标志与奔驰的月桂枝终于合二为一,下有 Mercedes-Benz 字样。后将月桂枝改成圆环,并去掉了 Mercedes-Benz 的字样。随着这两家历史最悠久的汽车生产商的合并,厂方再次为商标申请专利权。此圆环中的星形标志演变成今天的图案,一直沿用至今,并成为世界最著名的商标之一。

(2)奔驰简介

梅赛德斯-奔驰(Mercedes-Benz)是世界知名的德国汽车品牌之一。1886 年 1 月,卡尔·奔驰发明了世界上第一辆三轮汽车,并获得专利(专利号:DRP 37435),几乎同时,奔驰的另一位创始人戈特利布·戴姆勒也发明了世界上第一辆四轮汽车。从此,世界发生了改变。1926 年 6 月,戴姆勒公司与奔驰公司合并成立了戴姆勒-奔驰汽车公司,以梅赛德斯-奔驰命名的汽车正式出现,并从此以高质量、高性能的汽车产品闻名于世。除了高档豪华轿车外,奔驰公司还是世界上最著名的大客车和重型载重汽车的生产厂家。目前,梅赛德斯-奔驰为戴姆勒集团(Daimler AG)旗下公司。

人们对梅赛德斯-奔驰的钟爱,不只是因其外形设计代表了不同时代的潮流,更重要的是其近百年来对汽车技术和汽车安全的贡献。从技术的发展来看,梅赛德斯品牌的故事就是汽车的故事。1900 年至今,梅赛德斯-奔驰创造了无数的世界第一:第一款增压汽车、第一款量产柴油轿车、第一款量产配备四冲程燃油喷射发动机的汽车、第一台五缸发动机、第一辆涡轮增压式柴油轿车、多连杆独立后悬挂、四气门柴油发动机、共轨喷射系统柴油机(CDI)、装有氢气发生装置的第一辆燃料电池汽车等。

(3)著名车型

著名车型有 Smart,A260,GLK,SLS 等。

图 4.3

4.2.3 宝马-BMW

(1)车标

BMW 全称"Bayerische. Motorenwerke. AG"是巴伐利亚汽车制造厂的意思,标志(见图 4.3)的色彩和组合来自宝马所在地巴伐利亚州的州徽。宝马汽车公司是以生产航空发动机开始创业的,因此,蓝白标记对称图形的意义非常,蓝白相间的图案是公司所在地巴伐利亚州的州徽,用来提醒宝马来自巴伐利亚州的纯正血统。同时,宝马标志中间的蓝白相间图案,代表蓝天、白云和旋转不停的螺旋桨,喻示宝马公司渊源悠久的历史,象征该公司过去在航空发动机技术方面的领先地位,又象征公司一贯宗旨和目标。

(2)宝马简介

1913 年卡尔·斐德利希·拉普(Karl Friedrich Rapp)创建 BMW 公司,利用慕尼黑近郊原本是制造脚踏车的工厂厂房,设立了拉普引擎制造厂(Rapp-Motorenwerke),从事航空用引擎的制造。同年,古斯塔夫·奥图(Gustav Otto)(著名的尼可劳斯·奥古斯特·奥图(Nikolaus August Otto)、四行程汽油引擎(奥图循环引擎)发明者的儿子)也在附近创立了古斯塔夫奥图航空机械制造厂(Gustav Otto Flugmaschinenfabrik),后古斯塔夫·奥图与人合资,在 1916 年 3 月 7 日创立了巴伐利亚飞机制造厂(Bayerische Flugzeugwerke, BFW),并且将自己创立了 3 年的工厂并入这家新厂。同年,拉普也获得银行家卡米罗·卡斯提李奥尼(Camillo Castiglioni)与马克思·弗利兹(Max Friz)的资助大幅扩张规模,但却因为评估错误过度扩张导致营运不善,致使拉普在 1917 年时黯然离开。他的合伙人找到奥地利的金融家佛朗兹-约瑟夫·帕普(Franz-Josef Popp)合作接下了引擎厂的业务,在 1917 年 7 月 20 日将工厂改名为巴伐利亚发动机制造股份有限公司(Bayerische Motoren Werke GmbH,缩写为 BMW),由帕普担任首任的总裁。当时时值第一次世界大战期间,身为军需供应厂商的 BMW 在慕尼黑市郊的欧伯维森菲尔德(Oberwiesenfeld)军机场附近设置了大型的军机引擎工厂,为军方制造引擎直到 1918 年为止。1918 年 8 月 13 日 BMW 改制为股份公司(BMW AG),确立了之后蒸蒸日上的公司规模。1922 年 BMW 合并了 BFW,成为今日人们所熟悉的 BMW。但在追溯该公司历史时,公司的官方说法是以 BFW 的创厂时间为准,也就是 1916 年 3 月 7 日作为 BMW 的创厂日。2004 年 8 月 18 日,宝马集团和华晨中国汽车控股有限公司(英文简称 CBA)合作,在中国共同组建生产和销售宝马汽车的合资公司,总部设在沈阳,生产宝马 3 系和 5 系轿车。

(3)著名车型

著名车型有 M3,M5,M135i,Z4M 等。

4.2.4　奥迪-Audi

(1)车标

奥迪轿车的标志(见图 4.4)为 4 个圆环,代表着合并前的 4 家公司。这些公司曾经是(漫游者公司)自行车、(DKW 公司)摩托车及小客车的生产厂家。由于该公司原是由 4 家公司合并而成,因此每一环都是其中一个公司的象征。4 个圆环同样大小,并列相扣,代表 4 家公司地位平等,团结紧密,整个联盟牢不可破。从 1932 年开始,无论奥迪公司的组织结构如何变动,四环车标都没有发生任何改变。

图 4.4

（2）奥迪简介

奥古斯特·霍希是德国汽车工业的先驱者之一，也是奥迪公司的创始人。霍希毕业于萨克森州米特韦达（mittweida）镇的一个技术学院。开始他在曼海姆的卡尔·奔驰公司的发动机制造部门工作，后来成为汽车制造部的总经理。1899 年，霍希决定成立自己的公司，在科隆成立了霍希公司。在德国，霍希是将铸铝技术用于汽车发动机和变速箱壳制造，以及制作动力传输元件的万向轴及高强度钢齿轮的第一人。1902 年，霍希将公司搬迁至萨克森州的莱辛巴赫，第二年公司开始生产两缸发动机汽车。在 1904 年又搬迁至茨维考，迁至茨维考后，公司又开始生产四缸发动机汽车。该种汽车性能极佳，1906 年在当时世界上路况最艰难、距离最长的 Herkomer Run 汽车拉力赛中赢得冠军。两年后，霍希公司的年销量第一次突破 100 辆。

1909 年奥古斯特·霍希因与董事会和监事会之间存在分歧，离开了由他创立的霍希公司，随即在茨维考成立了另一家汽车公司。由于"霍希"的名字已被原来的公司使用，且已被注册为商标，为了确定新公司的名字，霍希来到老朋友家中商量，朋友的儿子脱口而出：为什么不叫奥迪？原来 Horch 在德语中是听的意思，而拉丁语的 Audi 也是听的意思，二者意思相同，也避开了侵权的麻烦。从此，霍希将自己的新公司定名为奥迪汽车制造公司。于是新公司有了 Audi 这个名字，也就诞生了 Audi 这个品牌。

（3）著名车型

著名车型有 A4，A6，A7，A8，Q7 等。

4.2.5　保时捷-PORSCHE

（1）车标

保时捷（PORSCHE）的文字商标，采用德国保时捷公司创始人费迪南特·波尔舍（又译作费迪南德·保时捷）的姓氏，图形商标（见图 4.5）采用公司所在地斯图加特市的盾形市徽。"PORSCHE"字样在商标的最上方，表明该商标为保时捷设计公司所拥有；商标中的"STUTTGART"字样在马的上方，说明公司总部在斯图加特市；商标中间是一匹骏马，表示斯图加特这个地方盛产一种名贵种马；商标的左上方和右下方是鹿角的图案，表示斯图加特曾是狩猎的好地方；商标右上方和左下方的黄色条纹是成熟了的麦子颜色，喻示五谷丰登；商标中的黑色代表肥沃土地；商标中的红色象征人们的智慧和对大自然的钟爱。由此组成一幅精湛意深、秀气美丽的田园风景图，展现了"保时捷"公司辉煌的过去，并喻示着"保时捷"公司美好的未来。

图 4.5

（2）保时捷简介

保时捷的历史可追溯至 1900 年，第一部以保时捷为名的汽车——lohner-porsche 正式登场并造成轰动。这部双座跑车是由当时才 25 岁的费迪南德·保时捷（Ferdinand Porsche）设计。1906 年，费迪南德·保时捷转到戴姆勒车厂的奥地利分公司，担任技术总监。在 1923 年晋升为戴姆勒总厂的总工程师。1930 年离开戴姆勒公司，1931 年费迪南德·保时捷在几位投资者的帮助下，在德国斯图加特建立了一家设计公司，专门开发汽车、飞机及轮船的发动机，名为

"保时捷博士股份公司",简称"保时捷办公室"。1948年,第一部以"保时捷"命名的跑车porsche356问世。从此,"保时捷"公司以高超的技术和优雅的艺术造型,在跑车世界占有一席之地。1951年费迪南德·保时捷在实现了制造自己的跑车的梦想之后去世。父亲去世后,儿子费利·保时捷随即肩负起经营的重任。1963年,保时捷历史上最重要的车型——911在法兰克福车展面世。为了保持并提高保时捷的品质,保时捷于1971年在总厂附近的魏斯萨赫(weissach)建成一座现代化的研究开发中心及大型测试场地。此后经过有计划有系统的扩建,魏斯萨赫的保时捷研究发展中心拥有世界最现代化的风洞室、环境保护测量中心、新的破坏试验设施和自己的试车路段,成为世界上对汽车研究发展项目最著名的设计与测试基地。

(3)著名车型

著名车型有 Cayenne,Speedster,GT2,918Spyder 等。

4.3　美国汽车

4.3.1　福特-Ford

(1)车标

图 4.6

福特汽车的标志(见图 4.6)是采用福特英文 Ford 字样,蓝底白字。由于创建人亨利·福特喜欢小动物,因此标志设计者把福特的英文画成一只小白兔样子的图案。

(2)福特简介

福特汽车公司由亨利·福特先生创立于1903年,是世界上最大的汽车企业之一。1908年,福特汽车公司生产出世界上第一辆属于普通百姓的汽车——T型车,世界汽车工业革命就此开始。1913年,福特汽车公司又开发出了世界上第一条流水线,这一创举使T型车一共达到了1 500万辆,缔造了一个至今仍未被打破的世界纪录。福特先生为此被尊为"为世界装上轮子"的人。1999年,《财富》杂志将他评为"二十世纪商业巨人"以表彰他和福特汽车公司对人类工业发展所作出的杰出贡献。亨利·福特先生成功的秘诀只有一个:尽力了解人们内心的需求,用最好的材料,由最好的员工,为大众制造人人都买得起的好车。今天的福特汽车已是全球领先的汽车制造商,它的总部位于美国密歇根州迪尔伯恩市,业务遍及六大洲200多个区域市场,更有325 000名员工、110个工厂遍布全球。作为世界一流的汽车企业,今天的福特汽车依然坚守着亨利·福特先生开创的企业理念:"消费者是我们工作的中心所在。我们在工作中必须时刻想着我们的消费者,提供比竞争对手更好的产品和服务。"2001年4月25日,福特汽车公司和中国长安汽车集团共同初期投资9 800万美元成立了长安福特汽车有限公司,双方各拥有50%的股份,专业生产满足中国消费者需求的轿车。

(3)著名车型

著名车型有福克斯、蒙迪欧-致胜、麦柯斯、嘉年华、E350、锐界、野马、探险者、F-150 等。

4.3.2 克莱斯勒-Chrysler

（1）车标

克莱斯勒汽车公司是以创始人沃尔特·克莱斯勒的姓氏命名的汽车公司。图形商标（见图 4.7）像一枚五角星勋章，它体现了克莱斯勒家族和公司员工们的远大理想和抱负，以及永无止境地追求和在竞争中获胜的奋斗精神；五角星的 5 个部分，分别表示五大洲（亚、非、欧、美、大洋）都在使用克莱斯勒汽车公司的汽车，克莱斯勒汽车公司的汽车遍及全世界。

图 4.7

（2）克莱斯勒简介

作为美国三大汽车公司之一的克莱斯勒汽车公司，由沃尔特·克莱斯勒创立于 1925 年。曾经两度濒于破产，多亏美国政府的干预，克莱斯勒公司才得以生存下来。该公司在全世界许多国家设有子公司，是一个跨国汽车公司。公司总部设在美国底特律。1924 年沃尔特·克莱斯勒离开通用汽车公司进入威廉斯·欧夫兰公司，开始生产克莱斯勒牌汽车。1925 年他买下破产的马克斯维尔公司组建自己的公司。凭借自己的技术和财力，他先后买下道奇、普利茅斯等汽车公司，逐渐壮大成为美国第三大汽车公司。公司又不失时机地设计并推出符合时代潮流的新车型，故此，它享有了比其他汽车更高的声望，显出了比竞争者更多的勇气。因此，被喻为美国汽车制造业的设计领导者。但是受金融危机影响，公司于 2009 年 4 月 30 日，正式破产。2009 年 7 月 24 日，欧盟委员会批准意大利菲亚特汽车公司收购美国克莱斯勒汽车公司，克莱斯勒终于有了新的归属。

（3）著名车型

著名车型有克莱斯勒 300C、克莱斯勒铂锐、克莱斯勒（Chrysler）帝王 CL 等。

4.3.3 凯迪拉克-Cadillac

（1）车标

一款美国汽车既可以很狂野，也可以很豪华，但是如果要成为尊贵一族就比较难了。不过这个例外是凯迪拉克，其创始人将家族的徽章作为了车标来纪念底特律的奠基者、法国贵族安东尼·凯迪拉克。凯迪拉克车标（见图 4.8）是凯迪拉克家族在古代的宗教战争中使用的"冠"和"盾"形的纹章图案。"冠"上的 7 颗珍珠表示凯迪拉克家族具有皇家贵族血统，即凯迪拉克家族是贵族。"盾"象征着凯迪拉克军队是一支金戈铁马、英勇善战、攻无不克、无坚不摧的英武之师。如今的凯迪拉克车标已经有了很大的变化，如少了象征着三圣灵的黑色小鸟和镶嵌着珍珠的王冠，只是由桂冠环绕着经典的盾牌形状，而盾牌形状则由各种颜色的小色块组成，其中，红色代表勇气，银色代表纯洁的爱，蓝色代表探索。

（2）凯迪拉克简介

1902 年，凯迪拉克（中国香港译为"佳得利"）诞生于被誉为美国汽车之城的底特律。凯迪拉克公司创始人亨利·马代恩·利兰（Henry Martyn Leland）是新英格兰的一名制造商，他非常重视加工精度、制造质量和零件的互换性,并且认为这是迅速增加产量、扩大汽车发展规模的关键。在这种当时非常新颖的思想指导下,到 1906 年凯迪拉克在底特律的工厂已成为当时世界上最大、最完善和装备最好的汽车厂,生产出来的汽车也最好。1909 年凯迪拉克公司加入通用汽车公司,从此凯迪拉克在设计汽车时,更加重视汽车的豪华性和舒适性。至今,凯迪拉克汽车仍保持这一传统,以生产豪华轿车而闻名世界。让我们看看为什么它会成为包括伍德罗·威尔逊、弗兰克林·罗斯福到比尔·克林顿以及乔治·W.布什这些权势人物的选择。100 多年来,凯迪拉克在设计以及技术方面的不断创新使其始终保持汽车界的领先地位。第一个同步啮合传动系统,第一个提出电子启动点火系统,第一个使用独立前悬挂系统,第一个批量生产 V8 发动机,第一个开发出前轮驱动系统,等等。目前,凯迪拉克因它的卓越品质、华贵造型与声誉而享誉世界。凯迪拉克在汽车行业创造了无数个第一,缔造了无数个豪华车的行业标准;可以说凯迪拉克的历史代表了美国豪华车的历史。

图 4.8

(3)著名车型

著名车型有凯迪拉克 Pheaton,Allante,SeVille,DeVille 等。

4.3.4 别克-BUICK

(1)车标

图 4.9

安装在汽车散热器格栅上的别克车标(见图 4.9)形似"三利剑",那 3 把颜色不同的利剑(从左到右分别为红、白、蓝 3 种颜色),依次排列在不同的高度位置上,给人一种积极进取、不断攀登的感觉,它表示别克分部采用顶级技术,游刃有余,是无坚不摧、勇于登峰的勇士,别克轿车的英文车标来源于该公司的创始人大卫·别克的姓氏。

(2)别克简介

1903 年 5 月 19 日,大卫·别克在布里斯科兄弟的帮助下创建美国别克汽车公司,但不久公司就陷入了困境。1904 年在威廉·杜兰特的资助下,公司才开始兴旺起来,并创造出汽车年产量居美国第一位的业绩。1908 年,以别克汽车公司为中心,成立了美国通用汽车公司。当通用汽车公司扩大后,别克分部成为通用汽车公司的第二大部门。它主要设计制造中档家庭轿车。别克汽车的销量在通用汽车公司内排名第三。别克车具有大马力、个性化、实用性和成熟的特点,同时,别克也是历史最悠久的美国汽车品牌之一。受金融危机影响,2009 年 7 月,通用汽车完成重组,结束破产保护,"别克""雪佛莱""凯迪拉克"和"GMC"4 个核心汽车品牌在本次危机中幸免。

(3)著名车型

著名车型有别克阿波罗、别克君越 Buick LaCrosse、别克君威(Buick Regal)、别克英朗 XT 等。

4.3.5　雪佛莱-Chevrolet

(1)车标

"雪佛莱"取自原雪佛莱汽车公司创始人路易斯·雪佛莱(瑞士车手)的姓氏;图形商标(见图 4.10)是抽象化了的蝴蝶领结,象征雪佛莱轿车的大方、气派和风度。

图 4.10

(2)雪佛莱简介

1911 年 11 月 3 日,雪佛莱汽车公司诞生了。第一辆雪佛莱汽车——classic six 于 1912 年在底特律面市。雪佛莱也被称为 Chevy,其国际品牌血统已经传承了近百年。1918 年被通用汽车并购,现在为通用汽车旗下最为国际化和大众化的品牌。雪佛莱的车型品种非常广泛,从小型轿车到大型四门轿车,从厢式车到大型皮卡,甚至从越野车到跑车,雪佛莱几乎生产消费者所需要的任何一种车型。作为通用汽车旗下最为国际化和大众化的品牌,自 1912 年推出第一部产品以来至今销售总量已超过 1 亿辆。其市场覆盖到 70 个国家,曾经创下每 40 s 销售一部新车的纪录。2004 年雪佛莱全球销量超过 360 万部新车,占全球汽车当年销售总量的 5%。因此,雪佛莱汽车被称为"地道美国车",与美国人的形象紧密相连的"棒球、热狗、苹果派"一样荣登排行榜(1975 年)。从 1984 年起,雪佛莱汽车已经 10 多次获得英国《汽车时尚》杂志的"年度最佳轿车"奖。

(3)著名车型

著名车型有迈瑞宝、新赛欧、科迈罗、科帕奇、科鲁兹等。

4.3.6　悍马-HUMMER

(1)车标

美国军方于 20 世纪 70 年代末期,根据越战经验,发现需要新一代的轻型多用途军车,当时军方所要求的军用车需要符合高机动性、多用途、有轮(非履带式),简称 HMMWV(High Mobility Multi-purpose Wheeled Vehicle)。而 Hummer 正是取自 HMMWV 的昵称 Humveer 所音译而成 HUMMER(见图 4.11)。

(2)悍马简介

美国 AMG 公司凭借生产悍马(Hummer)而闻名世界。1992 年,第一辆民用悍马面世,立刻赢得了众多青睐。如今,通用公司已从生产悍马的 AM General 公司得到了悍马的商标使

图 4.11

用权和生产权,悍马 H2 SUV 就是在通用旗下诞生的第一辆悍马,H2 继承了军用悍马的传统风格,又赋予了它一些现代韵律。首先,你从各个角度看上去它都明白无误地是一辆悍马越野车,特别是前脸突出体现了悍马的特征。

(3)著名车型

著名车型有悍马 H1、悍马 H2、悍马 H3 等。

4.3.7　林肯-Lincoln

(1)车标

林肯车标(见图 4.12)是在一个矩形中含有一颗闪闪放光的星辰,表示林肯总统是美国联邦统一和废除奴隶制的启明星,也喻示林肯牌轿车的未来将光辉灿烂。

(2)林肯简介

当人们想到美国的豪华车时,首先想到的多半是凯迪拉克车或林肯车。其实人们应当想到的不只是车名,还应想到豪华汽车的创始人是谁。他创造了凯迪拉克和林肯两种车型,被誉为美国汽车工业的"精密生产大师",这个人就是亨利·马代恩·利兰,他于 1907 年创立林肯(LINCOLN)轿车并以

图 4.12

美国第 16 任总统的名字阿伯拉罕·林肯命名,借助林肯总统的名字来树立公司的形象,显示该公司生产的顶级图画。1922 年,福特公司收购了林肯汽车公司,是福特汽车公司拥有的除"福特"外的第二个品牌,并成立了林肯部,生产"林肯"牌高级华贵轿车。初期以生产飞机发动机为主。由于林肯车杰出的性能、高雅的造型和无与伦比的舒适,自 1939 年美国富兰克林·罗斯福总统以来一直被白宫选为总统专车。它最"出名"的一款车是肯尼迪总统乘用的检阅车。

(3)著名车型

著名车型有"大陆"(Continental)、"马克八世"(Mark Ⅷ)、"城市"(TownCar)和"领航员"(Navigator)等。

4.4　英国汽车

4.4.1　劳斯莱斯-Rolls-Royce

(1)车标

罗尔斯·罗伊斯汽车的标志(见图 4.13)图案采用两个"R"重叠在一起,象征着你中有我,我中有你,体现了两人融洽及和谐的关系。罗尔斯·罗伊斯的标志除了双 R 之外,还有著名的飞人标志(也有人说飞天女神标志是源于一个浪漫的爱情故事)。这个标志的创意取自巴黎卢浮宫艺术品走廊的一尊有两千年历史的胜利女神雕像,她庄重高贵的身姿是艺术家们产生激情的源泉。当汽车艺术品大师查尔斯·塞克斯应邀为罗尔斯·罗伊斯汽车公司设计标志时,深深印在他脑海中的女神像立刻使他产生创作灵感。于是一个两臂后伸,身带披纱的女神像飘然而至。

图 4.13

（2）劳斯莱斯简介

劳斯莱斯汽车公司是由亨利·罗伊斯（F. Henry Royee）和贵族 C. 罗尔斯（C. Rolls）合作，在 1904 年创建的。次年推出的"银色魔鬼"轿车，不久便被誉为"世界上最好的汽车"。很多人知道劳斯莱斯汽车，却不知道罗罗（罗尔斯·罗伊斯）也是世界上最优秀的发动机制造者。著名的波音客机用的就是罗罗的发动机。德国大众集团于 1998 年购买了英国的劳斯-莱斯轿车有限公司。劳斯莱斯汽车公司（Rolls-Royce）是以一个"贵族化"的汽车公司享誉全球的。劳斯莱斯汽车公司年产量只有数千辆，比不上世界大汽车公司产量的零头。但换一个角度看，却物以稀为贵。劳斯莱斯轿车之所以成为显示地位和身份的象征，是因为该公司要审查轿车购买者的身份及背景条件。

（3）著名车型

著名车型有劳斯莱斯幻影、劳斯莱斯敞篷车 HypeRIOn、劳斯莱斯 FAB1 等。

4.4.2 宾利

（1）车标

宾利车标（见图 4.14）设计运用简洁圆滑的线条，晕染、勾勒形成一对飞翔的翅膀，整体恰似一只展翅高飞的雄鹰。中间的字母"B"为宾利汽车创始人 Bentley 名字的首字母，宾利主体标志令宾利汽车既具有帝王般的尊贵气质，同时也起到纪念设计者的意味。

图 4.14

（2）宾利简介

宾利汽车公司（Bentley Motors Limited）是享誉全球的豪华汽车制造商，总部位于英国克鲁。公司在 1919 年 1 月 18 日由沃尔特·欧文·本特利（Walter Owen Bentley，1888—1971 年）创建。第一次世界大战期间，宾利公司以生产航空发动机而闻名；第二次世界大战后，则开始设计制造汽车。1931 年,宾利公司的债务高达 10 万多英镑,无法继续经营的宾利被劳斯莱斯收购,在 1998 年两者均被不想收购劳斯莱斯的德国大众集团买下;同年 8 月,宝马以 6 800 万美元的价格购得劳斯莱斯的商标使用权,双方关系逐渐弱化。在近百年的历史长河中,宾利品牌依然熠熠生辉,不断给世人呈现出典雅、尊贵与精工细作的高品质座驾。

（3）著名车型

著名车型有雅致（Arnage）、雅骏（Azure）、布鲁克兰（Brooklands）、飞驰（Flying Spur）等。

4.4.3　阿斯顿·马丁

（1）车标

图 4.15

阿斯顿·马丁汽车标志（见图 4.15）为一只展翅飞翔的大鹏,喻示该公司像大鹏一样,具有从天而降的冲刺速度和远大的志向。分别注有阿斯顿、马丁英文字样表明是一家"三结义"汽车公司。以生产敞篷旅行车、赛车和限量生产的跑车而闻名世界的阿斯顿·马丁·拉宫达公司名声赫赫,不知是否得益于这只大鹏带来的运气。

（2）阿斯顿·马丁简介

阿斯顿·马丁由莱昂内尔·马丁（Lionel Martin）和罗伯特·巴姆福特（Robert Bamford）于 1913 年共同组建。其品牌一直是造型别致、精工细作、性能卓越的运动跑车的代名词,它在汽车市场上和车主的心中始终占有特殊的位置。在 100 多年的品牌经营过程中,公司几经易手,总产量只有区区 16 000 辆车,然而时至今日,仍有将近其总量 3/4 的阿斯顿·马丁在使用中。1994 年,阿斯顿·马丁成为福特汽车公司的全资子公司。福特除了为其提供财务保障外,还向它提供福特在世界各地的技术、制造和供应系统,以及支持新产品的设计和开发,令这颗豪华跑车中的明珠重新焕发出迷人的魅力。阿斯顿·马丁的多款汽车都曾是 007 系列影片中邦德的坐骑,为邦德的出奇制胜立下了赫赫战功。

（3）著名车型

著名车型有 DB5,DB6,DB7,Vantage,Vanquish 等。

4.4.4　路虎-LAND-ROVER

（1）车标

罗孚（Rover）（见图 4.16（a））是北欧的一个民族,由于罗孚民族是一个勇敢善战的海盗民族,因此罗孚汽车商标采用了一艘海盗船,张开的红帆象征着公司乘风破浪、所向披靡的大无畏精神。兰德-罗孚是全球著名的汽车品牌,而罗孚汽车公司的越野品牌就是"路虎"标志（见图 4.16（b）），英文为 LAND-ROVER。

（2）路虎简介

1948 年第二次世界大战后,第一款路虎诞生于英国。它是一款简单、新颖的铝制工作车。它是由英国 Rover 汽车公司的 Spencer 和 Maurice Wilks 兄弟制造出的一款新车型,完美实现了简单实用性与稳定性的结合。这款车很快取得了巨大成功,到 20 世纪 50 年代中期,路虎的名字已成为耐用性和出色越野性能的代名词。无论是军方、从事农业的客户,还是要求苛刻的急救服务行业,都赞叹于路虎的完美品质。当时英国首相温思顿·丘吉尔驾驶的就是路虎。

(a)　　　　　　　　　　　　　(b)

图 4.16

(3)著名车型

著名车型有揽胜运动型、揽胜极光、路虎极光敞篷版、发现 4、神行者 2、卫士限量版等。

4.5　法国汽车

4.5.1　雷诺-Renault

(1)车标

雷诺公司以创始人路易斯·雷诺(Louis Renault)的姓氏而命名,图形商标(见图 4.17)是 4 个菱形拼成的图案,象征雷诺三兄弟与汽车工业融为一体,表示"雷诺"能在无限的(四维)空间中竞争、生存、发展。

图 4.17

(2)雷诺简介

雷诺公司在 1898 年由路易斯·雷诺三兄弟在布洛涅-比扬古创建。它是世界上最悠久的汽车公司和世界十大汽车公司之一。第一次世界大战中主要生产枪支弹药、飞机和轻型坦克,战后恢复传统的生产活动,并不断开辟新的领域和部门,加强同其他工业公司的联系,成为当时法国最大的工业企业之一。第二次世界大战期间,为德国法西斯生产武器和军火,1944年 9 月被法国政府接管,路易·雷诺被惩处。1945 年被收归国有,由政府委派董事长,组成管理机构,并改用现名。从 1970 年起,公司允许雇员购买公司股票,但最高不能超过 25%。此后,公司迅速恢复和发展,逐步实现了经营多样化。目前,雷诺公司是法国第二大汽车公司,主要产品有雷诺牌轿车、公务用车及运动车等。雷诺汽车是出口德国最多的车种之一,它的质量及可靠性也被认为是第一流的。而今的雷诺汽车公司是法国最大的国有企业。

(3)著名车型

著名车型有梅甘娜(Megane)、克丽欧(Clio)、拉古娜(Laguna)、丽人行(Twingo)、太空车(Espace)等。

4.5.2 布加迪

（1）车标

图 4.18

布加迪车标（见图 4.18）中的英文名字即布加迪创始人埃托里·布加迪（Ettore Bugatti）的名字，上部中 EB 即埃托里·布加迪英文名字的缩写，周围小圆点象征滚珠轴承，象征公司能永远不停转，底色一般为红色，布加迪汽车是古典老式车中保有量最多的汽车之一，以布加迪为品牌的车型在世界多个著名汽车博物馆中可以看到，而且性能上乘，车身造型新颖、流畅，甚至发动机的配置都独具特色。

（2）布加迪简介

布加迪创办人埃托里·布加迪出生于意大利，这个以他的姓氏为名的车厂坐落在 Molsheim。此地位于法国的阿尔萨斯省，虽然其厂址地理位置国籍的变化（1909—1918 年在德国境内，1919—1956 年在法国境内，1991 年重新建厂后在意大利境内），但由于其发展的重要阶段都位于法国，因此仍将它看作是法国品牌（有些人也说是意大利品牌，这个就不在这里争论了，不管在哪里出生，它都是一款名副其实的超跑之王）。布加迪在第二次世界大战时消失后直到 1991 年才重新在意大利建厂。这家车厂是以精巧的造车技术出名，其高级汽车的制造更是一流。布加迪是汽车大奖赛（F1 的前身）的常胜军，它们是第一届摩纳哥大奖赛的冠军；布加迪也是利曼 24 h 耐久赛的常胜军。布加迪的产品，做工精湛，性能卓越，它的每一辆轿车都可誉为世界名车，1956 年停产，停产时布加迪总计生产汽车 7 000 余辆。1990 年意大利工业家罗曼诺·阿蒂奥利买得布加迪商标所有权，在意大利重建布加迪汽车公司，生产了举世闻名的 EB110 系列超级跑车，但是由于经营不善，于 1995 年不幸破产。1998 年被德国大众集团收购，现归属大众旗下。

（3）著名车型

著名车型有布加迪 veyronEB16.4 Super Sport、布加迪 veyronEB16.4、布加迪 EB16.4 Veyron pur sang 等。

布加迪 EB16.4 威航（见图 4.19）是一辆独一无二的超级跑车。动力规格为 1 001 匹马力、极速 407 km/h、扭矩 1 250 N·m、16 缸 4 涡轮增压引擎及固定的四轮驱动。如此强大配置将加速表现推到极致：时速 0 ~ 100 km/h 仅 2.5 s、时速 0 ~200 km/h 7.3 s、时速 0 ~300 km/h 16.7 s。然而，Bugatti Automobiles S.A.S 强调减速性能必须比加速更为出色。因此，布加迪 EB16.4 威航由时速 100 ~0 km/h 刹车只需 2.3 s。尽管有如此高性

图 4.19 16.4 Super Sports

能的技术数据，但是布加迪 EB16.4 威航日常驾驶性能也堪称一流。它完美地结合了最简易、无忧的日常操作及令人振奋的超高性能驾驶乐趣。布加迪 EB16.4 威航汇聚了顶级的汽车制造技术。坚持忠于布加迪家族传统。没有太贵或者太完美，只有质量最好的零部件及材料，才会被用来生产布加迪 EB16.4 威航。

布加迪威航是工程学伟大的艺术品，美国的国家地理节目曾专门为其做过节目，称布加迪

威航其技术一半是汽车,一半是飞机! 其设计要面临几个重大难题:第一,如此强大功率的发动机,如何冷却。布加迪威航发动机在其试验时,当其功率为 1 001 马力时(实际上发动机所产生的功率是 3 000 马力,2/3 的功率转化为热量)约 2 000 马力为热能损失,如此高的热量烧坏了实验室顶棚的排气装置。布加迪工程师采用加大空气进入量以及采用钛及陶瓷等一系列材料解决了这一问题。第二,普通的刹车片只能耐受 1 300 ℃高温,当速度达到 407 km/h 时,普通刹车片已经烧坏,如何寻找更高质量的刹车片。布加迪公司得到德国的一家特种材料公司的帮助,该公司使用碳纤维和陶瓷等复合材料经过两次烧结成型,使其耐受温度达到 1 800 ℃。第三,速度达到 407 km/h 时,需要专业的轮胎。布加迪得到法国米其林公司的帮助,米其林工程师采用专业轮胎制造工艺,其苛刻程度是普通轮胎无法达到的,甚至赶超了飞机轮胎,经过专业工装米其林"轮胎酷刑器"验证终于研发成功。其 4 个轮胎价格达到 20 000 美元。第四,如何在一定的时间停下车,特别是在 407 km/h 时,布加迪工程师采用飞机尾翼空气动力学原理,通过尾翼改变角度,增加汽车抓地力,增大摩擦,其空气制动力占整个刹车力的 1/3。控制系统采用高科技公司的超级灵敏几乎达到光速的反应器,做到高速刹车,及时刹车,刹得住车。

曾驾驶布加迪创造了 434 km/h 的人类历史汽车速度纪录——现任的布加迪御用车手——前 F1 车手拉法内尔(Pierre-Henri Raphanel)曾这样说:"全系列的法拉利 599,保时捷 911 Turbo S,阿斯顿·马丁 DBS,兰博基尼盖拉多,等等,这些他曾经开过的超跑和布加迪相比,它们真的很慢,当布加迪加速的时候,感觉如同自己贴在轱辘上跟着一起走,大脑一片空白。布加迪发动机的尖啸声和排气的轰鸣非常独特,不像别的跑车那般噼里啪啦,它加速时的尖啸声很像喷气式飞机起飞,行驶在路上,却让你有种飞翔在蓝天的错觉。虽说现在我开的是一部普通版的布加迪威龙 16.4,可也是一部 1 000 马力、超过 400 km/h 的速度怪兽。十几分钟的体验过程之后,下车时唯一的感觉就是天旋地转,它实在太快了,已经完全超越了普通人的承受极限。就在一条不到 600 m 长的小马路上,一两个呼吸间,你发现自己已经从静止瞬间达到了 300 余 km 的时速,一脚刹车下去,不到 2 s 全世界又都凝固了,此时巨大的惯性却已让我贴到挡风玻璃上了。"可见,布加迪是当之无愧的超跑之王。

4.6　意大利汽车

4.6.1　法拉利-Ferarri

(1)车标

伴随着线条动人、马力惊人、颜色引人的法拉利赛车转战各地的"跃马"车标(见图4.20),也有一段感人的故事。一位在第一次世界大战中捐躯的意大利空军英雄 Francesco Baracca 的双亲,看见法拉利赛车所向无敌的神采,正是爱子英灵依托的堡垒,于是恳请法拉利将原来绘在其爱子座机上的"跃马"标志,镶嵌在法拉利车系上,以尽爱子巡曳地平线的壮志。法拉利欣然接受了这个建议,并在"跃马"的顶端,加上意大利的国徽为"天",再以"法拉利"横写字体串联成"地",最后以自己故乡蒙达那市的黄色代表颜色——渲染全幅而组合成"天地之间,任我驰骋"的豪迈图腾。

图 4.20

另外,"跃马"车徽还有另外一种说法。在世界大战中意大利有一位表现出色的飞行员,他的飞机上就有一匹会给他带来好运的跃马。在法拉利最初的比赛获胜后,飞行员的父母亲,一对伯爵夫妇建议:法拉利也应在车上印上这匹带来好运气的跃马。后来飞行员死了,马就变成了黑颜色。而标志底色为公司所在地摩德纳的金丝雀的颜色。

(2)法拉利简介

法拉利(Ferrari)是一家意大利汽车生产商,1929年由恩佐·法拉利(Enzo Ferrari)创办,公司总部在意大利的摩德纳(Modena),主要制造赛车及高性能跑车。法拉利是世界上最闻名的赛车和运动跑车的生产厂家,早期的法拉利赞助赛车手及生产赛车,1938年,年近40岁的安索·法拉利离开了赛车跑道,也结束了与爱快车厂的宾主关系,努力实现他设计制造永恒超级跑车的梦想。两年之后,法拉利将车厂从家乡摩德纳(MODENA)迁到马拉内罗(MARANELLO)的现址,以"人性化"的造车工艺理念,使这家规模不大的意大利车厂,在世界车坛上,扮演起巨人的角色。1947年独立生产汽车,其后变成今日的规模。菲亚特(FIAT)拥有法拉利90%的股权,但法拉利却能独立于菲亚特运营。法拉利汽车大部分采用手工制造,因而产量很低,2011年法拉利共交付7 195台新车,为法拉利史上最佳销售业绩。

作为菲亚特公司王牌的"法拉利"跑车,无疑是王冠上最美的钻石。精彩的"法拉利"有着魔鬼般令人眩晕的震撼力;它那刚劲和难以言喻的经典"红头"形,把运动与建筑的美散发得淋漓尽致;加速与极限速度会让你真正体会到风驰电掣的滋味,体会到"法拉利"就是速度之神的化身。

(3)著名车型

图 4.21

著名车型有599 GTO,599 GTB Fiorano,F430 GT,250 GTO,288 GTO,FF等。

4.6.2　兰博基尼

(1)车标

兰博基尼公司的标志(见图4.21)是一头浑身充满了力气,正准备向对手发动猛烈攻击的犟牛。据说,兰博基尼本人就是这种不甘示弱的牛脾气,也体现了兰博基尼公司产品的特点,因为公司生产的汽车都是大功率、高速的运动型轿车。车头和车尾上的商标省去了公司名,只剩下一头犟牛。

（2）兰博基尼简介

兰博基尼汽车公司（Automobili Lamborghini S. p. A.）是一家坐落于意大利圣亚加塔·波隆尼（Sant'Agata Bolognese）的跑车制造商。公司由费鲁吉欧·兰博基尼在 1963 年创立。创始人年轻时曾是意大利皇家空军的一名机械师，因此，费鲁吉欧对机械原理非常熟悉。第二次世界大战后，大量的军用物资被遗弃，费鲁吉欧开始使用这些剩余军用物资制造拖拉机，并成立了最初的兰博基尼公司（Lamborghini Trattori S. p. A.），主营业务是制造拖拉机、燃油器和空调系统。20 世纪 50 年代中期，由于对机械原理及制造的精通，极具商业头脑的兰博基尼成为了当时最大的农用机械制造商。事业成功的费鲁吉欧非常喜欢跑车，拥有阿尔法·罗密欧、蓝旗亚、玛莎拉蒂、梅赛德斯-奔驰等多款名车。1958 年费鲁吉欧拥有了自己第一辆法拉利 250 GT，驾驶法拉利 250 GT 的费鲁吉欧，投诉法拉利车辆离合器容易出现问题，导致比赛车辆失控，误伤观赏赛车的民众。然而，恩佐·法拉利非但不理睬，还嘲笑费鲁吉欧没能力驾驶法拉利 250 GT，只适合驾驶农业机械车辆。后来，费鲁吉欧在自己公司仓库里，找到一个合适的备用配件安装，解决了法拉利 250 GT 的问题。此后对跑车极度热衷的费鲁吉欧开始考虑生产可以满足自己需求的跑车，比法拉利更好的跑车。早期由于经营不善，于 1980 年破产；数次易主后，1998 年归入奥迪旗下，现为大众集团（Volkswagen Group）旗下品牌之一。

（3）著名车型

著名车型有 Diablo，Murcielago，Reventon，Urus，Veneno 等。

4.6.3　玛莎拉蒂

（1）车标

玛莎拉蒂汽车的标志（见图 4.22）呈椭圆形，一根三叉戟放置在了树叶形的底座上。这个设计灵感来自公司所在地意大利博洛尼亚市的市徽，与罗马神话故事有关。相传三叉戟是罗马神话中海神纳普秋手中威力无比的武器，显示着海神的威力。玛莎拉蒂的车徽设计汲取了三叉戟这一形象的含义，寄寓玛莎拉蒂就像大海般拥有无尽的潜力和迅猛的力量。

图 4.22

（2）玛莎拉蒂简介

"玛莎拉蒂"这个名字来源于意大利瓦格纳（Voghera）的一个普通家庭，火车司机罗德夫·玛莎拉蒂（Rodolfo Maserati）和妻子共同养育了 6 个男孩：卡罗（Carlo）、宾多（Bindo）、阿尔菲力（Alfieri）、埃多勒（Ettore）、欧内斯特（Ernesto）和马里奥（Mario），在玛莎拉蒂家族中，长子卡罗率先介入机械设计领域，为一家摩托车工厂设计单缸发动机。1901 年，卡罗又在菲亚特公司工作了一段时间，后转入爱索特法诗尼公司（Lsotta Fraschini）成为机械师，在那里他将弟弟宾多、阿尔菲力、埃多勒引荐给该公司。此外，卡罗还是个蛮不错的赛车手，1907 年，他驾驶着一辆 Bianchi 参加了比赛，尽管车子经常在半路上抛锚，卡罗仍取得了第七名的好成绩。后来卡罗和他的弟弟埃多勒一道开办了一个专门生产汽车用高、低压变压器的公司。卡罗的职业生涯是短暂而辉煌的，29 岁时因在车赛中受伤去世。1914 年，阿尔菲力与宾多、欧内斯特三兄弟共同创立了 Officini Alfieri Maserati 公司，新公司以汽车改装为主营业务，同时还致力于将爱索特法诗尼汽车用于道路汽车赛。在玛莎拉蒂兄弟的努力下，公司的业务不断扩大，并于 1925 年更名为 Societa Anonima Officine Alfieri-

Maserati 公司,同时公司开始使用三叉戟作为公司标识,这个标识取材于博洛尼亚 Maggiore 广场上的海神尼普顿雕像,由马里奥·玛莎拉蒂设计。1926 年阿尔菲力制造出了 Tipo 26,这是第一辆纯粹的玛莎拉蒂车,也是第一辆带有三叉戟标志的跑车。Tipo 26 在同年的 4 月 25 日首次登场,参加了 Targa Florio 耐力赛。这款车搭载 1.5 L 直列八缸发动机,最高时速可以达到 160 km/h。阿尔菲力驾驶着 Tipo26 参加了 Targa Florio 比赛并获得同级别赛车的第一名。随后 Tipo26 又在其他赛事中取得了多场胜利。自此玛莎拉蒂开始考虑生产赛车。

现在的玛莎拉蒂全新轿跑系列是意大利顶尖轿跑车制作技术的体现,也是意大利设计美学以及优质工匠设计思维的完美结合。由意大利设计师乔治亚罗(Italdesing Giugiaro)塑造了其经典的外形线条,内部则集合了高性能跑车技术的应用,将自己的传统风格与流行款式相结合,从而在运动车领域独树一帜。

(3)著名车型

著名车型有 GranCabrio,GranCabrio MC,Ghibli,MC12 等。

4.7 瑞典汽车

4.7.1 沃尔沃-ABvolvo

(1)车标

图 4.23

1915 年 6 月"Volvo"名称首先出现在 SKF 一只滚珠轴承上,并正式于瑞典皇家专利与商标注册局注册成为商标(见图 4.23)。从那一天起,SKF 公司出品的每一组汽车用滚珠与滚子轴承侧面,都打上了全新的 Volvo 标志。在拉丁语中,"Volvere"是动词"roll"(滚动)的不定式,在采用第一人称单数形式时,动词"volvere"就成为"volvo","I roll"就是"我勇往直前"的意思。因此 Volvo 意为"滚滚向前"。如今中文名称统一为"沃尔沃",过去也曾有"富豪"的中文名称。

Volvo 车标(见图 4.23)由以下 3 部分图形组成:

第一部分的圆圈代表古罗马战神玛尔斯,这就是铁元素的古老化学符号——里面有一支箭的圆圈,箭头呈对角线方向指向右上角。在西方文明中,这算得上是最古老也是最普通的一个商标,它起源于罗马帝国时代,是火星、罗马战神和男性阳刚气质 3 个不同概念的象征,因而又体现了火星与当时用来制造大多数兵器的铁之间的最初渊源。正因为如此,这个标志长期以来一直被包括瑞典在内的世界各国看成是钢铁工业的象征。之所以在汽车上采用代表铁元素的品牌标志,是为了让人们联想起有着光辉传统的瑞典钢铁工业,以及钢铁般坚强的实力。

第二部分是对角线,在散热器上设置的从左上方向右下方倾斜的一条对角线彩带。这条彩带的设置原本出于技术上的考虑,用来将玛尔斯符号固定在格栅上,后来就逐步演变成为一个装饰性符号而成为 Volvo 轿车最为明显的标志。

第三部分是 Volvo 公司注册商标,是采用古埃及字体书写的 VOLVO 字样。

（2）沃尔沃简介

沃尔沃集团（英文：ABVolvo）是北欧最大的汽车企业，也是瑞典最大的工业企业集团，世界 20 大汽车公司之一，如今是生产卡车、客车、建筑设备、游艇及工业用发动机的瑞典公司，在 1927 年于哥德堡创立。沃尔沃以生产轿车起家，其创始人古斯塔夫·拉森（Gustaf Larson）和亚沙·盖布列森（Assar Gabrilsson）原本都在瑞典知名滚珠轴承制造厂 SKF 工作。由于两人对汽车的前瞻性和热情，携手合作在 1925 年 9 月时成功说服 SKF 的董事会，并且在 1926 年 8 月 10 日获得授权，正式开始新车量产。而沃尔沃第一款产品，是 1927 年 4 月 14 日上市的 Volvo ÖV4 型敞篷车。1935 年，沃尔沃正式脱离母公司，之后沃尔沃的产品还包括商用车辆、航天、航空设备及各种机械。

由于销售表现优秀，规模越来越大，沃尔沃在 1935 年时正式脱离母公司 SKF，独立为沃尔沃公司继续营运。直到 1998 年为止，沃尔沃汽车都一直属于沃尔沃公司（AB Volvo）所拥有，该公司除了乘用汽车之外，也是世界知名的商用车辆制造商，但 1998 年时 AB Volvo 将乘用车部门售予美国的福特汽车公司（Ford Motor Company，FMC），纳入该公司旗下所属的第一汽车集团（Premier Automotive Group，PAG）经营。如今 volvo 轿车公司由于采用了全面的数字化设计，因此设计师和工程技术人员可以比大多数竞争对手更快更智能化完成开发工作。现在不仅可用计算机来设计一辆轿车，volvo 的专家们还能做到在造出原型车之前就完成试驾和撞击试验，因此，也被公认为全世界安全性能最高的汽车。2010 年，中国汽车企业浙江吉利控股集团从福特手中购得沃尔沃轿车业务，并获得沃尔沃轿车品牌的拥有权。

（3）著名车型

著名车型有沃尔沃 240、沃尔沃 850、沃尔沃 C70 跑车、沃尔沃 V70、XC70、沃尔沃 S60 等。

4.7.2 柯尼赛格-Koenigsegg

（1）车标

在 Koenigsegg CCR 车型的发动机舱盖上有一个幽灵图案（见图 4.24），这原本是瑞典空军第一中队的标志。Koenigsegg 车厂就设在飞行中队的旧址上，为了纪念那些英雄，幽灵图案也就成为了这部超级跑车的徽章。整个幽灵图案形似盾牌，柯尼赛格的标志是由红黄两色的交替花纹装饰组成。两种颜色代表了激情，代表了驾驶的极速感觉；盾是保护的象征，代表了驾驶的舒适性和安全感。"以最舒适的驾驶感体验最狂野的速度"，这就是柯尼赛格。

图 4.24

（2）柯尼赛格简介

1993 年，瑞典一群有汽车工业经验和专业知识的优秀设计师和工程师们（其中很多人具有航空工程背景）被一个共同的事业紧紧联系在一起。以创建者和指导者 Christian von Koenigsegg 的名字命名的柯尼赛格车厂，在瑞典南部安吉荷姆附近成立，设计师大卫·克莱弗德负责根据 Christian 先生的理念进行设计。开发出一辆中置引擎配置，纯双座的硬顶跑车。

1995 年，柯尼赛格迁入位于瑞典南部欧洛夫斯特隆（Olofstrom）的工厂，开始着手打造它们第一辆原型车，并且在短短的一年半之内完工。后柯尼赛格车厂迁移至瑞典南部城市奥弗斯特姆，开始开发和制造第一个汽车原型——柯尼赛格 CC。

1996 年起原型车开始接受一系列密集的严苛测试，其中包括在赛车跑道和公路上的实际行驶，在沃尔沃（Volvo）拥有的风洞中进行空气力学测试。koenigsegg 是刀锋的意思，这款跑车的中文名称就像车上的图标一样,称为"幽灵"。柯尼赛格 CC 是当时地球上最快的量产车。

2005 年 2 月 28 日,柯尼赛格 CCR 跑车在意大利 Nardo Prototipo 场地上创造新的量产车官方最高时速纪录,为 387.87 km/h。被美国吉尼斯大全认可为人类有史以来速度最快的量产跑车(后被布加迪威龙刷新)。

2009 年,柯尼赛格收购了正处于破产保护的美国通用汽车旗下的萨博汽车。

(3)著名车型

著名车型有 Koenigsegg Agera S,Koenigsegg One,Koenigsegg CCXR Trevita,Koenigsegg CCX 等。

4.8　日本汽车

4.8.1　丰田-TOYOTA

图 4.25

(1)车标

丰田公司的 3 个椭圆的标志(见图 4.25)是从 1990 年初开始使用的。标志中的大椭圆代表地球,中间由两个椭圆垂直组合成一个 T字,代表丰田公司。它象征丰田公司立足于未来,对未来的信心和雄心,还象征着丰田公司立足于顾客,对顾客的保证,象征着用户的心和汽车厂家的心是连在一起的,具有相互信赖感,同时喻示着丰田的高超技术和革新潜力。

(2)丰田简介

丰田汽车公司(Toyota Motor Corporation)简称"丰田"(TOYOTA),创立于 1933 年,创始人为丰田喜一郎,是一家总部设在日本爱知县丰田市和东京都文京区的汽车工业制造公司,前身为日本大井公司,隶属于日本三井产业财团。丰田是世界十大汽车工业公司之一,也是日本最大的汽车公司。丰田汽车隶属于丰田财团(丰田财团是以丰田佐吉创立的丰田自动织机为母体发展起来的庞大企业集团)。丰田汽车公司自 2008 年开始逐渐取代受金融危机影响较严重的美国通用汽车公司而成为全球排行第一位的汽车生产商。其旗下品牌主要包括雷克萨斯、丰田等系列高中低端车型。第二次世界大战期间(1937—1945 年),丰田为日本生产各类装甲车、汽车等军用装备,为第二次世界大战日本侵略中国、东南亚作准备。从 1946 年起生产丰田牌、皇冠、光冠、花冠汽车名噪一时,克雷西达、雷克萨斯豪华汽车也极负盛名。

(3)著名车型

著名车型有 PRIUS 普锐斯、COROLLA 卡罗拉、VIOS 威驰、普拉多、丰田 Alphard 等。

4.8.2　本田-Honda

(1)车标

"H"是"本田"汽车和"本田"摩托车的图形商标(见图4.26),是"本田"日文拼音"HONDA"的第一个大写字母。本田汽车商标中的字母"HM"是"HONDAMOTOR"的缩写,

图 4.26

在这两个字母上有鹰的翅膀,象征着"飞跃的本田的技术和本田公司前途无量"。"人和车,车和环境的协调一致"是本田公司的发展方向;动感、豪华、流畅是本田公司的一贯风格;设计动力澎湃、低耗油、低公害的发动机是本田公司的技术目标;靠先进而实用的设计、卓越的制造质量和相对低廉的价格,吸引更多顾客是本田公司的宗旨。"H"商标,这个世界著名商标,是本田公司立业之本,是本田公司成功之魂。

（2）本田简介

本田其前身是 1935 年成立的大日本帝国本田技术研究所,前期主要是为日本第二次世界大战军用研发汽车与装甲车技术,可以说为第二次世界大战日本侵略中国和亚洲国家立下不少战功。第二次世界大战后于 1948 年 9 月新建,创始人是传奇式人物本田宗一郎。公司总部在东京,本田汽车公司全称为"本田科研工业股份有限公司",这一研究所主要生产纺织机械。当时,战争刚刚结束,各种物品十分匮乏,许多家庭不得不到黑市甚至农村购买高价粮食。由于当时交通不够发达,频繁流动的人口使汽车、火车等各种交通工具均超员运行,而日本崎岖不平的山路又使骑自行车收粮十分费力。本田宗一郎看到这一情况后,马上想到了陆军在战争期间留下的许多无线电通信机。于是,他以低价购到一批通信机,拆下其上的小汽油机,并把水壶改装成油箱,制成一架小汽油机后安装到自行车上,作成一种新型的"机器脚踏车"。由于产品适销对路,立即就成了抢手货。现在,本田公司已是一个跨国汽车、摩托车生产销售集团,汽车产量和规模也名列世界十大汽车厂家之列。它的产品除汽车,摩托车外,还有发电机、农机等动力机械产品。作为世界上最年轻的以及少数几家保持独立的主要汽车制造商,本田一向喜欢我行我素。本田坚决维护其创始人所倡导的独立行事、快速行动的企业文化,大胆地在全球战略、产品概念以及可持续使用的资源等方面坚持走自己的道路。当习惯性思维促使汽车制造商们纷纷朝一个方向奔去时,本田注意到了这一点,于是便转而向另一个方向进发。

（3）著名车型

著名车型有思铂睿、奥德赛、雅阁、思域 Civic 等。

4.8.3　日产

（1）车标

"NISSAN"（ニッサン）是日语"日产"两个字的罗马音形式,是日本产业的简称,其含义是"以人和汽车的明天为目标",图形商标（见图 4.27）是将 NISSAN 放在一个火红的太阳上,简明扼要地表明了公司名称,突出了所在国家的形象,这在汽车商标文化中独树一帜。

（2）日产简介

日产汽车公司（日文:日产自动车株式会社,英文:
NISSAN MOTOR Co. LTD）是日本的一家汽车制造商,于 1933

图 4.27

年在神奈川县横滨市成立,目前在 20 个国家和地区（包括日本）设有汽车制造基地,并在全球160 多个国家和地区提供产品和服务。公司经营范围包括汽车产品和船舶设备的制造、销售和相关业务,现任总裁兼首席执行官为卡洛斯·戈恩（Carlos Ghosn）。1999 年,雷诺与日产汽车结成独立的合作伙伴关系,在广泛的领域中展开战略性的合作,日产汽车通过联盟将事业区域拓展至全球,其经济规模大幅增长。

日产汽车的历史要从 1911 年在东京成立的快进社开始。当时快进社的创始人桥本增治郎,于 1914 年设计出了第一辆汽车,并以 3 位资金合作者田健治郎、青山俸禄郎和竹内明太郎的名字开头字母命名,成为 DAT"达特"车(俗称脱兔号,意思是跑得快的兔子,以此来比喻汽车跑得快),这成为了日产汽车的起源。

1919 年,日产的另一前身——实用汽车公司在大阪成立。1925 年,快进社与大阪实用汽车公司合并成为达特汽车公司。其后新公司推出了首款成品 DATSON(达特之子),开始了汽车行业的最初拓展。

1931 年,专业制造汽车零件的户田铸物公司,取得了达特汽车公司的绝大多数股权,并将 DATSON 更名为 DATSUN,意为更有朝气,这成为了后来日产汽车的始创品牌。

1933 年 12 月 26 日,由日本产业公司出资 600 万日元、户田铸物公司出资 400 万日元,成立了注册资本 1 000 万日元的"汽车制造股份公司",由两公司的社长鲇川义介任新公司首任社长。在 1934 年 5 月 30 日举行的第一届定期股东大会上,汽车制造股份公司更名为"日产汽车公司",同时,由日本产业公司接收了户田铸物持有的该公司全部股份,"日产"正式成立了。

1937 年第二次世界大战爆发,加入其中的日本启动了战时经济体制,日产等汽车企业被纳入军需用品生产基地。为了适应战时经济体制的需要,1944 年日产汽车公司被改名为日产重工株式会社,被迫停止民用轿车的生产,转而生产卡车、教练机、滑翔机、飞机发动机和鱼雷艇发动机以及其他军需用品,汽车市场的发展戛然而止。

第二次世界大战结束后,日本投降,支持战争的鲇川义介被列为甲级战犯遭到整肃。而一度暂停民用汽车业发展的日产也开始重拾旧梦。由于战后美军司令部规定日本禁止生产轿车,日产唯有改变战略,从修理卡车起步,开始逐步恢复汽车生产。首先恢复的是专供内销的 DA TSU N 卡车生产线,到了 1947 年 DA TSU N 轿车也再被推向市场。虽然经历了第二次世界大战的破坏及日本经济危机给汽车工业发展造成的艰难困境,日产仍旧能以技术为突破口渡过难关打开新局面,这也为日后日产能在困境中重新崛起埋下伏笔。

(3)著名车型

著名车型有 Bluebird Sylphy(蓝鸟轩逸),Teana(天籁),Qashqai(逍客),X-Trail(奇骏)等。

4.9　韩国汽车

4.9.1　现代

(1)车标

图 4.28

现代汽车公司的标志(见图 4.28)是椭圆内有斜字母 H。椭圆表示地球,意味着现代汽车以全世界作为舞台,进行企业的全球化经营管理。斜字母 H 是现代汽车公司英文 HYUNDAI 的首个字母,同时又是两个人握手的形象化艺术表现,代表现代汽车公司与客户之间互相信任与支持!椭圆既代表汽车方向盘,又可看作地球,两者结合寓意了现代汽车遍布世界。

（2）现代简介

1967 年，韩国历史上最富传奇色彩的商业巨子郑周永先生一手创办现代汽车公司。公司总部在韩国首尔，现任会长是郑梦九（郑周永之子）。与全球其他领先的汽车公司相比，现代汽车历史虽短，却浓缩了汽车产业的发展史，它从建立工厂到能够独立自主开发车型仅用了18 年（1967—1985 年），并成为韩国最大的汽车集团，跻身全球汽车公司 20 强。

刚刚建立的现代公司意味着公司开始进入运输及机械工业领域。势单力薄的现代汽车公司最早选择福特的英国分公司作为其合作伙伴，即由福特负责向现代提供生产轿车及轻型卡车所必需的技术。这个令双方收获颇丰的合作使得韩国和英国的汽车工业之间保持了长久的密切关系。然而，到了 20 世纪 70 年代早期，现代集团的管理层作出了一个至关重要的决定，即不再仅仅依赖于外国车型的授权许可，而是要同步地开发现代自主拥有所有权的轿车车型。通过引进Giorgio Giugiaro'sltal Design 设计室的车型以及使用从日本和英国学到的暗降纳产技术，现代汽车的第一个自主车型 Pony 终于投产。这款微型汽车在国内市场迅速获得了巨大成功。

（3）著名车型

著名车型有索纳塔、康恩迪、雅尊、伊兰特等。

4.9.2 起亚

（1）车标

起亚的名字，源自汉语，"起"代表起来，"亚"代表在亚洲。因此，起亚的意思，就是"起于东方"或"起于亚洲"。源自汉语的名字、代表亚洲崛起的含义，正反映了起亚的胸襟——崛起亚洲、走向世界。

起亚汽车现行的标志（见图 4.29）是由白色的椭圆、红色的背景和黑体的"KIA"3 个字母构成，而更改后的标识变为亮红的椭圆、白色的背景和红色的"KIA"字样，给人以新鲜感。起亚汽车公司标志是英文"KIA"，形似一只飞鹰，象征公司如腾空飞翔的雄鹰。

图 4.29

（2）起亚简介

起亚即起亚汽车公司，是韩国最早的汽车制造商，现在隶属于现代集团。拥有完善的乘用车和商用车生产流水线，成立于 1944 年 12 月。起亚汽车前身名为京城精密工业（Kyungsung Precision Industry），位于汉城永登浦区，在朝鲜战争期间迁移到釜山，是一家手工制作自行车零部件的小厂。1952 年 3 月公司更名为起亚工业公司。1961 年 10 月韩国的摩托车工业从此诞生。1962 年，一辆小型的厢式三轮货车 K360 也面世。从此，起亚走上了汽车制造的道路。1971 年，起亚服务公司成立，开始对已经大量售出的三轮货车提供保障，并且有意发展四轮汽车，毕竟这是公司发展和壮大的必然路径。同年起亚推出了四轮厢式货车 Titan。

1973 年，起亚生产出韩国第一台汽油发动机，并于 1974 年 10 月生产出韩国第一部采用汽油发动机的乘用轿车 Brisa，从此，起亚开始与世界车厂的发展方向接轨，并且介入竞争激烈的轿车市场之中，1976 年，起亚合并了亚细亚车厂，1978 年生产出韩国的第一台柴油发动机。但是，由于起亚当时技术相对不够成熟，公司决定首先要借鉴国外同行先进车型生产的成功经验。于是在 1979 年，起亚汽车仿制了法国标致的 604 轿车，并且组装了意大利菲亚特的 132型轿车。为了公司的长远发展，1984 年，起亚 R&D 中心正式建立，肩负起起亚汽车的技术研究和新产品开发设计的任务,为日后起亚公司丰富完善的车型体系和先进的科技含量打下坚实基础,同时也坚定了起亚"走自己路"的决心。

1981 年起亚被韩国政府指定为面包车生产厂家,从而形成了轿车、货车、旅行车的生产体系。1986 年 7 月起亚汽车同美国福特汽车签订了产权合作协议,将起亚汽车的 10% 股权转让给福特汽车,除此之外,起亚汽车的 8% 股权已归马自达,2% 归 C. ITOH 所有,这样国际跨国公司占有起亚 20% 的股权。

进入 20 世纪 90 年代,起亚经历了一项重大的改变。1990 年 3 月,公司正式改名为起亚汽车株式会社 KIA Motors Corporation,紧接着在亚山湾的工厂竣工。起亚进入了发展的黄金时期。1994 年,起亚公司度过了自己的 50 岁盛典,但公司的经营却出现了问题,发展前景令人担忧。在 1997 年发生的亚洲金融风暴引发了韩国的金融危机,使得起亚汽车的投资失去可偿还能力。1998 年,现代公司收购了起亚汽车公司,并且在 2000 年与现代汽车公司一起成立现代·起亚汽车集团。2007 年,现代·起亚汽车集团成为世界第五大汽车生产集团。

(3)著名车型

著名车型有 K9、K5、豪华 SUV、电动车华骐等。

4.10　已经消失的汽车品牌

在世界汽车"舞台"上,一些"新人"粉墨登场,横空出世,迅速赢得了人们的鲜花和掌声。与此同时,一些"老人家"却陷入窘困末途,在"演技"和"后台"(质量、可靠性能、服务、道路能力、售价等)方面失去市场竞争力,最终不得不粉墨谢幕,退出曾名噪一时的大舞台,悲情地留下难以泯灭的经典记忆,就让我们一起来了解一下那段难忘的历史。

4.10.1　韦格特汽车-VECTOR

美国汽车制造商杰拉德-韦格特制造真正的美国豪华汽车的梦想于 1976 年实现,他把"VECTOR W 2"汽车送到了洛杉矶车展,虽然人们对他的车不屑一顾,但他并没有泄气,踌躇满志的他依然执着于自己的豪车梦想,1988 年他创建了韦格特汽车公司,该公司在 1990—1992 年间共生产了 17 辆韦格特 W8 豪华汽车,"轻巡洋舰"V8 发动机 625 马力,最高速度 348 km/h,售价 28.5 万美元,市场需求较小,反应平平,1994 年公司被马来西亚 MegaTech 集团收购,1996 年 8 月开始组装韦格特 M12 新款,实质上还是 W8 款,只是采用意大利 V12 发动机而已。由于设计缺陷、性能不佳、售价相对较高,这款车根本无法生存,加上原型车在内,总产量不超过 40 辆,这个只存在了 10 年的品牌,无奈退出历史舞台。

韦格特车标及韦格特汽车如图 4.30、图 4.31 所示。

图 4.30　韦格特车标

图 4.31　韦格特汽车

4.10.2　德拉奇汽车-DELAGE

法国德拉奇公司于 1905 年成立,专门生产高级轿车,其创始人穆易斯·德拉奇把速度看作生命,立志于造出那个时代最精良的高性能豪华汽车,其研发的赛车曾 4 次夺得欧洲大奖赛冠军,成为当时的制造商冠军。1929 年经济危机席卷全球,德拉奇却没有意识到问题的严重性,继续加大在豪华车方面的研发,并推出了两款经典车型,D8 和 D8X,成为当时豪车品牌实至名归的 No.1,然而,任何不按经济规律办事的行为都会受到惩罚,经济危机让德拉奇的高档汽车销售一筹莫展,而资金短缺也使品牌举步维艰,终于在 1954 年曾经的辉煌只留在博物馆和人们的记忆中。

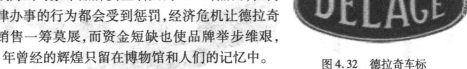

图 4.32　德拉奇车标

德拉奇车标及德拉奇汽车如图 4.32、图 4.33 所示。

图 4.33　德拉奇汽车

4.10.3 "莫斯科人"汽车-Moskvic

"莫斯科人"汽车厂成立于1930年。1947年生产首批"莫斯科人"汽车。20世纪七八十年代占据着俄罗斯汽车业的龙头地位,曾经被认为是苏联汽车制造业的一面旗帜,Moskvich于1947年生产首批Moskvich汽车,之后随着市场上的热销,市占率越来越高,渐渐把Moskvich推上苏联汽车业的第一大厂。但由于Moskvich的汽车厂在设计之初就明确将其建造为高度集中的综合性大厂,把冲压、铸锻、焊接、油漆等生产步骤全部集成在一起,而使产品改型极端困难。同时经营不善更是雪上加霜,不尽如人意的售后服务,品牌声望大幅下降,致使销量严重受到影响,这也让Moskvich欠下近10亿美元的债务。在2001年Moskvich仅生产800辆左右的汽车,在2002年更是一辆车也没有生产,导致千名员工近一年都领不到工资。由于Moskvich汽车厂有60%的股份是国家控制,而债务大部分也是欠俄罗斯财政部的,因此俄罗斯政府一度试着挽救Moskvich,但还是无法改变它的命运,最后于2003年全面停产,从此Moskvich也渐渐地消失在人们的记忆里。2003年标志着"莫斯科人"正式退出汽车舞台的最后一款汽车在当年生产了4.3万辆,相比1997年的2万辆,增加了1倍多。

"莫斯科人"车标及"莫斯科人"汽车如图4.34、图4.35所示。

图4.34 "莫斯科人"车标　　　　　　图4.35 "莫斯科人"汽车

4.10.4 土星汽车-Saturn

通用汽车公司最年轻的品牌当属土星(Saturn),其标志为土星轨迹线,给人一种新观念、高科技、超时空的感觉,寓意土星汽车技术先进,设计超前且最具时代魅力,如图4.36所示。

1982年通用为了抗衡日系轿车对本土厂商的冲击,建立了土星分部,应用通用最先进的技术设计生产美式经济型轿车,作为一个年轻的品牌,土星没有历史和文化上的包袱,其品牌宗旨是"制造消费者所需要的汽车",以市场需要为设计准则,创新立异轻装上阵,这就是土星车的特点。因此,深受消费者的喜爱,1993年挤进了美国市场上十大畅销车型,然而成也萧何败也萧何,由于土星没有太多文化底蕴,导致了通用对这个品牌的忽略,缺乏有力支持的土星发展逐渐遭遇了资金紧张和销量下滑的窘境,并最终在2009年被放弃。土星汽车如图4.37所示。

图 4.36 "土星"车标

图 4.37 "土星"汽车

4.10.5 水星汽车-Mercury

福特水星(Mercury)车系是用太阳系中的水星作为车标,其图案是在一个圆中有 3 个行星运行轨迹,很容易让人联想到福特汽车具有太空科技和超时空的创造力,如图 4.38 所示。

水星品牌的独特之处在于它是福特汽车公司唯一自创的品牌,在水星的发展史中,共经历了两次发展巅峰,第一次是在 20 世纪七八十年代,当时,美式肌肉车风行,水星品牌在其中充当了重要角色;而第二次则是在 90 年代,当时,水星旗下推出了相当多的新车型,1993 年创造了销量新高,达到了 48 万台,到了 21 世纪,水星的品牌发展非常艰难,过于依赖福特,使其逐渐失去了自己的风格,基本沦为了福特旗下的贴牌车,2010 年底,福特关闭了生产线。水星汽车如图 4.39 所示。

图 4.38 "水星"车标

图4.39 "水星"汽车

4.10.6 普利茅斯汽车-Plymouth

图4.40 普利茅斯车标

普利茅斯是克莱斯勒公司的一个中级轿车品牌。普利茅斯的英文 Plymouth 是英国一个著名港口的名字,当年一批僧侣乘坐米福拉瓦号帆船从英国的这个港口到美国去,名字中有一帆风顺的含义,因此也有人把这种车型称为顺风牌。普利茅斯的商标图案就是当年僧侣曾乘坐过的帆船"珠夫拉瓦"号帆船的船帆图案,如图4.40所示。

1998年克莱斯勒公司吞并了戴姆勒-奔驰公司而建立戴姆勒-克莱斯勒公司,成为世界上第五大汽车制造公司,同时成立了普利茅斯分部,还是生产克莱斯勒型的轿车。

克莱斯勒在1927年创造了普利茅斯(也称顺风)商标,主要生产价格低于克莱斯勒和道奇的车型,以抢占低价轿车市场。第一种车型于1928年6月11日出厂,由于装配了四缸发动机,动力强劲,一经推出,广受用户追捧。克莱斯勒的销售量在美国也稳稳占据了第三位。1959年世界上第一辆普利茅斯车 Valiant 问世。此款车曾是蒋介石、宋美龄的座驾老爷车。1998年,克莱斯勒公司与戴姆勒-奔驰公司合并后成立了新的戴姆勒-克莱斯勒公司,成为世界上第五大汽车制造公司,同时成立了普利茅斯分部,还是生产克莱斯勒型的轿车。

20世纪80年代,低质量、个性缺乏、设计保守等缺点使其销售大幅下降。为拯救经典品牌,1995年,克莱斯勒公司投入大量资金,改变标志,重新设计系列款型,特别推出了 Prowler。不久,巨亏的克莱斯勒时时威胁着整个戴克集团的安全。出于戴姆勒-克莱斯勒品牌战略的考虑,2001年底,Plymouth 品牌被淘汰,正如 Plymouth 的流行车型 Voyager 小型货车现在已换成克莱斯勒品牌那样。克莱斯勒已经承诺,对现有全球所有 Plymouth 用户,服务宗旨并无改变,零部件的供应也不会终止。普利茅斯汽车如图4.41所示。

图4.41 "普利茅斯"汽车

4.10.7 大宇汽车-Daewoo

大宇汽车公司使用形似地球和正在开放的花朵标志,生产的汽车也使用这个标志作为商标。大宇标志象征高速公路大动脉向未来无限延伸,表现了大宇的未来和发展意志;椭圆代表世界、宇宙;向上展开的花朵体现了大宇家族的创造力和挑战意识;中部 5 个蓝色的实体条纹和之间的 6 条白色条纹表示大宇在众多领域无限发展的潜力;蓝色代表年青、活泼,而白色则代表同心协力和牺牲精神。整个标志表现了大宇家族的智慧、创造、挑战、牺牲的企业精神,表现出大宇集团的"儒家"风范,如图 4.42 所示。

图 4.42 "大宇"车标

大宇汽车公司曾是韩国第二大汽车生产企业,曾年产汽车最高达到 60 多万辆,它曾创造了世界车坛的一个速成神话,从成立到崛起为汽车业界的巨无霸之一仅用了不到 20 年时间,这曾给最为强调民族自尊的韩国人带来过无限的自豪和荣耀。然而,快速扩张背后却是单薄的根基,目前,大宇这座"摩天大楼"的轰然倒塌,又是那么令人措手不及——因资不抵债和经营不善,1997 年韩国发生金融危机后导致了大宇集团瓦解,韩国第二大汽车生产企业大宇汽车公司于 2000 年 11 月 8 日宣告破产,而大宇汽车品牌也于 2002 年被通用收购,但大宇在通用并没受到重视,而是沦为了贴牌车,到 2011 年通用采用雪佛莱取代了在韩国使用的大宇品牌,至此,大宇作为汽车品牌的历史也彻底终结。大宇汽车如图 4.43 所示。

图 4.43 "大宇"汽车

4.10.8　庞蒂亚克汽车-Pontiac

图4.44　"庞蒂亚克"车标

庞蒂亚克(庞蒂克)汽车商标由两部分组成。其字母"PONTIAC"商标取自美国密歇根州的一个地名;图形商标是带十字标记的箭头,它被镶嵌在发动机散热器格栅的上方;而十字形标记,则表示"庞蒂亚克"是通用汽车公司的重要成员,也象征庞蒂亚克汽车安全可靠;箭头则代表庞蒂亚克的技术超前和攻关精神,预示着庞蒂亚克汽车跑遍全球,如图4.44所示。另外,在庞蒂亚克·火鸟轿车的车尾,还使用一只抽象化了的鸟,象征庞蒂亚克部人具有火一样的热情和高瞻远瞩的志向。

庞蒂亚克最早成立于1899年,但开始是一个生产汽车零部件的小厂,后来在1907年正式开始生产汽车,1909年正式被通用汽车收购,而第一款庞蒂亚克汽车是在1926年才开始生产的,从20世纪50年代开始,庞蒂亚克开始向中高端运动型轿车发展,同时标志也由此前的印第安人头像车标更换成全新的箭头式车标,这之后,庞蒂亚克推出了诸多经典车型,包括庞蒂亚克GTO、火鸟、伯纳威尔等,到了1969年,庞蒂亚克的销量达到了14万台,在美国当时销量排行第三名,庞蒂亚克真正走向衰落是在90年代以后,通用的同平台战略导致了庞蒂亚克失去了自我,品牌影响力一落千丈。2009年随着通用申请破产保护,庞蒂亚克当时生产的车型都于2010年底停产。庞蒂亚克汽车如图4.45所示。

图4.45　"庞蒂亚克"汽车

4.10.9　奥兹莫比尔汽车-Oldsmobile

奥兹莫比尔标志:奥兹莫比尔部的名称由"Olds"与"mobile"组成。"Olds"是创始人奥兹的姓,"mobile"在英文奥兹莫比尔汽车公司中是机动车的意思。奥兹莫比尔的标志中的箭形图案代表公司积极向上和勇往直前的创新精神,如图4.46所示。

奥兹莫比尔这个品牌很多读者可能会陌生,但是,它却是第一个进入中国的品牌,它成立于1897年,两年后生产出自己的第一辆汽车CurvedDash Runabout,是美国汽车领域的老牌先驱。它以生产中高级轿车为主,拥有107年历史,总产3 500万辆。早在20世纪70年代,生产的"短剑"(Cutlass)轿车曾是美国最畅销的轿车。1966年,美国第一部四轮驱动汽车——奥兹莫比尔Toronado问世。2004年4月,在美国兰辛市,最后一辆奥兹莫比尔汽车Alero款驶离工厂大门,标志着这个汽车品牌"寿终正寝"。在100多年的历史中,奥兹莫比尔有过很多骄傲的成就,例如,它是美国第一家开展机动车出口业务的公司,在美国制造出第一台四轮驱动汽车的公司,等等。奥兹莫比尔可以说是美国汽车史上最经典的汽车品牌,同时为早期美国汽车工业的发展作出了巨大贡献,然而,这个百年的汽车品牌却依然是断送在了通用的同平台战略之下。基本上在 2000 年以后就没有什么让人特别怀念的车型出现,并最终于 2004 年正式关闭工厂,一个百年品牌就此消失。奥兹莫比尔汽车如图 4.47 所示。

图 4.46　"奥兹莫比尔"车标

图 4.47　"奥兹莫比尔"汽车

4.10.10　萨博汽车-SAAB

　　萨博公司是由斯堪尼亚公司和瑞典飞机有限公司合并,原飞机公司瑞典文缩写为 SAAB,后即作为公司轿车的标志。商标正中是一头戴王冠的狮子头像,王冠象征着轿车的高贵,狮子则为欧洲人崇尚的权利象征。半鹰、半狮的怪兽图案象征着一种警觉,这是瑞典南部两个县流行的一种象征,而萨博汽车和航行器的生产就起源在这里。设计者为瑞典艺术家 Carl Fredrik Reutersward。萨博汽车重新设计了蓝形小圆盘,现在融进了 SAAB 传统的狮身鹫首怪兽的纹章以及"SAAB"的标识字母。风格整体一致,整齐划一。2001 款的汽车即开始采用这种标识。新的标识同样是由瑞典艺术家 Carl Fredrik Reutersward 设计的。2013 年 1 月 21 日,萨博新东家瑞典国家电动车公司(NEVS)发布了新 Logo,萨博将不再使用原先的"鹰狮"图案,改为只有英文字母与圆圈组合的灰色标识,如图 4.48 所示。

　　用制造飞机的技术和经验制造汽车,听起来好像挺疯狂,但是有一个汽车品牌就是这么做的,它就是 Saab,一家脱胎于军用飞机制造商的汽车公司,Saab 把卡车、飞机技术融为一身,生产了具有赛车性能的 Saab 轿车。它最早的萨博 92 原型车就是由一群飞机工程师设计和打造,一经推出就让整个汽车界为之震动,萨博是第一个把来源于航空技术的涡轮增压器应用到汽车上的厂家,超强的操控性和源于航空的安全性为它赢得了路上飞行的美誉,而萨博在赛车史上也战绩辉煌,其贴地飞行、云车合一的品牌口号曾让不少车迷激动不已,2000 年萨博被通用汽车公司完全收购,虽然说背靠大树好乘凉,但从独生子女变成大家庭里的新成员,通用的同平台战略让萨博逐渐失去自我。而 2008 年世界金融危机让通用决定放弃萨博品牌,成为弃子的萨博命运更加曲折,先是被视觉收购,没有起色后又被卖掉,在经过了一系列并购案无果后,2011 年曾经的陆地飞行器折翼而落。萨博汽车如图 4.49 所示。

图 4.48　萨博车标

图 4.49　萨博汽车

4.10.11　悍马汽车-HUMMER

悍马(Hummer)最早是美国 AM General 公司(简称 AMG)生产的,现在,悍马的商标使用权和生产权归美国通用汽车公司所有。AMG 公司的创始人是一位自行车制造商乌特,1903 年成立越野(Overland)汽车部。1908 年,约翰·威利购买了越野汽车部,并于 1912 年成立威利斯-越野(Willys-Overland)汽车公司,生产威利-骑士汽车。

提起悍马,人们的脑海里经常会出现它征战沙场的画面,的确悍马本身就是脱胎于军用车汉姆威的一款民用车,由于优越的越野性能,获得了越野车之王的美誉,悍马外观设计硬朗,越野性能非常强悍,这使得它成为纯爷们车的代表。悍马退出的 H 系列都延续了这一血统。其中,H1 专为美国设计制造,并在战场上为美军立下赫赫战功;而 H2,H3则为民用版本,庞大的车身,藐视一切路况的狂野,都让越野车迷们对它顶礼膜拜,网上曾经有人戏称,上帝欠每个男人一辆悍马,可见悍马在车迷心目中的地位,然而,随着 2008

图 4.50　悍马车标

年金融危机的爆发,老东家通用自身难保,再加上过高的油耗,不符合汽车发展趋势,2009 年腾中重工准备从通用手中收购悍马,但因未能获得中国相关监管机构对悍马交易的批准,腾中经与通用磋商,宣布停止推进交易的相关行动,并终止签署的最终协议,至此,悍马这个品牌已经日薄西山、大势已去,2010 年越野车的一代传奇就此消逝。悍马汽车如图 4.51 所示。

图 4.51　悍马汽车

4.10.12　罗孚汽车-ROVER

Rover Mascot(吉祥物)源自世界上最著名的流浪族——维京人的双关语。而 Rover 这个词,英语中包含流浪者、航海者的意思。从 1902 年起,这个标志便放在了一辆辆汽车前正中的位置上。20 世纪 20 年代,戴头盔的维京人形象和三角形徽章吸引了一代喜爱 Rover 车的年轻人。后来,Rover 标志中站立的维京人逐渐让位于他的头像,不过他仍然带着头盔。准确而符合逻辑地说,是让位于维京人大海船的船头雕像。维京人海船的船首和帆于1929 年首次出现在散热器的标志牌上,它作为吉祥象征贯串于Rover 车的百年历史,如图 4.52 所示。

图 4.52　罗孚车标

Rover 最早是一个自行车制造商和品牌,1877 年,约翰·坎普·斯达雷和威廉姆·苏顿共同出资建立了罗孚公司。不久以后,威廉姆·苏顿撤资,约翰·坎普·斯达雷独自掌控公司并一直持续到1903年他去世为止。1888年,他还研制了试验性的电动自行车。1903年,罗孚公司开始研究自动交通工具,不久以后使用普通汽油发动机的帝王牌摩托车诞生了。但公司的业务没有局限在摩托车上。1904年,Edmund lewis为罗孚设计的第一辆8马力汽车,这是在英国设计制造的最早的汽车之一,也是在这一年,劳斯莱斯的创始人罗伊斯也制造了他的第一辆汽车。经历了两次世界大战的罗孚汽车公司跌宕起伏,1948年,罗孚在60型轿车的基础上增加了四轮驱动和多功能车身,这就是世界闻名的越野车品牌——路虎(land rover)的第一辆车。

图4.53 罗孚汽车

当一个事物发展到它的巅峰,就必然走向衰落,这是历史惯性。到了20世纪60年代,罗孚开始逐步陷入危机,因为在20世纪60年代之前,英国政府一直对本国汽车实行高关税保护,而在20世纪60年代之后随着高关税政策的取消,使得英国汽车受到了国外汽车的强烈冲击。为了改善这一困境,英国政府将英国大多数主流的汽车厂商进行了整合,当时的奥斯汀、MG、罗孚、凯旋、捷豹等品牌都被融合到了英国的利兰汽车旗下,组成了类似汽车联盟的集团。

不过这一举动并没有帮助罗孚汽车走出困境,英国对汽车产业的政策是以出口为主,内需为辅。但英镑的坚挺,使得英国汽车在其他国家奇贵无比,并且在质量上却没有什么优点。因此导致了英国汽车业的持续低迷。英国政府的合并政策并没有让罗孚走出困境,1977年,罗孚又和本田汽车开展合作(见图4.54),陆续推出了罗孚200、罗孚600、罗孚800,不过这些车型均是基于本田当时的车型打造的。遗憾的是罗孚一味的"换标"行为,不但没有为罗孚赢得发展机会,反而加速了它的灭亡。

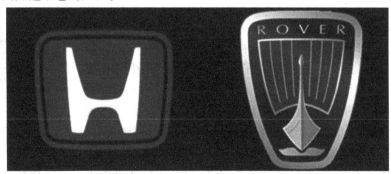

图4.54 罗孚与本田合作

到了1994年,罗孚正式被宝马收编(见图4.55),随后的6年中宝马陆续推出了罗孚25、罗孚45和罗孚75车型,虽然这几款车型也收到了一些成效,不过由于德英两国的历史文化差异的冲突,以及宝马对罗孚改造过程中的强大阻力,最终导致了宝马不仅没有帮助罗孚走向成功,反而拖累了宝马的发展。

图 4.55　罗孚与宝马合作

2005 年罗孚宣布破产,旗下的 MG 和罗孚两个品牌的技术平台被中国南京汽车公司收购,而随后南汽又被上汽收购,但是由于商标权的问题,罗孚在中国只能以中国的自主品牌"荣威 ROEWE"销售(见图 4.56),至此,一个 100 多年老品牌也正式消失。

图 4.56　罗孚被南京汽车收购之后的荣威汽车

第 **5** 章
中国汽车品牌

1956 年 7 月 14 日,中国人自己制造的第一辆汽车——"解放"牌载货汽车从长春一汽总装线上盛装下线,中国的汽车工业从此开始起步,开启了中国汽车工业滔滔不息的源头。中国汽车工业经历了从自力更生到打开国门,从寻找合资到最后民族自主品牌的逐渐成熟,从无到有、从小到大、从诞生、成长到成熟螺旋式的发展历程。目前,中国汽车品牌主要包括合资品牌和自主品牌,本章着重对主要中国汽车公司及其主要品牌进行介绍。

5.1　一　汽

图 5.1　一汽集团标志

中国第一汽车集团公司,简称"中国一汽"或"一汽",是国有特大型汽车生产企业。一汽总部位于吉林省长春市,前身是第一汽车制造厂,毛泽东主席题写厂名。一汽 1953 年奠基兴建,1956 年建成并投产,制造出新中国第一辆解放牌卡车。1958 年制造出新中国第一辆东风牌小轿车和第一辆红旗牌高级轿车。一汽的建成,开创了中国汽车工业新的历史。经过 50 多年的发展,一汽已经成为国内最大的汽车企业集团之一。如图 5.1 所示为一汽集团标志。

一汽集团的标志是"第 1 汽车"中"1 汽"两字艺术化的组合,置于隐喻地球的椭圆内,整个标志镶嵌在汽车的进气格栅上。一汽集团的自主品牌拥有解放、红旗、奔腾、夏利等。

5.1.1　解放

解放品牌诞生于 1956 年,随着第一辆解放卡车驶下装配线,中国结束了不能制造汽车的历史。作为共和国之长子,解放牌汽车在很长一段时间里都是国家建设中最重要的公路运输工具之一。其标志为毛泽东主席手书的"解放"两字,周围以冲压的五角星、祥云为衬托,如图 5.2 所示。

图 5.2　一汽早期生产的解放牌货车及标志

5.1.2　红旗

红旗牌轿车在中国是个家喻户晓的名字。"红旗"二字已经远远超出了一个轿车品牌的含义,新中国发生的太多历史事件都与"红旗"有关。在国人心里,它有其他品牌所不能代替的位置。从 20 世纪 60 年代开始,红旗车的各项技术日臻完善,被规定为副部长以上首长专车和外事礼宾车,坐红旗车曾与"见毛主席""住钓鱼台"一道,被视为中国政府给予外国来访者的最高礼遇。

红旗车标包括前车标、后车标和侧车标。前车标是一面红旗,不言而喻,它代表毛泽东思想;后车标是"红旗"两个汉字,是借用的毛泽东为 1958 年 5 月创刊的《红旗》杂志的封面题字。最早的 CA72 在翼子板一侧标有并排 5 面小红旗,代表工农商学兵。1966 年 4 月,20 辆红旗 3 排座高级轿车送到北京,周恩来总理、陈毅外长等国家领导人正式乘用。同年,在彭真同志的建议下把"3 面红旗"的侧标改为一面红旗,表明毛泽东思想这一面大旗,后在"文革"中取消,恢复回三面小红旗。现在红旗图形商标立在发动机盖的前端;另一商标是在椭圆中有一带羽毛的"1",表示"中国第一汽车集团"。该商标镶嵌在散热器的正中;文字"红旗"商标则标注在车尾。红旗新商标以"第一"的一字形为依托,将代表全球的椭圆与"1"字形有机结合起来,构成简洁、流畅、活泼的造型,强调了"第一"的品牌名称及其意义,如图 5.3 所示。

图 5.3　红旗轿车标志

5.1.3　夏利

1986 年 9 月 30 日,以"CKD"方式引进生产的第一辆夏利下线,并且创造了"当年签约、当年引进、当年投产、当年受益"的奇迹!是国内最早进入家庭的主力车型之一。与中国改革的进程一起飞跃,夏利一直走着一条自主生产、自主研发更新、创中国人自有轿车品牌的自主道

图5.4 夏利汽车标志

路,到今天,夏利已经成为年产15万辆整车、20万台发动机,社会保有量高达70万辆,并在18年中始终保持经济型轿车销量第一的行业领头人。如图5.4所示为夏利汽车的标志。车标3条纵横的曲线有3层含义:一是"天津汽车公司"的"天"字的标志;二是3条线构成"A"字的造型,表明天汽要创造第一流的产品;三是3条线组成抽象的立交桥造型,说明"夏利"汽车立于交通之本,驶于众条道路之间。

5.2 东风汽车

东风汽车公司(原第二汽车制造厂)始建于1969年,是中国特大型国有骨干企业,总部设在"九省通衢"的武汉,主要基地分布在十堰、襄阳、武汉及广州等地,主营业务涵盖全系列商用车、乘用车、零部件、汽车装备和汽车水平事业。

东风汽车公司肩负共和国的重托,日益发展壮大,逐步成为集科研、开发、生产、销售于一身的特大型国有骨干企业,是国有经济的重要支柱企业。2004年,东风将旗下的东风汽车有限公司、神龙汽车有限公司、东风本田汽车有限公司、东风电动车辆股份有限公司、东风越野车有限公司等主要业务进行整合,成立了东风汽车集团股份有限公司,已于2005年12月在香港联交所上市。截至2011年底,东风汽车公司总资产达2 320亿元,员工数16万人,2012年销售汽车307.85万辆,营业收入3 904亿元。东风汽车公司位居2012年《财富》世界500强第142位,2012年中国企业500强第16位,中国制造业企业500强第3位。

东风汽车公司采用圆环内的"双飞燕"为标志,整个标志镶嵌在汽车的进气格栅上。

东风汽车公司的车标,是一对旋转的春燕,用夸张的手法表现出"双燕舞东风"——东风汽车车标的意境,使人自然联想到东风送暖,春光明媚,生机盎然,以示企业欣欣向荣,看上去像两个"人"字,蕴涵着企业以人为本的管理思想;戏闹翻飞的春燕,象征着东风汽车的车轮飞转,奔驰在神州大地,奔向全球,如图5.5所示。

东风汽车公司主要自主品牌有东风小霸王、东风多利卡、东风金霸、东风康霸、东风之星、东风金刚及东风劲诺等东风品牌轻型卡车。如图5.6所示为东风小霸王。

图5.5 东风汽车标志

图5.6 东风小霸王

5.3　上海汽车

上海汽车集团股份有限公司,简称上海汽车,上汽集团是中国三大汽车集团之一。它主要从事乘用车、商用车和汽车零部件的生产、销售、开发、投资及相关的汽车服务贸易和金融业务。上汽集团所属主要整车企业包括乘用车公司、商用车公司、上海大众、上海通用、上汽通用五菱、南京依维柯、上汽依维柯红岩及上海申沃等。其自主品牌主要有荣威和五菱。

5.3.1　荣威

荣威(ROEWE)是上海汽车工业(集团)总公司旗下的一款汽车品牌,于2006年10月推出。该品牌下的汽车技术来源于上海汽车之前收购的罗孚,但上海汽车并未收购"罗孚"品牌。2006年10月12日,上海汽车(集团)股份有限公司正式对外宣布,其自主品牌定名为"荣威(ROEWE)",取意"创新殊荣、威仪四海"。如图5.7所示为荣威汽车的标志。

荣威汽车标志整体结构是一个稳固而坚定的盾形,暗寓其产品可信赖的尊崇品质,以及上海汽车自主创新、国际化发展的坚强决心与意志。以3种不同的颜色充分体现了经典、尊贵、内蕴的气质,并突出体现了中国传统元素与现代构图形式相融合的创意思路。双狮图案以直观的艺术化手法,展现出尊贵、威仪、睿智的强者气度。图案的中间是双狮护卫着的华表。华表是中华文化中的经典图腾符号,不仅蕴含了民族的威仪,同时具有高瞻远瞩,祈福社稷繁荣、和谐发展的寓意。

荣威汽车定位于不同级别细分市场中的中高端车型,"荣威(ROEWE)"品牌将为消费者创造出品位独具、自信进取且富有内涵的品牌体验,同时,其后续产品还有荣威750、荣威550、荣威350等,如图5.8所示为荣威汽车示例。

图5.7　荣威汽车标志　　　　　　　　　　　图5.8　荣威汽车

5.3.2　五菱

五菱是柳州五菱汽车有限责任公司的注册商标及品牌,此标志已经全部授权给上汽通用五菱使用。2002年11月18日正式挂牌成立的上汽通用五菱汽车股份有限公司,是由上海汽车集团股份有限公司、通用汽车(中国)公司、柳州五菱汽车有限责任公司三方共同组建的大型中外合资汽车公司,其前身可以追溯到1958年成立的柳州动力机械厂。合资几年来,公司

图 5.9　五菱汽车标志

的规模不断扩大,产销量持续增长,已发展成为一家国际化和现代化的微、小型汽车制造企业。上汽通用五菱拥有柳州与青岛两大生产制造基地,全面实施通用汽车公司的全球制造管理体系,形成了商用车和乘用车两大系列,以及微、小型车用发动机的生产格局。如图5.9所示为五菱汽车标志,有腾飞、跨越的意思。

5.4　长安汽车

长安汽车集团源自于1862年,是中国近代工业的先驱,隶属于中国兵器装备集团公司,位居中国汽车行业第一阵营。现有资产820亿元,员工近6万人。长安汽车拥有重庆、北京、江苏、河北、浙江及江西6大基地,15个整车和发动机工厂,具备年产汽车200万辆,发动机200万台的能力。下面主要介绍长安汽车、哈飞汽车、昌河汽车和陆风汽车。

5.4.1　长安汽车

经过多年发展和不懈努力,现已形成微车、轿车、客车、卡车、SUV、MPV 等低中高档、宽系列、多品种的产品谱系,拥有排量从0.8～2.5 L 的发动机平台。2009 年,长安汽车自主品牌排名世界第13 位、中国第一,成为中国汽车行业最具价值品牌之一。如图5.10 所示为长安汽车的标志。以"V"为核心创意表现,雄浑刚健的 V 形,好似飞

图5.10　长安汽车标志

龙在天,龙首傲立于蓝色地球之上,同时又是 Victory 和 Value 的首字母,代表着长安汽车致力于打造世界一流企业的战略愿景和为消费者与股东创造价值的企业责任感。刚柔并济的 V 形,也恰似举起的双手,传递出长安汽车科技创新、关爱永恒的价值追求。

5.4.2　哈飞汽车

哈尔滨哈飞汽车工业集团有限公司,简称哈飞汽车,隶属于中国长安汽车集团,为中国微型车制造和研发的奠基者和先行者,是中国汽车骨干生产企业和研发基地。众所周知,打造中国自主的知名品牌需要几代人的努力,哈飞汽车从成立到现在已经走过了 26 年的风霜雪雨,从1980 年生产的第一部松花江汽车到现在,已形成了轿车、微型客车、厢式货车、单排座及双排座微型货车共计6 大系列130 多个品种。如图5.11 所示为哈飞汽车标志。

图 5.11　哈飞汽车标志

5.4.3　昌河汽车

江西昌河汽车有限责任公司,简称昌河汽车,是隶属中国长安汽车集团股份有限公司的全资子公司,拥有景德镇、九江、合肥 3 个整车工厂和九江发动机工厂,具备年产 30 万辆整车和15 万台汽车发动机的生产能力。公司主要产品品种有派喜、北斗星、北斗星 e + 、浪迪小型商务车、利亚纳两厢/三厢经济型轿车、福瑞达微型客车、昌河福运微型客车、福瑞达微型单/双排货车、爱迪尔、爱迪尔Ⅱ、爱迪尔 A + 、K14B 和 K12B 系列发动机等产品。

产品覆盖微型客(货)车、经济型轿车、小型商务车和发动机等领域。主要产品利亚纳轿车荣获 C – NCAP 四星级安全评定,北斗星轿车在国家发改委第一批公布的 0.9 L 排量以上所有汽油乘用车中燃料消耗最低;K14B 发动机以大功率、低燃耗等技术指标荣获伯格华纳杯“中国心”十佳发动机;爱迪尔轿车荣获中国汽车自主创新成果引进消化吸收再创新奖。如图 5.12 所示为昌河汽车标志。

图 5.12　昌河汽车标志

5.4.4　陆风汽车

陆风汽车由江铃控股有限公司在国家新的汽车产业政策的引导和支持下,于 2004 年 11

图 5.13　陆风汽车标志

月由长安汽车股份有限公司和江铃汽车集团公司通过强强联合,实现中、中合作的国内首家汽车制造企业。江铃控股本部拥有两大生产基地:昌北基地与小蓝轿车基地。

江铃控股旗下拥有国内知名乘用车品牌:陆风汽车品牌,产品家族包括陆风品牌乘用车系列品种,涵盖了SUV、MPV、轿车 3 大平台,其中昌北基地主要生产陆风X6、陆风 X9 和陆风风尚 3 大系列产品,小蓝轿车基地生产陆风风华系列轿车。如图 5.13 所示为陆风汽车的标志。

5.5　北　汽

北京汽车集团有限公司(简称“北汽集团”),是中国五大汽车集团之一,主要从事整车制造、零部件制造、汽车服务贸易、研发、教育和投融资等业务,是北京汽车工业的发展规划中心、资本运营中心、产品开发中心和人才中心。如图 5.14 所示为“北汽”标志。

图 5.14　“北汽”标志

该标志将“北”字作为设计的出发点,“北”既象征了中国北京,又代表了北汽集团,体现出企业的地域属性与身份象征。同时,“北”字好似一个欢呼雀跃的人形,表明了“以人为本”是北汽集团永远不变的核心。它传承与发展了北汽集团原有形象,呈现出一种新的活力,表达了北汽集团立足北京、放眼全球的远大目标。标识中的"北"字,犹如两扇打开的大门,它是北京之门、北汽之门、开放之门、未来之门,标志着北汽集团更加市场化、集团化、国际化,与集团全新的品牌口号"融世界 创未来"相辅相成,表示北汽将以全新的、开放包容的姿态启动新的品牌战略。

北汽集团有着悠久的历史,1958年,北京汽车制造厂生产的第一辆汽车——井冈山牌小轿车驶进中南海,得到了毛泽东、朱德、邓小平等党和国家领导人的高度肯定。1965年开发生产了我国第一代轻型军用越野汽车——北京牌BJ212汽车,满足了我军的装备需要。先后自主研制、生产了北京牌BJ210,BJ212等系列越野车,北京牌勇士系列军用越野车,北京牌BJ130,BJ122系列轻型载货汽车,以及福田系列品牌产品,合资生产了"北京Jeep"切诺基、现代品牌、奔驰品牌产品。如图5.15所示为福田汽车标志。

北汽福田汽车股份有限公司(简称福田汽车),是一家跨地区、跨行业、跨所有制的国有控股上市公司。总部位于北京市昌平区,现有资产近300多亿元,品牌价值达428.65亿元,员工近4万人,是一个以北京为管理中心,在京、津、鲁、冀、湘、鄂、辽、粤、新9个省市区拥有整车和零部件事业部,研发分支机构分布在中国内地、日本、德国、中国台湾等国家和地区的大型企业集团。

尽管诞生只有短短8年时间,"福田"已经成长为中国汽车行业最令人瞩目的自主品牌之一,赢得国人越来越多的尊敬。如图5.16所示为福田汽车示例。

图5.15　福田汽车标志

图5.16　"福田"汽车

5.6　广　汽

广州汽车集团股份有限公司(简称广汽集团),是一家大型国有控股股份制企业集团,其前身为成立于1997年6月的广州汽车集团有限公司。2005年6月28日,广州汽车工业集团有限公司、万向集团公司、中国机械工业集团有限公司、广州钢铁企业集团有限公司和广州市长隆酒店有限公司作为共同发起人,对原广州汽车集团有限公司进行股份制改造,设立广汽集团。

广汽集团的主要业务有面向国内外市场的汽车整车及零部件设计与制造、汽车销售与物流、汽车金融、保险及相关服务,具有独立完整的产、供、销及研发体系。目前集团旗下拥有广汽乘用车、广汽本田、广汽丰田、广汽三菱、广汽菲亚特、广汽吉奥、本田(中国)、广汽日野、广汽客车、五羊本田、广汽部件、广汽丰田发动机、上海日野发动机、广汽商贸、同方环球、中隆投资、广汽汇理、广爱公司、众诚保险、广汽研究院等数十家知名企业与研发机构。自主品牌主要有传祺、长丰等。

5.6.1　传祺

传祺是广汽集团中高级系列轿车之一,该系列车型传承了欧洲高端品牌在操控性、舒适性和主动安全性等方面的优秀基因,采用世界先进的成熟底盘平台和动力总成技术。2010 年 9 月 13 日,广汽集团又迎来了"传祺"的正式下线。如图 5.17 所示为传祺汽车标志,G代表广汽乘用车集团的首字母,圆形代表太阳,与前脸的栅格组合,就像是一双手托着太阳,象征刚刚升起,希望以后这个品牌在大家的呵护下逐渐升起。

图 5.17　传祺汽车标志

传祺的成功诞生,将填补广汽集团的产品空白,扩宽了广汽的产品厚度,也有力彰显了广汽研发能力。再者,经过多年与国外品牌合资的经验,国内车企的工艺、研发、品牌管理水平虽有质的飞跃,但是品质形象的缺失,已成为众多国内车企难以逾越的发展障碍。未来 10 年,国内车企将不可避免地改变一味追求效益和成本的发展模式。换个角度,便是自主品牌的成功与否,关系着一家车企未来几十年的发展。面对着广阔的市场,以"传祺"为代表的广汽乘用车,能否在市场上大获成功呢? 在这一点,广汽以"传祺"的市场定位对外界传递着自信。在国内各大车企中,广汽在自主品牌领域起步较晚,却选择了从竞争最为激烈的中高级车切入市场。如图 5.18 所示为传祺汽车。

图 5.18　"传祺"汽车

5.6.2　长丰

图 5.19　长丰汽车标志

湖南长丰汽车制造股份有限公司,现为广汽长丰汽车股份有限公司。长丰集团前身为中国人民解放军第七三一九工厂,始建于 1950 年,于 1996 年 10 月经改制成立长丰(集团)有限责任公司。2001 年 9 月移交湖南省管理。1996 年企业改制后,先后在湖南长沙、永州和安徽滁州建成了 3 大汽车整车生产基地,创建了全国著名的"猎豹"品牌。"猎豹"品牌,在国内 SUV 行业中具有较为明显的专业与品牌优势,自主品牌轿车正处于后发赶超阶段。如图 5.19 所示为长丰汽车标志,圆圈里面的三角形实际上是一个夸张的猎豹头,象征着企业拥有猎豹的力量与速度。

5.7 奇 瑞

奇瑞汽车股份有限公司成立于 1997 年 1 月 8 日,注册资本 41 亿元。公司以打造"国际品牌"为战略目标,经过 15 年的创新发展,现已成为国内最大的集汽车整车、动力总成和关键零部件的研发、试制、生产和销售为一体的自主品牌汽车制造企业,以及中国最大的乘用车出口企业。如图 5.20 所示为奇瑞汽车标志。

图 5.20 奇瑞汽车标志

奇瑞品牌的含义为:奇,有"特别地"的意思;瑞,有"吉祥如意"的意思,合起来就是特别的吉祥如意。CHERY 是英文单词 CHEERY(中文意思为"欢呼地、兴高采烈地")减去一个"e"而来,表达了企业努力追求、永不满足现状的理念。

它的标志是由英文字母 CAC 组合而成,CAC 即英文 CHERY AUTOMOBILE CORPORATION LIMITED 的缩写,中文意思是奇瑞汽车股份有限公司;标志中间 A 为一变体的"人"字,预示着公司以人为本的经营理念;两边的 C 字向上环绕,如同人的两个臂膀,象征着一种团结和力量,环绕成地球形的椭圆状;中间的 A 在椭圆上方的断开处向上延伸,寓意奇瑞公司发展无穷,潜力无限,追求无限。如图 5.21 所示为奇瑞汽车示例。

图 5.21 奇瑞汽车

　　"自主创新"是奇瑞发展战略的核心,也是奇瑞实现超常规发展的动力之源。从创立之初,奇瑞就坚持自主创新,努力成为一个技术型企业。目前,奇瑞已建成了以芜湖的汽车工程研究和研发总院为核心,以北京、上海以及海外的意大利、日本和澳大利亚的研究分院为支撑,形成了从整车、动力总成、关键零部件开发到试制、试验较为完整的产品研发体系。公司通过自主创新,在 TGDI 涡轮增压缸内直喷技术、DVVT 双可变气门正时技术、CVT 无级变速器以及新能源等一大批国内尖端核心技术上获得突破,带动了全系产品的全面技术升级。拥有奇瑞、瑞麒、威麟和开瑞 4 大自主品牌。

5.7.1　奇瑞

　　"奇瑞"是奇瑞汽车有限公司旗下品牌,1999 年 12 月,第一辆奇瑞轿车下线。2001 年,奇瑞轿车正式上市,当年便以单一品牌完成销售 2.8 万辆;2002 年,奇瑞轿车产销量突破 5 万辆,成功跻身国内轿车行业"八强"之列,成为行业内公认的"车坛黑马"。如图 5.21 所示为奇瑞汽车。

5.7.2　瑞麒和威麟

　　瑞麒是奇瑞 12 年在研发、技术、生产、管理等各方面积累的结果呈现,肩负着奇瑞向中高端市场进军,与各大著名全球品牌和合资品牌竞争的重任。其标志传达出蜕变、超越的向上理念。代表车型为瑞麒 G5。2012 年,奇瑞汽车战略结构调整,宣布逐渐停用瑞麒和威麟两个子品牌。如图 5.22 所示为瑞麒和威麟的标志,瑞麒的标志由一双展开的飞翼和字母"R"组成,彰显了其奋进、大气、颇具领导力的风格,也突现了这一品牌的核心价值:自由、驾驭、先锋感。中间的"R"字不仅醒目地展示了瑞麒的品牌标识,也呈现出聚焦稳重的视觉美感。威麟的标志以字母"R"和一个圆构成,就像麒麟的脚印。麒麟在中国传统文化中具有古典、活力和智慧的象征意义,被中国人广泛认知和喜爱。使用麒麟作为威麟品牌的象征与威麟高端商用车品牌的定位是十分吻合的。威麟借麒麟这样一个美丽的形象为未来的消费者送去平安、吉祥的祝愿。

图 5.22　"瑞麒"和"威麟"标志

5.7.3　开瑞

　　2007 年 3 月 15 日,奇瑞汽车在安徽芜湖举行了"奇瑞服务　快·乐体验——奇瑞服务车升级暨开瑞上市仪式",开瑞优翼是国内第一款经济型多功能轿厢车,所谓多功能轿厢车,主要是通过"多功能"与"轿厢"两项直观的特点与传统车型作出了区隔。它是一种介于轿车与厢式货车之间的一种全新的车型。如图5.23所示为开瑞的标志,由椭圆形蓝底银环背景及品

图 5.23　开瑞标志

牌英文名"Karry"构成,立体银环给人以浓厚的现代感,蓝色的背景映衬着银色的罗马体"Karry",显得沉稳大气又不乏灵动。整体构图均匀和谐,蓝银主色调,经典优雅。配以刚劲有力的罗马字体,既符合微车行业的传统属性,又放眼未来,寄寓未来。

5.8　比亚迪

比亚迪股份公司创立于 1995 年,由 20 多人的规模起步,到 2003 年成为全球第二大充电电池制造商,同年问鼎汽车工业,收购原秦川汽车有限责任公司,组建比亚迪汽车有限公司,成为国内第一家独立收购轿车整车厂的民营公司。以做电池起家的比亚迪正是利用了"自主知识产权"的响亮名号和对秦川汽车的收购,使得比亚迪有了相对于其他新手的先发优势。比亚迪汽车遵循自主研发、自主生产、自主品牌的发展路线,矢志打造真正物美价廉的国民用车,产品的设计既汲取国际潮流的先进理念,又符合中国文化的审美观念。短短 1 年内,比亚迪汽车的产品线由原来单一的"福莱尔"微型轿车,迅速扩充为包括 A 级燃油车、C 级燃油轿车、锂离子电动汽车和混合动力汽车在内的全线产品。如图 5.24 所示为比亚迪汽车的标志。

图 5.24　比亚迪汽车标志

比亚迪 LOGO 在 2007 年已由蓝天白云的老标志换成了只用 3 个字母和 1 个椭圆组成的标志了,BYD 的意思是 build your dreams,意为"成就梦想"。从字体的排列、图形的颜色都发生了巨大变化,突出了比亚迪汽车的创新、科技和企业文化精髓,令比亚迪品牌注入了新的内涵和活力。

发展至今,比亚迪已建成西安、北京、深圳、上海、长沙 5 大汽车产业基地,在整车制造、模具研发、车型开发等方面都达到了国际领先水平,产业格局日渐完善并已迅速成长为中国最具创新的新锐品牌。汽车产品包括各种高、中、低端系列燃油轿车,以及汽车模具、汽车零部件、双模电动汽车及纯电动汽车等。其代表车型包括 F3,F3R,F6,F0,G3,G3R,L3/G6,速锐等传统高品质燃油汽车,S8 运动型硬顶敞篷跑车、高端 SUV 车型 S6 和 MPV 车型 M6,以及领先全球的 F3DM,F6DM 双模电动汽车和纯电动汽车 E6 等。如图 5.25 所示为比亚迪汽车。

比亚迪"三大绿色梦想":纯电动车、储能电站、太阳能电站,改变人类能源结构,实现可持续发展,通过技术造福全人类,领跑全球新能源发展。

电动车梦想:当世界开始关注电动汽车时,比亚迪 e6 先行者已经以 300 km 续驶里程领先全球,e6 出租车实际运营里程也已突破 1 250 万 km。比亚迪,让绿色世界近在咫尺,梦想已不再是幻想,未来已提前到来。

储能电站梦想:依托先进的铁电池技术,比亚迪铁电池储能电站有效解决了能源储存这一世界性难题!稳定风能、太阳能电站的输出功率,提高上网比例、增强电网安全性。转换效率高达90%以上,不受地理条件限制,可移动、可分布。此外,比亚迪推出全新的绿色能源系统——家庭能源管理系统,以走入普通家庭为终极目标,解决用电难题。

图 5.25　比亚迪汽车

太阳能电站梦想:绿色能源——太阳能,将从根本上解决世界能源问题;比亚迪太阳能电站为解决能源危机带来曙光!依托深度垂直整合和独创的工艺技术,比亚迪研制的多晶硅,大幅度降低了太阳能应用成本,旨在实现太阳能与火力发电具有同样的上网电价,让清洁能源普及千家万户。

5.9　长　城

长城汽车是长城汽车股份有限公司的简称,长城汽车的前身是长城工业公司,是一家集体所有制企业,成立于1984年,公司总部位于保定市,主要从事改装汽车业务。长城汽车是中国首家在香港 H 股上市的民营整车汽车企业、国内规模最大的皮卡 SUV 专业厂、跨国公司。目前,旗下拥有哈弗、长城两个产品品牌,产品涵盖 SUV、轿车、皮卡 3 大品类,拥有 4 个整车生产基地、80 万辆产

图 5.26　长城汽车标志

能,具备发动机、变速器等核心零部件的自主配套能力,下属控股子公司 30 余家,员工 56 000 余人。如图 5.26 所示为长城汽车标志。

长城新标的基础造型保持了原本的椭圆形整体结构,椭圆是地球的形状,象征着长城汽车不仅要立足于中国,铸造牢不可破的汽车长城的企业目标,更蕴含着长城汽车走向世界,屹立于全球的产业梦想。而中间是古老烽火台的仰视象形,烽火台的造型元素更好地保有了“长城”的基因,是中国传统文化的象征,而挺立的姿态酷似“强有力的剑锋和箭头”,象征着长城汽车蒸蒸日上的活力,寓意着长城汽车敢于亮剑、无坚不摧、抢占制高点、永远争第一的企业精神。

长城汽车公司拥有“迪尔”“赛铃”两大系列皮卡、“哈弗”SUV、“赛影”运动型多功能车、

大客车、越野车、牵引车等9大系列品种旅居车。在两大系列皮卡中,仅"迪尔"系列就分为标准双排座皮卡、双排座大皮卡、一排半皮卡、大小单排皮卡、厢式皮卡、中双排皮卡6大类,在同行业中,品种最全,独树一帜,被业界称为"中国皮卡大全",具备了独特的竞争优势。如图5.27所示为长城汽车。

图5.27　长城汽车

5.10　吉　利

图5.28　吉利汽车标志

　　浙江吉利控股集团有限公司是中国国内汽车行业十强中唯一一家民营轿车生产经营企业,始建于1986年,经过20年的建设与发展,在汽车、摩托车、汽车发动机、变速器、汽车电子电气及汽车零部件方面取得辉煌业绩。特别是1997年进入轿车领域以来,凭借灵活的经营机制和持续的自主创新,取得了快速的发展,资产总值达到105亿元,连续4年进入全国企业500强,被评为"中国汽车工业50年发展速度最快、成长最好"的企业,跻身于国内汽车行业10强。2009年12月23日,成功收购沃尔沃汽车100%的股权。如图5.28所示为吉利汽车的标志,含义是将"朱雀"幻化,以傲起之姿雄视全世界,象征着源起中国的吉利将如神鸟般傲立国际。

　　浙江吉利控股集团有限公司现有吉利豪情、美日、优利欧、SRV、美人豹、华普、自由舰7大系列30多个品种的轿车;拥有1.0 L(三缸),1.0 L(四缸),1.3 L,1.5 L,1.6 L,1.8 L这6大系列发动机;拥有JLS160,JLS160A,JLS110,JLS90,Z110,Z130,Z170这7大系列变速器。上述产品均通过国家的3C认证,达到欧Ⅲ排放标准,其中4G18,4G10发动机已经达到欧Ⅳ标准;吉利拥有上述产品的完全自主知识产权。下面主要介绍常见的帝豪、华普和全球鹰。

5.10.1　帝豪

帝豪 EMGRAND,象征"豪华、稳健、力量",是吉利汽车在吉利
母品牌之下构建的一个子品牌。帝豪品牌对吉利汽车既有传承也
有突破,其标识设计高贵、庄雅透露着浓郁的国际化特质,在甩掉吉
利原有历史印象包袱的同时,也有效地传承了优秀固有文化基因。
稳重、高贵的标识内涵将卓有成效地为帝豪品牌开拓广阔而稳定的

图 5.29　帝豪汽车标志

全新市场助力。如图 5.29 所示为帝豪的标志。标识整体外廓为盾形,彰显稳重、奋进气质,寓
示帝豪品牌在高端汽车品牌市场动态平稳的发展前景。盾状轮廓呈"V"字绽放之势,"V"字
造型昭示着帝豪品牌以豪华、稳健、力量的姿态入主高端汽车品牌领域。

5.10.2　华普

图 5.30　华普汽车标志

华普诞生于上海华普汽车有限公司,是吉利控股集团
下属企业。华普"飚风"轿车自 2003 年 8 月面市以来,以其
时尚的外形、超大的空间、齐全的配置、强劲的动力和优秀
的性价比赢得市场强烈反响,销量节节攀升。形成两厢、三
厢、SUV、RV、跑车等多品种的华普轿车家庭。如图 5.30 所
示为华普汽车的标志,"SMA"是上海华普汽车有限公司
"SHANGHAI MAPLE AUTOMOBILE"的英文缩写。华普的
标徽形似枫叶,寓意深远。标徽中心是一片向上的枫叶,象
征华普的事业根植于上海枫泾,从这里出发,走向全国,走
向世界;中间最高的主叶,象征华普人用户至上的至高理

念,左右两片辅叶代表华普汽车以品质为本,以服务为先的经营理念,并以人本务实,诚信共赢
理念为支撑,大力弘扬海派文化;蓝色边底,象征华普人海一般的胸怀,吸纳国内外的贤人志士
与先进科技,以发达华普,光大华普。双圆像车轮,象征华普人励精图治、创新拼搏,不断追求
完美,不断创造新的不朽业绩。

5.10.3　全球鹰

"全球鹰汽车(GLEAGLE)"是吉利控股集团旗下核心汽车品牌,2008 年 11 月 6 日,吉利
控股正式发布全新子品牌"全球鹰——GLEAGLE"。这是吉利控
股战略转型之品牌战略转型的重要举措,在 2008 年的广州车展
上,吉利熊猫作为"全球鹰"品牌下的首款车型正式上市。全球鹰
象征"活力、突破、精彩"。全球鹰品牌旗下车型有全球鹰 GX7、全
球鹰 GC7、全球鹰 GX2、远景等车型。如图 5.31 所示为全球鹰汽
车的标志。其整体外廓为椭圆形,是图形中兼具动态和稳固特征
的图形,并象征着全球化的背景,寓示吉利在全球市场的动态平稳

图 5.31　全球鹰汽车标志

的发展前景。椭圆形状呈掎角之势,意喻吉利开拓、奋进、忠诚和使命感。标识中间部分为吉利首字母"G"的变体,同时又是阿拉伯数字"6"形状,"6"在中国传统文化中含有"吉祥顺利"的寓意,全球鹰造型则昭示着在新的阶段,吉利控股正以全新的激情和姿态,蓄势待发,并在不断的自我雕琢中崭露头角。

5.11　华　晨

华晨汽车集团控股有限公司(简称"华晨汽车",英文 Brilliance Auto),是我国汽车工业高起点"自主创新、自有技术、自主品牌"的主力军。华晨汽车是 2002 年经辽宁省政府批准设立的国有独资公司,是一个集整车、发动机、核心零部件研发、设计、制造、销售以及资本运作为一体的大型企业集团。

华晨金杯拥有两个整车品牌、3 大整车产品。这两个整车品牌即"中华"和"金杯"系列;3 大整车产品包括拥有自主品牌的中华轿车、国内同类车型中市场占有率接近 60%的金杯海狮轻型客车、引进丰田高端技术生产的金杯阁瑞斯多功能商务车。下面主要介绍金杯和中华。

5.11.1　中华

华晨中华是华晨汽车集团的轿车子品牌,属于内地的华晨集团。中华是集合全球领先技术、时尚优雅设计于一身的中高档自主汽车品牌,旗下拥有轿车、SUV 两大系列 10 余款车型。

华晨集团早在 1997 年就开始为生产中华轿车作积极准备了,而第一代的中华车是在 2000 年底下线的,产量大约在 300 辆,也就是华晨金杯厂里面统称的第一批车。第一代的中华轿车虽然有着潇洒大气的由意大利设计的外形,但这批车无论是内饰质量还是装配水平,乃至机械性能都处在很低的水平。2002 年 8 月中华车型正式上市销售,开始上市销售的中华车型较以前的版本在技术、内饰以及装配质量上有了很大的提高,但是其驾驶操控性能依然很低,舵轮太轻,方向控制比较随意,缺乏高档车的有自主意识般的回馈阻尼,这批车由于没有得到上市销售的准入证,因此只是在随后的几大车展上露了露面,然后就分配给厂内自用了。新中华轿车与宝马轿车在涂装线和总装线检测、质量体系检测等方面实现共线生产,全面采用了宝马生产工艺中的质量控制标准及体系,从而使新中华的品质在根本上有了提高。在与宝马的部分共线生产后,中华轿车在质量意识、质量控制、新工艺新方法方面已经有了质的飞跃。如图 5.32 所示为中华汽车的标志。

图 5.32　中华汽车标志

中华汽车标志是一个线条柔和饱满,设计简单大气的"中"字,颇有中国文化中"中正和谐""大道至简"的风韵。华晨中华旗下车型有骏捷、尊驰、中华 FRV、骏捷 FSV、骏捷 FRV Cross、酷宝(跑车)、骏捷 Wagon 等。其车型有不张扬的前脸,威仪中透出华贵典雅的内敛,又颇具"中国文化"的特质,与洗练的设计相得益彰,交相辉映。如图 5.33 所示为中华汽车示例。

图 5.33　中华汽车

5.11.2　金杯

金杯海狮是中国轻型客车市场的重要产品。作为国内唯一采用丰田技术、模具和丰田管理方式生产的海狮系列产品,金杯海狮目前已经拥有 5 大系列、近 20 个品种,可以满足不同层次的消费需求,产销量连续 5 年居于全国轻型客车市场占有率榜首。在 8 ~ 14 座商用车领域,金杯海狮的市场占有率接近 60%,市场保有量超过 30 万辆。如图 5.34 所示为金杯汽车的标志。

图 5.34　金杯汽车标志

5.12　力　帆

力帆实业(集团)股份有限公司为重庆力帆控股有限公司的控股子公司,始建于 1992 年,历经 19 年艰苦奋斗,已迅速发展成为融科研开发、发动机、摩托车和汽车的生产、销售(包括出口)为主业,并投资金融于一体的大型民营企业。力帆轿车响应国家对从"中国制造"提升到"中国创造"的倡议,坚持走自主研发的道路,产品开发主要采用联合开发与技术购买的方式,通过获得技术归属权获得自主知识产权,为力帆汽车业务跨越产业竞争壁垒、实现可持续发展创造核心战略资源,从而获得广阔发展空间。在自主开发过程中,力帆也非常重视知识产权的保护。截至目前,力帆轿车已被授权 70 余项专利。如图 5.35 所示为力帆汽车的标志。

图 5.35　力帆汽车标志

力帆的 LOGO,即 3 个大写的"L","L"像帆,3 个"L"造成了千帆的感觉。具体含义为力之风帆、助力发展、艰苦奋斗、拼搏发展。如图 5.36 所示为力帆汽车示例。

图 5.36　力帆汽车

5.13　江　淮

安徽江淮汽车集团有限公司(简称江汽集团公司),于 1997 年 5 月 18 日经安徽省人民政府批准成立,是安徽省 12 家重点企业集团之一,现由安徽省人民政府国有资产监督管理委员会直接监管。江汽集团公司注册资本 12.8 亿元,截至 2007 年 12 月底,江汽集团公司拥有总资产 140 亿元,净资产 49 亿元;汽车年综合生产能力 49 万辆,产品形成多档次、多系列、多品种的格局。

图 5.37　江淮汽车标志

江汽集团公司前身是合肥江淮汽车制造厂,始建于 1964 年,原名巢湖汽车配件厂,1970 年划属中国人民解放军南京军区安徽生产建设兵团,1977 年归口于省机械局管辖,当年 6 月正式更名为合肥江淮汽车制造厂。1969 年生产安徽第一辆载货汽车;1991 年自主开发我国第一辆客车专用底盘,结束了我国客车无专用底盘的历史。目前江淮集团已经是一家集商用车、乘用车及动力总成研发、制造、销售和服务于一体的综合型汽车厂商。如图 5.37 所示为江淮汽车的标志。

标志外部椭圆形象征着地球,表明 JAC 通过"整合全球资源,造世界车",实现全球化经营;椭圆有迫于外力向内收缩之势,警示 JAC 人在发展过程中始终清醒认识来自外部环境的持续压力与挑战,时刻保持危机意识。内部五针组合:体现 JAC 自强不息、艰苦奋斗、令行禁止、学习创新的新红军精神;象征顾客、员工、股东、上下游合作伙伴及相关方的紧密协作,和谐共赢;表达了江淮汽车系统思考、团队学习、协调平衡、追求卓越的企业理念。江淮汽车的整个标志的物理特征:柔和与刚毅兼具,稳重而极具张力,充分辉映着"制造更好的产品,创造更美好的社会"的江淮汽车的企业愿景。如图 5.38 所示为江淮和悦汽车。

图 5.38　江淮和悦汽车

5.14　华　泰

　　华泰汽车集团是一家集汽车研发、核心零部件生产和整车制造于一体的综合型汽车制造企业。集团成立于 2000 年,总部位于北京,下设北京汽车研发中心和山东荣成、内蒙古鄂尔多斯、吉林延边 3 个汽车生产基地及在内蒙古包头设有一个模具厂。华泰汽车以产业报国为己任,崇尚技术,创造品味,开发低碳技术,履行社会责任,以打造世

图 5.39　华泰汽车标志

界级的中高端汽车品牌为目标。如图 5.39 所示为华泰汽车标志。

　　华泰汽车是起步中高端的第一家中国汽车业自主品牌。从中国制造到中国创造,关键就是品牌的技术含量、价值增值和影响力。华泰汽车借助 SUV 先行者的良好声誉,没有走其他自主品牌企业走过的先做微型、小型轿车再艰难升级的羊肠小道,而是越过红海,以首款轿车华泰元田 B11 直接进入 B + 级乘用车的蓝海,走出了一条特立独行的创新之路。今后华泰汽车还将进入 C 级车行列。华泰汽车的中高端定位,意味着华泰选择了一条崇尚技术、制造精品、创造品味、引领时尚的精致产品发展路线。如图 5.40 所示为华泰汽车。

　　另外,华泰汽车还是低碳柴油发动机和先进动力总成的引领者。华泰汽车引进欧洲先进柴油机和变速器技术,在我国西部城市鄂尔多斯打造了一个中国最大、最先进的清洁型柴油动力总成基地,已拥有年产 30 万台清洁型柴油发动机和 45 万台自动变速器的生产能力。未来产能规划将达到 100 万台发动机、100 万台变速器的生产规模。清洁型轿车柴油发动机引进自世界著名的欧洲乘用车柴油发动机研发公司,AT 自动变速器生产线引进自世界顶级自动变速器制造商德国 ZF 公司。鄂尔多斯动力总成基地拥有从意大利、德国、日本、美国等全球 11 个国家采购的各类尖端设备,生产线自动化率高达 97%,平均每 46 s 就有一台发动机和变速

器下线。源源不断下线的绿色动力产品将为节能、减排这一世界性环保需求提交华泰汽车的解决之道。

图5.40 华泰汽车

5.15 中国重汽

中国重型汽车集团有限公司(简称"中国重汽"),是我国最早研发和制造重型汽车的企业,是目前国内重型汽车行业的龙头企业。公司前身成立于1958年,当时名为济南汽车制造厂。1960年4月该厂试制出了中国第一辆重型汽车——黄河牌JN150型8 t重型汽车,结束了中国不能生产重型汽车的历史。1983年,国家为彻底改变汽车工业"缺重"局面,解决重型汽车工业低水平发展状况,组建了中国重汽集团,性质为中央直属企业,隶属国务院领导。1987年实行国家计划单列,1991年被列为国务院56家国家综合试点企业集团之一。1993年被批准为国有资产授权经营试点,是我国首批实施国有资产授权经营的试点企业之一。2000年7月,国务院决定对中国重汽集团实施改革重组,主体部分下放山东省政府管理,2001年1月18日在此基础上成立了新的中国重汽集团,现为省属重点国有独资企业。如图5.41所示为中国重汽标志。

图5.41 中国重汽标志

中国重汽主要组织开发研制、生产销售各种载重汽车、特种汽车、客车、专用车、改装车、发动机及机组、汽车零部件、专用底盘,整车制造企业主要有济南卡车股份有限公司、济南商用车公司、济南特种车公司、济宁商用车公司,发动机有济南动力有限公司和杭州发动机公司,车桥有济南桥箱公司,变速箱有济南变速箱部、大同齿轮公司,形成汕德卡(SITRAK)、HOWO、斯太尔、黄河、豪瀚、王牌、福泺、威泺为品牌的重卡、中卡、轻卡、矿用自卸、特种车、客车2 000多个车型,成为我国卡车行业驱动形式和功率覆盖最全的企业。中国重汽制造国内先进水平的D10,D12柴油发动机,T10,T12燃气发动机,国际先进水平的MC11,MC13,MC05,MC07欧

Ⅱ～欧Ⅴ排放的发动机,功率覆盖140～560 ps;世界级水平的系列化单级减速桥、轮边减速桥以及16.5～22.5 in(1 in=25.4 mm)盘式制动器;系列化的单中间轴带同步器变速器、双中间轴变速器,10,12,16挡手自一体AMT变速器等重要总成,构成具有世界先进水平的发动机、拉式离合器、变速箱、驱动桥组成的黄金动力产业链。中国重汽还拥有3条自动化车身冲压线、8条驾驶室焊装线、12条驾驶室涂装线以及9条整车装配线,装备达到国际先进水平。如图5.42所示为重汽汽车。

图 5.42　重汽汽车

5.16　众　泰

众泰控股集团始建于2003年,是一家以汽车整车及发动机、模具、钣金件、变速器等汽车关键零部件的研发制造为核心业务和发展方向的现代化民营企业集团。集团目前已成为国内发展最快的民营汽车制造企业之一、浙江省高新技术企业之一、装备制造业重点培育企业之一,是浙江省着力打造先进制造基地的优秀代表。如图5.43所示为众泰汽车标志。

图 5.43　众泰汽车标志

众泰全新启用的新标识由一个简洁明了的"Z"字组成,品牌识别性强,整体感觉现代大气,高度符合了国际化的审美趋势。据悉,由著名设计师曹尚设计并参与了整个形象设计与字体设计,"Z"字代表三重含义,既结合了众泰汽车的英文ZOTYE首字母"Z",同时,也融合了"浙江""中国"首字母"Z",象征着众泰汽车不仅要立足于浙江,立足于中国,铸造能够代表中国的汽车品牌的企业目标,更蕴含着众泰汽车走向世界,屹立于全球的产业梦想。

众泰集团现有浙江、湖南两大整车生产基地,形成"众泰""江南"两大汽车整车自主品牌,具有国内外先进水平的冲压、焊装、涂装、总装4大工艺生产线和整车动态性能检测线。是目前国内拥有轿车、轻型客车、轻型货车和纯电动汽车等完整汽车生产资质的民营汽车专业制造商之一。如图5.44所示为众泰汽车。

图5.44 众泰汽车

第**6**章
汽车外形与色彩

6.1 汽车外形

汽车作为一种商品,首先向人们展示的是它的外形,外形是否能吸引消费者的眼球,直接关系到这款车是否畅销甚至汽车生产商的命运。汽车的外形设计,又称汽车造型设计,是根据汽车整体设计的多方面要求来塑造最理想的车身形状,它运用艺术的手法科学地表现汽车的功能、材料、工艺和结构特点。汽车造型的目的是以美去吸引和打动消费者,使其产生拥有这种车的欲望。汽车造型设计虽然是车身设计的最初步骤,但却是决定产品命运的关键。汽车的造型已成为汽车产品竞争最有力的手段之一。汽车造型主要涉及科学和艺术两大方面。设计师们相继引入了车身结构、制造工艺要求、空气动力学、人机工程学、工程材料学、机械制图学、声学及光学知识等概念,同时,设计师更需要有高雅的艺术品位和丰富的艺术知识,力求让汽车能够从外形上满足各种年龄、各种阶层,甚至各种文化背景的消费者的不同需求,使汽车成为真正科学与艺术结合的最佳表现形象。

6.1.1 影响汽车外形的因素

汽车结构如图 6.1 所示。影响汽车外形有 3 个基本要素,即机械工程学、空气动力学和人体工程学。

(1)要素一:机械工程学

汽车想要行驶,必须安装发动机、变速器、车轮及制动器等装置,而且要考虑如何合理布局这些装置才能使汽车的行驶性能更好。同时,还要考虑生产的成本及维修的简便性。

(2)要素二:人体工程学

以人为本,要使人乘驾汽车感到舒适、安全、驾驶方便和不容易疲劳,并尽量扩大驾驶员的视野,达到"人车合一"的目的。

(3)要素三:空气动力学

高速行驶的汽车,会受到空气阻力。空气阻力的大小,基本与车速的平方成比例增加。因此,必须要考虑车身外形,尽量减少空气阻力。空气阻力分为由汽车横截面面积所决定的迎风阻力和由车身外形所决定的形状阻力两种。除空气阻力外,还有升力问题和横风不稳定问题。

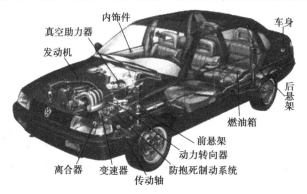

图6.1 汽车结构

当然,汽车不仅要考虑上述三要素,还要考虑其他因素。例如,商品学要素。从制造厂商的角度出发,使汽车的外形能强烈刺激顾客的购买欲是最为有利的。但是前提是要考虑3个基本要素,无视或轻视3个基本要素,单纯取媚于顾客的汽车造型是不长久的,终究要被淘汰。此外,不同的国家、不同的厂家、不同的外形设计者都有各自的特色,这对汽车造型也有不小的影响。同一国家的不同厂家,也各具自己的风格。

6.1.2 汽车外形发展进程

图6.2 马车形汽车

自1885年德国工程师卡尔·本茨制造成一辆装有0.85马力汽油机的三轮车(见图6.2),拉开了汽车现代史的帷幕,汽车造型开始了其漫长的进化之路。100多年来,汽车不管是从车身造型,或是动力源和底盘、电器设备,都发生了翻天覆地的变化,其中最有特色、最具直观感的当数车身外形的变化。

从整体来看,汽车造型的变化主要经历了以下阶段:马车形汽车、箱形汽车、甲壳虫形汽车、船形汽车、鱼形汽车(流线型汽车)、楔形汽车,到现在的复合型汽车等。

(1)马车形汽车

我国古代就有"轿车"一词,是指用骡马拉的轿子。西方汽车大量进入中国时,正是封闭式方形汽车在西方流行之时。那时的汽车形状与我国古代的"轿车"相似,于是,人们就把当时的汽车称为轿车。最早出现的汽车,其车身造型基本上沿用了马车的形式。18世纪这种车传到美国后,也只有纽约、费城等少数大城市中的富人才有资格享用。

从19世纪末到20世纪初,世界上相继出现了一批汽车制造公司。当时的汽车外形基本上沿用了马车的造型。因此,当时人们把汽车称为"无马的马车"。在马车形汽车时代,汽车工业得到了很大发展。

(2)箱形汽车

马车形汽车很难遮风挡雨,美国福特汽车公司在1915年生产出一种不同于马车形的汽车,这款汽车首次将简陋的帆布篷换成木制框架的箱形车身,乘客舱的后面加设了行李舱,其外形特点很像一只大箱子,并装有门和窗,人们称这类车为"箱形汽车"(见图 6.3)。

图 6.3　箱形汽车

箱形汽车比同样长度的房车有很大的空间优势,并且空间能灵活改变,使用率高,能拉人拉货。但也存在舒适度不高,车头、车尾与乘员间的距离太短,在发生碰撞时缓冲距离较小,安全度较低。

(3)甲壳虫形汽车

作为高速车,箱形汽车并不够理想,由于它的阻力大大妨碍了汽车前进的速度,因此人们又开始研究一种新的车型——流线型。流线型车身的大量生产是从德国的"大众"开始的。1933 年德国的独裁者希特勒要求波尔舍设计一种大众化的汽车,波尔舍博士设计了一种类似甲壳虫外形的汽车。它最大限度地发挥了甲壳虫外形的长处,成为同类车中之王,甲壳虫也成为该车的代名词(见图 6.4)。1934 年,美国的克莱斯勒公司生产的气流牌小客车,首先采用了流线型的车身外形(见图 6.5)。1936 年福特公司在"气流"的基础上,加以精炼,并吸收商品学要素,研制成功林肯和风牌流线型小客车。此车散热器罩很精练,并具有动感,俯视整个车身呈纺锤形,很有特色。由于第二次世界大战的原因,甲壳虫形汽车直到 1949 年才真正大批量生产,并开始畅销世界各地,从 20 世纪 30 年代流线型汽车开始普及到 40 年代末的 20 年间,是甲壳虫形汽车的"黄金时代",同时以一种车型累计生产超过 2 000 万辆的纪录而著称于世。

图 6.4　甲壳虫形汽车　　　　图 6.5　1934 年的克莱斯勒气流牌小客车

(4)船形汽车

美国福特汽车公司经过几年的努力,在 1949 年推出了具有历史意义的新型 V8 型福特汽车。这种车型改变了以往汽车造型的模式,使前翼子板与发动机罩、后翼子板与行李舱罩融于一体,大灯和散热器罩也形成整体,车身两侧形成一个平滑的面,车室位于车的中部,整个造型很像一只小船,因此人们把这类车称为"船形汽车"(见图 6.6)。船形汽车不论是外形上还是性能上都优于甲壳虫形汽车,并且还较好地解决了甲壳虫形汽车对横风不稳定的问题。此外,此款汽车还首先把人体工程学应用于汽车的设计上,强调以人为主体来设计便于操纵、乘坐舒服的汽车。从 20 世纪 50 年代至今,船形汽车已成为世界上数量最多的车型之一。

图 6.6　船形汽车

（5）鱼形汽车

　　船形汽车的尾部过分向后伸出，形成阶梯状，汽车高速行驶时会产生较强的空气涡流作用。为了克服这一缺陷，人们开发出像鱼的脊背的鱼形汽车。1952 年，美国通用汽车公司的别克牌轿车开创了鱼形汽车的时代。仅从汽车背部形状来看，鱼形汽车和甲壳虫形汽车是很相似的。但仔细观察，会发现鱼形汽车的背部和地面的角度比较小，尾部较长，围绕车身的气流也比较平顺，涡流阻力相对较小。另外，鱼形汽车是由船形汽车演变而来的，基本上保留了船形汽车的长处，如车室宽大，视野宽阔，舒适性好等。但鱼形汽车也存在着一些弱点：一是鱼

图 6.7　鱼形汽车

形车的后窗玻璃倾斜太甚，导致玻璃的表面积增大，强度有所下降，产生了结构上的缺陷；二是汽车高速行驶时汽车的升力较大。

　　为了克服鱼形汽车的缺点，设计师在鱼形汽车的尾部安上了一只上翘的"鸭尾巴"来克服一部分空气的升力，这便是"鱼形鸭尾式"车型（见图 6.7）。

（6）楔形汽车

　　"鱼形鸭尾式"车型虽然部分地克服了汽车高速行驶时空气的升力，但却未从根本上解决鱼形汽车的升力问题。为了从根本上解决鱼形汽车的升力问题，设计师最终找到了一种新车型——楔形。

　　1963 年司蒂倍克·阿本提第一次设计了楔形小客车，这辆汽车在汽车外形设计中得到了极高的评价。1968 年，通用公司的奥兹莫比尔·托罗纳多改进和发展了楔形汽车，1968 年又为凯迪拉克高级轿车埃尔多采用。楔形造型主要在赛车上得到广泛应用。因为赛车首先考虑流体力学等问题对汽车的影响，车身可以完全按楔形制造，而把乘坐的舒适性作为次要问题考虑。楔形造型对于目前所考虑到的高速汽车来说，无论是造型的简练、动感方面，还是对空气动力学的体现方面，都比较符合现代人们的主观要求，都极富现代气息，给人以美好的享受和速度的快捷感。楔形汽车当之无愧为目前最为理想的车身造型（见图 6.8）。

图 6.8　楔形汽车

（7）子弹头形汽车

鱼形汽车存在的问题解决以后,人们又开始从改变轿车概念做文章,于是出现了多用途厢式汽车。它属于微型厢式汽车范畴,外形趋于楔形,我国称为子弹头形汽车。

图6.9 子弹头形汽车

（8）复合型汽车

随着时代的发展,人们对汽车的要求越来越多元化,复合型汽车便应运而生(见图6.9)。现在人们看到的汽车造型大多饱满圆润,个别地方如腰线部分加入棱线,而前后灯等多为异形灯,不规则多变型,软中带硬。一个注重线条与面的时代正悄然而至。

6.1.3 民族文化对轿车造型的影响

（1）汽车造型设计与民族文化的关系

汽车造型设计要考虑到对美的认知,涉及造型的艺术规律、动感与视觉规律、车身线型的组织技巧、色彩设计、车身的光学艺术效果等,一个较好的汽车造型设计是美学的完美融合,是民族文化内涵的综合体现,所以说汽车造型是民族文化的重要载体。随着社会工业化进程不断加快,汽车在人们的生活中扮演着越来越重要的角色。它对于我们的意义已经不仅仅是代步的工具,更多地承载了随着人类文明发展沉淀下来的民族心理、民族文化。汽车的艺术形象应具有社会、时代和民族的特征。我国汽车的艺术形象应表达出当代国民的精神面貌,反映出我国先进的科学技术以及文化发展水平。车身造型设计凝结着浓厚的社会文化底蕴,牵涉古往今来复杂的审美观念。一辆汽车停在那里,默默无语,无须发问,它的外观造型正在传达它所蕴藏的信息和思想。这样的艺术形象才能为广大人民群众所理解、所认同,为人民群众所喜爱,即民族文化是推动汽车产业发展的巨大动力。同时,汽车的艺术形象不仅要表现在汽车的外部雕塑形体上,还要表现在汽车安装在诸如灯具、座椅、标志等上的各种装饰件、各种附加材料和颜色上。只有综合地运用美学和构成的手法对它们进行艺术加工,才能使它们相互呼应形成统一的风格和完美的艺术形象。

（2）中外轿车造型设计中的民族文化分析

1）严谨硬朗的德国轿车

德国工程师的血液中有一种"追求完美"的传统。这也就是为什么保时捷、奔驰、宝马、奥迪等名车出在德国的原因,技术含量高,讲究严谨传统,线条清晰有力,整体给人以结实耐用的感觉,无一不是在演绎着日耳曼民族坚强和精益求精的民族文化形象(见图6.10)。

图6.10 德国轿车

①奔驰汽车线条讲究,设计追求品位。标志性的前通风栅格是奔驰最有品牌形象的造型设计,处处体现着德国人的严谨和坚定。

②宝马双肾进气格栅与天使眼大灯完美结合,加上造型中鲨鱼鳍曲线,将德意志民族的活力与激情充分展现。

③奥迪造型以实用主义为主,简洁的线条和大曲面微菱角的处理都是奥迪的特色,前通风栅格上下联合形成统一个性又具有霸气的前脸,造型中充分体现了德国人民实用主义的另一面。

2)宽大舒适的美国轿车

美国车的设计就像坐在自己家里,宽大、舒适、自在、结实安全,注重人性化、有亲切感,造型上豪放、狂野、不拘小节,外观粗线条,霸气十足。

福特轿车造型上浑厚有力舒展流畅,整体结构敦厚粗犷充满力量感,车身宽、长,前脸是华丽的栅格,车窗周围镶有镀铬亮条,宽大的货仓乃至有点显得粗壮的体型极易使人辨认,汽车轮胎宽大,美国人的自由与霸气的个性在车上显露无遗(见图6.11)。

图6.11 美国轿车

3)神来之作意大利轿车

意大利是一个充满艺术气息的国度,意大利人总是带有浓烈的艺术气质。他们不但有着与法国人一样的浪漫和对时尚的嗅觉,而且比法国人更加的奔放和无所禁忌。在汽车造型设计上排除了其他客观条件的限制,以奔放、性感、洒脱、超性能的表现吸引顾客,这种风格充分反映了意大利人的热情、浪漫、灵活和机敏的个性。20世纪30年代,意大利人开始设计具有自己特色的汽车。这些汽车因为在设计中使用了充满想象力的、优雅的线条而不同凡响(见图6.12)。

图6.12 意大利轿车

4）兼收并蓄的日本轿车

日本轿车是兼收并蓄。单从外形来看，很难发现日本轿车的民族属性。日本轿车兼具了欧美轿车的很多优点，同时也蕴含了东方世界的小巧灵便，随着车身设计的日益成熟及高科技的广泛应用，日本轿车越来越显示出自身的个性：轻巧、简洁、善变（见图6.13）。

图6.13　日本轿车

日本知名的汽车有"雅阁""凌志""皇冠""公爵""蓝鸟""三菱""本田""日产"等。

以上国家都是汽车产业的豪门大国，是现代汽车产业的代表国家，它们都有一个相同的特征，就是在悠久的汽车造型设计发展过程中形成了自己独特的民族风格。如此看来，民族文化对轿车外形设计的影响关系到汽车产业的生存与发展。

（3）我国轿车造型设计与民族文化融合的过程

20世纪50年代，新中国刚成立就决定发展自己的汽车工业，1953年第一汽车制造厂破土动工，这是中国有史以来第一次建设自己的汽车厂，毛泽东主席为奠基仪式亲自题写了"第一汽车制造厂奠基纪念"，从最初通过购买国外过时的车型或者模仿国外车型进行改动，到近些年来很多汽车企业都有了自己的自主品牌车型，这是取得的相当可喜的成绩。从最初的红旗，到现在的奇瑞、吉利，虽然它们主要还是模仿国外车型，但进步很快，相信经过若干年的努力，一定会形成具有中华民族特色的汽车造型，拥有我国完全自主知识产权的汽车品牌。综上所述，民族文化对轿车造型的影响起到至关重要的作用，它可以关系到汽车产业的生存与发展，我们应该考虑得更加长远，要在长期的研究中开发出真正适合企业品牌发展的汽车造型。

6.1.4　现代汽车的造型设计

过去，新型汽车从构思到试产一般要用时4~5年，由于技术的发展，现在的设计已经越来越依赖计算机二维三维设计软件，只需要2年或更少时间。其中，汽车的车身造型设计是整个设计工作中最重要的内容，要经过一步步可靠的技术验证，否则设计中的错误或缺陷将会在生产中造成严重后果。传统的汽车造型设计和先进的造型都基本采用以下步骤进行设计：

（1）收集资料信息形成造型设计概念

任何新型轿车的构思，都是在旧款车或者其他车辆的基础上借鉴、继承和改进而形成的，其中包括消费者对汽车的意见和期望。新型车的开发需要经过广泛的调查，汇集不同地区不同人群对汽车的需求信息，才能着手进行图纸设计。"信息反馈"是厂家开发新产品的依据。

（2）造型构思效果图

汽车造型的设计也要有效果图，将设计师对新车形状的构思反映在图画上，包含的内容有整车的形状、色彩、材料质感及反光效果等，作为开发人员表述造型的构思和初步选型的参考。

效果图由具有工业造型技术能力的开发人员完成,采用水彩、MARK 笔、彩铅或者素描等方式绘制,也可用计算机来完成效果图。效果图可分为车身造型效果图和车身内饰效果图两种。车身造型效果图要表现出车型前面、侧面和后面三者的关系,同时也要表现出车门拉手、倒后镜、刮水臂、车牌位置等结构细节。车身内饰的效果图主要表现出仪表板、中控台、门护板、座椅及相互之间的空间位置。由于车厢内部难以用一幅图表达清楚,因此,有些效果图是针对某些位置而单独绘制的。效果图是"纸上谈兵"的操作,可以有多种方案供选择。

(3)胶带图

胶带图是指用不同宽度和不同颜色的胶带在标有坐标网络的白色图板上,粘贴上模型轮廓的曲线和线条,将汽车整个轮廓、布置尺寸、发动机位置、车架布置及人体样板都显示出来。造型效果图设计确定后,就可将造型的轮廓曲线放大至 1∶1 或 1∶3,用胶带图的形式表现出来。胶带可以随时粘贴或撕下,因此胶带图也可以随时修改,十分方便。设计人员根据胶带图进行修改和调整后,轿车的轮廓曲线已经基本确立。

(4)模型制作

从"纸上谈兵"到实物实体的第一步,就是将设计构思实物化,将纸面的东西用形体表现出来,可让设计人员更细致和具体地探讨。选择确定几幅效果图,依图做缩小比例的汽车油泥模型或石膏模型,小比例模型的好处是可以反复修改,成本低廉。由于现代轿车生产的规模化,任何设计上的错误都会导致巨大的损失和浪费,因此设计师在缩小比例车模上进行研制是必不可少的一个环节工作。但随着技术的发展,手工模型做得越来越少,取而代之的是用数控加工制作的塑料模型。

(5)全尺寸油泥模型

全尺寸是指 1∶1 比例,全尺寸油泥模型是指与真车尺寸一样,模型的轮廓曲线和尺寸都要按照严格的要求制作出来,设计人员可对车身表面的细节部分进行比较和修改。全尺寸油泥模型的制作是车身造型设计中最关键的阶段,要求以极其认真和细致的态度去工作,任何一项细部的造型都不能马虎,因为这个全尺寸油泥模型是今后正式产品的依据。

(6)主图板

主图板表示出整车的轮廓线及关键部位与部件之间的配合作用,在模型未完成之前,可根据造型效果图,初步设计主图板,使设计人员可以对主图板上的车身表面线条做光滑平顺的修改。随着模型的完成,车身模型表面轮廓经过测量之后转化为数据,然后将数据绘制成平面图形和立体三维图形。

(7)先行样车(螺钉车)试制

样车是一辆具有试制性质,能够驾驶运行的汽车。第一个设计样车是为了检验设计是否正确,这个样车与设计并行,常用螺钉将车身零件联接起来,常称为螺钉车。经过三维设计和分析,并通过螺钉车的检验后,通过模具加工的试验样车便可试制。样车试制仍是一个不断修改的过程,在样车试制阶段,很多在造型设计过程中的不足之处会更真实地反映出来。造型设计人员仍然要跟踪工作,对样车的造型设计进行全面的检查,并根据设计要求进行修改。只有经过多次的反复修改,一辆经得起实际考验的造型方案才能实现,并作为今后生产的依据。

不难看出,汽车造型设计的过程是一个不断探讨不断修改不断完善的过程,最后拿到生产线的图纸很可能与最初的构思有很多不一样的地方,甚至大相径庭,这是很正常的。这种传统的造型设计过程的最大缺陷是车身曲线需要依靠人力多次反复测量反复修改才能确定,耗费大量的劳动和时间,而且设计精度也难以保证,因此,用计算机代替人的部分劳动,是必然的趋势。

6.2 汽车色彩

6.2.1 色彩基础知识

我们生活的世界是五彩缤纷、丰富灿烂的一个色彩世界,它激动着我们的心弦。人们眼中所见到的周围丰富美丽的色彩现象,使人感到美的享受。为什么世间万物有各种各样的色彩?我们又是为什么能够看到这些五彩斑斓的色彩?

(1)光与色的关系

色与光是不可分的,色彩来自光。一切客观物体都有色彩,这些色彩是从哪里来的?平常人们以为色彩是物体固有的,实际情况并非如此。根据物理学、光学分析的结果,色彩是由光的照射而显现的,凭借了光,我们才看得到物体的色彩。没有光就没有颜色,如果在没有光线的暗房里,则什么色彩也无从辨别清楚。没有光也就难以理解色彩的含义,是光创造了五彩缤纷的世界。

在自然界和生活中,光的来源很多,有太阳光、月光,以及灯光、火光等,前者是自然光,后者是人造光,色彩学是以太阳光为标准来解释色和光的物理现象的。太阳发射的白光是由各种色光组合而成的,通过棱镜就可以看见白光分散为各种色光组成的光带,英国科学家牛顿把它定为红、橙、黄、绿、青、蓝、紫七色。这7种色光的每一种颜色,都是逐渐地、非常和谐地过渡到另一种颜色的。其中,蓝色处于青与紫的中间,蓝和青区别甚微,青可包括蓝,因此一般都称为6种色光,形成光谱。在色彩学上,我们把红、橙、黄、绿、青、紫这六色定为标准色。

不同物体为什么会形成各种各样的颜色呢?按照物理学的原理是光线照射到物体表面时,一部分色光被吸收,一部分色光则被反射出来,所反射出来的色光作用于人们的视觉,就是物体的颜色。好像太阳光下的红花,便是太阳光中的橙、黄、绿、青、紫等色光被花吸收,只有红光被反射出来,使我们的视觉感觉到花是红色的。在光的照射下,如果某一物体较多地吸收了光,便显示黑色;若较多地反射了光,则显示淡色以至白色。各种物体吸收光量与反射光量比例上的千差万别,就形成了难以数计的不同深浅和各种鲜艳或灰暗的色彩。

(2)形与色的关系

形和色既是互相依存的,但同时也可以把形和色看成是两种独立的现象。形和色同是视觉现象,但在艺术表现上所起的作用是有差异的。形表现在姿态、形象、结构上,是实质性的,偏于知觉认识的;色彩是表面性质的、悦目的、美感的、偏于感受方面的。

从形和色两者相互比较来看,形和色在造型艺术中各有自己的功能,但色彩只有依附于"形"上才能体现自己的作用。即色彩只有与形象结合,才能表达一定的含义。但两者最终是会融合在一起的。

色彩既是借助于光而呈现的,又是依附于物体而存在。色彩和物体是不可分割的整体,离开了具体的物体(形),就没有具体的色彩。形与色是相互依存、相辅相成的。红色的苹果,在光线照射下有各种不同的色彩变化,但这种变化只是在圆球形的苹果上的变化。因此,我们在观察色彩的时候,就必须把色彩与形体联系起来,把色彩用到画面的时候,应该使它成为具体的形体,否则,就是颜色的堆积而已。

(3)色彩的构成

色彩一般分为无彩色和有彩色两大类。无彩色是指白、灰、黑等不带颜色的色彩,即反射白光的色彩。有彩色是指红、黄、蓝、绿等带有颜色的色彩。

(4)色彩的三要素

自然界的色彩虽然各不相同,但任何色彩都具有色相、明度和饱和度这3个基本属性。

1)色相

色相是指色彩的相貌,是各种颜色之间的区别,是色彩最显著的特征,是不同波长的色光被感觉的结果。光谱中有红、橙、黄、绿、蓝、紫6种基本色光,人的眼睛可分辨出约180种不同色相的颜色。

2)饱和度

饱和度是指色彩的鲜艳程度,也称色彩的纯度。饱和度取决于该色中含色成分和消色成分(灰色)的比例。含色成分越大,饱和度越大;消色成分越大,饱和度越小。

3)明度

明度是指色彩的深浅、明暗,它决定于反射光的强度,任何色彩都存在明暗变化。其中,黄色明度最高,紫色明度最低,绿、红、蓝、橙的明度相近,为中间明度。另外在同一色相的明度中还存在深浅的变化,如绿色中由浅到深有粉绿、淡绿、翠绿等明度变化。

(5)色彩的对比与调和

自然界的色彩,充满着对比与调和的辩证统一关系。色彩的配合既要有对比,又要有调和,只有调配得当,才能给人以美感。"对比"给人以强烈的感觉;"调和"则给人以协调统一的感觉。但强调对比时,要注意调和;强调调和时,也要适当运用对比。

1)对比

色彩对比主要是研究色与色之间的相互关系,特别是研究两种颜色并列时所产生的变化及其特殊的效果。在运用色彩时,孤立的一块颜色是很难达到理想的效果的。利用色彩的对比,就可提高色彩的明度或纯度,或降低其明度和纯度,扩大色彩的表现范围。

色彩对比有"同时对比"与"连续对比"之别。两种以上的颜色并列或邻近时,各色同时作用于我们的眼睛,所形成的对比称"同时对比";看了一个颜色之后再转看另一个颜色,与先看的色形成对比,色彩不同时作用于我们的眼睛,这种对比称"连续对比"。

色彩上常用的对比手法有以下几种:

①色相对比

色相对比是最简单最容易的一种,它是单指"色"的变化。即两种纯色(饱和色)或未经掺和的颜色,在它们充分强度上的对比。两种纯色等量并列,色彩相对显得更为强烈。我国民族民间的服饰、年画、剪纸、建筑装饰,以及现代绘画诸流派,都使用强烈的色相对比,形成鲜明突出的色彩对比,产生美的效果。

当两种不同的色相并列在一起时,给人的色彩感觉,与两色分开放置时不一样。两色并列时,双方各增加对方色彩的补色成分。如红、紫两色并列时,红色增加紫色的补色(即黄色)成分,感觉红色微带橙色意味;而紫色则增加了红色的补色(即绿色)成分,感觉紫色略带青色意味;红、紫两色接近边缘的部分对比更为显著。而红、紫两色分开放在不同位置时,两色不发生对比变化。

位于不同色相背景上的同一色彩,就会由于对比而产生色的变化。在由两个原色混合而成的间色与这两个原色之间的对比最为明显。由蓝色和黄色混合而成的绿色,处于蓝色背景上时,感到偏黄绿色,而处于黄色背景上,则感到偏翠绿色。

②明度对比

明度对比指的是黑、白、灰的层次,包括同一种色彩不同明度的对比和各种不同色彩的不同明度对比。如明色与暗色、深色与浅色并置,明的更明,暗的更暗,深的更深,浅的更浅,即是明度对比的作用。色彩的配置必须有明度对比,对比要有强有弱,以增加色彩的层次和节奏。位于明度不同的背景上的同一色彩,看上去往往感到在明亮背景上就偏暗,而在暗背景上就偏明,这实际上是由于对比而产生的感觉上的差异。

③纯度对比

纯度对比即灰与鲜艳的对比。用纯度较低的颜色与纯度较高的颜色配置在一起,达到灰以衬鲜的效果,则灰的更灰,鲜艳的更鲜艳。两种纯度都很高的色彩,对比强烈,感觉不协调。如将其中一色的纯度减弱,则另一色彩感觉纯度更高,主次分明,就觉得画面比较协调。一般降低纯度的办法有 3 种:一是调入灰色,该色会变得柔和些;二是调入白或黑色,明度变了,纯度也变了;三是调入补色,使其变得灰暗一些。

④冷暖对比

色彩上要能生动地表现对象,关键在于冷暖关系的处理。色彩的冷暖对比是最普遍的一种对比。各种色彩对比都可以说是冷暖对比的特殊形式。通过对比冷的更显冷,暖的更显暖。欲使某一暖色更暖,可在其周围配置对比的冷色。运用冷暖色对比,两色也应有主有次,并以明度纯度的不同加以调节。但色彩的冷暖不是绝对的,而是相对比较而言的。因为色彩不是孤立的,要在色彩的相互关系中,才能确定它的性格和作用。也可以说,色彩离开了相互关系就无所谓冷暖,无所谓正确与否了。

位于冷暖不同的背景上的同一色彩,看上去感到在冷色背景部分偏暖,在暖色背景部分则偏冷。这是由于冷暖对比产生的感觉上的差异。

⑤补色对比

补色对比是一种最强烈的冷暖对比,其色彩效果是非常鲜明的。三原色中任何二色调和成的间色和另一原色的关系是互为补色的关系,意思是指它们互相补足三原色的成分。也是指在色轮中互相成直径对立的色彩都是互为补色的。如橙(红加黄)与蓝,绿(黄加蓝)与红,紫(红加蓝)与黄,是 3 对最基本的互补色。补色并列时,就可使其相对色产生最强烈的效果。如红与绿色相对,红的更红,绿的更绿。而黄色与紫色相对,就会加强紫色,黄色也更显鲜明。但对比时应该在色彩的分量及纯度、明度等方面进行适当变化,使其在对比中又感到和谐自然。每对互补色混合时都呈灰黑色。同时每对互补色还有其独特性,如黄与紫这一对互补色呈现出极度的明暗对比;红与绿这一对互补色,都有着相同的明度;红橙与蓝绿这一对互补色是冷暖的极度对比。由于视觉上的反馈现象,当你注视红色时,会感到周围的白色泛出绿色。当你注视蓝色时,会感到周围的白色泛出橙色。将一个纯灰色的圆环,放在两种不同的鲜艳底色上,我们就会看出这个灰色圆环的左右两端,各自呈现出底色的补色倾向。

⑥色量的对比

色量对比即色彩面积的对比。色彩对比还要顾及面积的大小,即用色面积要有大小、主次。为了提高画面色彩的效能,可采取色彩面积大小不同的对比。"万绿丛中一点红"即是色量(面积)对比的一个配色实例。"万绿"与"点红"的色量对比,缓冲了红与绿刺激性的对比。在大片的涂色或统一色调中采用小面积的对比,互相陪衬,面积小的色彩引人注目,有画龙点睛之妙。

由此可知,利用对比是色彩表现的关键,缺少对比,就会失去表现力。因为颜料色总比不上自然界色彩那么鲜,与自然色彩比还有很大的差距,我们不能为了表现鲜明的对象,处处都把最鲜艳的颜色涂上去。只要我们灵活恰当地运用色彩对比,突出主要部分,减弱次要部分,就可达到用色少而色彩丰富的艺术效果。但乱用对比、不分主次强弱,则会喧宾夺主、杂乱无章。

2) 调和

所谓调和,就是色彩上具有共同的、互相近似的色素,色彩之间协调、统一。即两种以上的颜色组合在一起,能够统一在一个基调之中,给人的感觉和谐,而不刺激。色彩上的调和,主要是研究解决缓冲色彩矛盾(对比)的方法,是在不同中求其相同的、互相近似的因素。各部分的色彩在色相、明度、纯度上比较接近,容易感觉调和。因此组成调和色的基本法则就是"在统一中求变化,在变化中求统一"。也就是变化和统一适当结合。

色彩调和有以下 4 种方法:

①主导色调和

以确立在画面上一种颜色为主导(面积大于其他色块)的基本主调色,其他色彩处于次要或从属地位,以增加色彩的调和感。

②类似色或邻近色的调和

由关系较接近的色彩(色相、明度、纯度上较接近)组成的调和色,色调比较柔和、单纯。其调和的方法有以下两种:

a. 同一色相而明度接近的两色配合(如淡绿和深绿),或明度差距相等的三色配合(如淡红、纯红和较深的红)。

b. 色相较邻近色彩的调和,如纯青和青绿两色配合,或黄绿、纯绿、青绿三色的配合。

③对比色调和

在采用各种不同的对立色性的色相形成对比,也能使其产生调和。其方法有以下 4 种:

a. 不同的色相加入共同色素。如将各种不同色彩均加入黑色,使各色都趋于灰黑而调和。各色中都加一点红色,使各色都微带红色,画面色彩形成红色调。

b. 改变其中一色的明度,使两色一深一浅,以缓冲色彩刺激。

c. 加入两个对比色的中间色,如黄与紫之间加上青绿,或橙与青之间加黄绿,红与绿之间加黄橙。

d. 改变其中一色的纯度。

④运用中性色调和

运用中性色调和即在两色之间加一过渡色,如黑、白、灰、金、银 5 色。由于中性色的过渡作用,使对比色求得调和。

6.2.2　汽车色彩的含义

汽车的颜色,无论是对使用者还是对外界,或是对车辆的视觉感,都非常重要。汽车车身颜色并不只局限于传统的黑、灰、白和香槟色,而是有许多种不同的色彩,汽车的各种颜色各有特色与风格,而每一种车身的颜色分别又有不同的讲究。

(1)白色或乳白色

白色或乳白色给人以明快、活泼、大方的感觉。白色是中间色,反光强烈、隔热性能好,容易与外界环境相吻合而协调,而且白色象征着典雅、纯洁,白色车身给人以清洁朴实的感觉。乳白色车身较耐脏,路上泥浆或污物溅上干后不易看出。因此,选择白色或乳白色汽车的人较普遍。

(2)黑色或深棕色

黑色或深棕色给人以庄重、尊贵、严肃的感觉。黑色也是中间色,容易与外界环境相吻合。但黑色汽车车身不耐脏,有一点灰尘就能看出来。

(3)红色

红色给人以健康、活力、热情的感觉。红色是放大色,容易从环境中跳出来,引起人们视觉的注意,有利于交通安全。但是驾驶员长时间驾驶时,红色容易引起视觉疲劳,不利于对其他淡色物体的观察。从这一点上讲,又不太有利于安全。而且,红色也不耐脏。

(4)黄色

黄色给人以欢快、温暖、活泼的感觉。黄色是扩大色,在环境中很显眼,它灿烂、辉煌、有着太阳般的光辉,具有挑战与冒险的含义。因此出租车多喜欢涂上黄色,一是便于管理,二是便于人们早早地发现,可与其他汽车区别。但私家车选用黄色的却不多。

(5)橙色

橙色是暖色系中最温暖的色彩。它是一种富足、快乐的颜色,有着朝气、新潮的喻义。

(6)粉红

粉红色调柔和,代表着浪漫、温柔和健康。给人以柔弱的感觉,是感情细腻、个性温柔的人喜欢的颜色。

(7)灰色

银灰色也是比较中性的颜色。银灰色有着金属般的质感,又不失优雅大方,其色彩持久又耐脏。

铁灰色中性、低调内敛而优雅,最适合有品位的男士。

(8)绿色

浅绿色是少有的时尚色彩,适合青年男女。

嫩绿色时髦而活泼,也适合青年男女。

墨绿色沉静而和谐,具有宽广的深度。

(9)蓝色

蓝色是永恒的象征,表现出一种冷静、理智和安详。

深蓝色表现出智慧、冷静,偏向稳重保守。

(10)其他颜色

汽车还有其他多种颜色,如银白色、紫色、金黄色、天蓝色等,它们各有特色。

6.2.3 汽车色彩的变迁

（1）美国汽车大量生产初期的色彩

福特的 T 型车最初设计有 3 种颜色。但由于车价下降而生产却跟不上订货,在 1914—1926 年就只有黑色。当时涂料是自然干燥型,而且黑色干得最快。T 型车虽然只有黑色,但是仍然很畅销,因此福特不想增加其他颜色种类。

通用车(GM)与之不同,很重视车型和色彩,设置有"艺术和色彩部"。1927 年的"拉沙尔"等车因其外形与色彩的美,而取得了成功。GM 创办了年度色彩(year's colour)活动,以促进换车的需求。由于向顾客宣传新颜色用于最新车型的活动做得很有力,每年换成"新颜色"车的人很多。

（2）日本汽车色彩流行的变化

20 世纪 60 年代日本汽车灰色系列较多,60 年代后期淡黄色最受欢迎。70 年代,白色、银色占据了主要地位,另外,崇尚自然成为时尚,大地的颜色很受欢迎,浅茶色、褐色、橄榄绿、绿色等颜色开始流行。80 年代初红色挤进来了,80 年代中期白色席卷了日本市场,80 年代下半期黑色和高彩度的深色逐渐增加。90 年代,更加具有透明感、深沉感、光亮感的涂色得以实现,如云母白、珍珠白的应用。进入 2000 年,明亮的色彩逐步增加。

（3）中国的汽车色彩发展历程

20 世纪 50—60 年代,我国汽车工业刚开始起步,主要强调功能和技术优先,汽车的色彩位于次要,汽车的色彩以单色为主。

20 世纪 70—80 年代是我国汽车工业的成长阶段,70 年代的汽车主色彩为单色、功能色、惯用色;80 年代的汽车色彩则开始倾向于原色调和鲜艳的色调。

20 世纪 90 年代为我国汽车工业的发展稳定时期,汽车的色彩也多彩多样,朝着系统化方向发展,中性色开始出现并迅速流行。

目前,我国正处于汽车发展的相对稳定时期,汽车的色彩倾向于流行色、生活色和个性色。

（4）最新色彩的倾向及将来的预测

色彩销售的变化与不同的消费群体有关,而且是与多种因素相互影响的,因此,要对将来作出正确的预测是不可能的。然而,对色彩流行有影响的各种信息加以分析和综合研究,可以得到方向性的启示。

1）灰色与深色

银色之后,灰色得到了关注。具有新的质感的灰色受到了期待,深色也有复活的征兆,与以往不同的是,色彩特征及光亮度将得到关注。

2）禅与雅

外形及内饰以"日本风尚"为流行色。"禅"的形象是色彩不鲜艳而且严肃的,看起来逐步走向"雅"的形象("禅"指的是日本佛教在色彩方面的影响:崇尚黑、白、灰等严肃的颜色;"雅"是代表日本古代相对于佛家的俗家的颜色,色彩鲜明而清淡)。而在欧洲市场上,这两方面都是重要的。

3）轻便化的进展

经济型车已经出现轻便化,彩色化已很明显。这种倾向将波及其他级别的车。从流行趋势看,高级车的轻便化倾向也很强。

4）单色的再兴

金属色在背影或斜看时背影色变得混浊，因此体现色彩美的单色或近似的单色就会被提到议程。

5）半透明色

传统上追求透明感的色彩是比较多的，从日用品及内饰的倾向性来推测，半透明的近似塑料的质感被接受的可能性很大。

6）金属感的体现

使用蒸发着色铝的金属色是很有希望的材料，但是用传统的涂装工艺是很难实现的，有必要改进工艺方法。

7）光泽的消除

光泽的消除指的是无光泽的金属色或是像塑料那样的体现。

当这些色彩都出现在市场上时，汽车的色彩会变得越来越耐人寻味。

6.2.4 汽车色彩的特性

汽车色彩的特性包括时间特性、空间特性、层次特性、品牌特性、文化特性、功用特性等。这里主要介绍汽车色彩的时间特性、空间特性和层次特性。

（1）汽车色彩的时间特性

色彩是具有时间性的，不同的色彩具有不同的流行周期，因此在不同的阶段就会出现不同的时尚流行色。汽车流行色也具有时间性，但是它不同于服装流行色的是服装流行色是一年一种色调，而汽车流行色的变化是缓慢的，并在一段时期内呈现出一种增长或衰减的趋势。

这种流行色是具有时代性的，它结合了某些时代的特有特征。当某些颜色符合大众的认识、理想、兴趣、欲望时，这些具有特殊感情力量的颜色就会流行开来。例如，20 世纪 80 年代，白色汽车居多；90 年代白色汽车所占的比例开始下降；进入 21 世纪，银色系列成为主色调；近年来，由于环境污染的不断加剧，绿色、蓝色又相继成为大众所热衷的色彩。

流行色是处于不断地变化之中的，然而一些具有较长流行周期的色彩会保持 30～40 年，甚至更长的时间都不落后，如白色、黑色、银色。这些色彩比较容易让人接受。在设计中，也常常被用作整体的基色使用。

此外，色彩的时间特性还会受到传统文化习惯等因素的影响。人们一旦形成某种色彩的个人观念，这种观念就不会轻易改变。因此，在一段时期内会出现某种色彩在某个国家、某个地区、某个民族或某个职业群体中保持相对稳定的现象。

（2）汽车色彩的空间特性

汽车色彩的空间特性是指汽车流行色具有区域性。热带地区喜欢浅色调，如白色、黄色、粉色等。寒冷地区喜欢深色调，如枣红色、蓝色、黑色等。这与地理环境和气候有关。

同时，这种区域性除了自然环境带来的不同外，还包括各个国家、各个民族由于政治、经济、文化、科学、艺术、教育、宗教信仰、生活习惯、传统风俗等因素的不同，所带来的色彩喜好也千差万别。

色彩学家曾经对欧洲地区做过日光测定，结果是北欧的阳光接近于蓝色的日光灯色，而南欧意大利的阳光则接近于偏黄的灯光色，这两地的人由于受到这种不同阳光在视觉上的长期影响，使得北欧人习惯性地喜欢冷色调，意大利人则喜欢暖色调。由此可见，长期的色彩生活环境对人的心理颜色形成某种相对的定势。人的心理颜色也包含着某些与置身于客观现实形成互补的色彩现象在内,例如,长期生活在灰冷色彩的北方人,除了对类似的色彩形成特定的情结外,还对那些充满异域风情的色彩表示渴望和欣赏。因此,寒带地区的人可能偏爱柔和、温暖的色调。

(3)汽车色彩的层次特性

汽车流行色还具有层次性。汽车车身色彩关系到汽车产品的定位。汽车产品的定位包括市场定位、价格定位、目标消费者的定位、品牌的定位等。

调查表明,车辆的价位越高,车身颜色越单调。高档轿车多以银灰色、黑色和白色等色彩为主,这种颜色庄重、大气,符合高档消费者的身份。经济型轿车,由于消费群体数量庞大,需求也相对多样化,因此车辆颜色也比较丰富,鲜艳、明朗、轻快、时尚的色彩都属于这个消费群体的选择。明亮的色彩使车具有扩展性,更具有张扬的个性。中档车型,由于这类车逐渐融入了商务用途,因此颜色的选择为时尚和大气,介于高档和经济型轿车之间。

在中国,黑色车往往是公务车的主色调,因为黑色被视为庄重。在家庭用车方面,人们更加喜欢鲜艳的色调,如银灰色、碧绿色、金黄色、枣红色等,也喜欢双色组合。

6.2.5 汽车色彩与安全

汽车色彩与交通安全之间存在着某种微妙的关系,正确巧妙地选择汽车色彩,可以改善驾驶员作业环境,激发其积极情绪,消除不必要的紧张和疲劳,从而提高交通安全。经分析,视认性好的颜色安全性强。视认性主要与以下因素有关:

(1)*颜色的进退性*

所谓颜色的进退性,指的是前进色和后退色,一般来讲,前进色的视认性较好。例如,有红色、黄色、蓝色、绿色共4部轿车与观察者保持相同的距离,但是看上去似乎红色车和黄色车要离观察者近一些,而蓝色车和绿色车看上去离观察者较远。这说明了红色和黄色是前进色,看起来比实际要大,不论远近都很容易引起注意;而蓝色和绿色就是后退色,看起来比实际要小,尤其是傍晚和下雨天,常不能引起对方车辆和行人注意而诱发事故。驾驶员应利用颜色安全行车,尽量选用使汽车有较好可视性的浅淡且鲜艳的颜色,这样可使对面来车驾驶员精神兴奋、精力集中。

(2)*颜色的胀缩性*

将相同的车身涂上不同的颜色,会产生体积大小不同的感觉。如黄色感觉大一些,有膨胀性,称膨胀色;而同样体积的蓝色、绿色感觉小一些,有收缩性,称收缩色。膨胀色与收缩色的视认效果不一样,据日本和美国车辆事故调查,发生事故的轿车中,蓝色和绿色的最多,黄色的最少,为此,美国和日本减少了蓝色和绿色车辆的涂装。由此可知,膨胀色的视认性较好。

(3)*颜色的明暗性*

颜色在人们视觉中的亮度是不同的,可分为明色和暗色。红、黄为明色,暗色的车型相对于明色的车型看起来更小一些、远一些和模糊一些,因此明色的视认性较好。从安全角度考虑,轿车以视认性好的颜色为佳,有些视认性不太好的颜色,如果进行合理搭配,也可提高其视认性,如蓝色和白色相配,效果就大为改善;荧光和夜光漆能增强能见度和娱乐气氛,因而被广泛应用于各种赛车、摩托车等,但对于轿车来说,目前选用这类颜色的仅限于概念车。由于荧光颜色过于强烈,因此在未来应用中必须有适当的管理办法来加以控制。

（4）颜色的感知性

车身的颜色选择对驾驶员的行车安全具有举足轻重的作用,汽车内饰的颜色选择也同样影响着行车安全,因为不同的颜色对驾驶员的情绪具有一定的影响。内饰采用明快的配色,能给人以宽敞、舒适的感觉。有关专家建议,夏天最好采用冷色,冬天最好采用暖色,可以调节冷暖感觉。除去冷暖色系具有的明显的心理区别以外,色彩的明度与纯度也会引起对色彩物理印象的错觉。一般来说,颜色的质量感主要取决于色彩的明度,暗色给人以重的感觉,明色给人以轻的感觉。纯度与明度的变化给人以色彩软硬的印象,如淡的亮色使人觉得柔软,暗的纯色则有强硬的感觉,等等。恰当地使用色彩装饰可以减轻疲劳,减少交通事故的发生。

6.2.6 汽车色彩与涂装涂料技术的关系

汽车车身的色彩是借助于涂料实现的,而汽车色彩的发展变化,很大程度上受到涂装涂料技术的影响。一种新的涂料的开发实现,很可能带来车身色彩的一次革命。

（1）汽车涂装涂料发展简史

自 1885 年卡尔·本茨研制成功第一辆汽车至 1923 年,汽车上的油漆均选用一些天然物质:植物油、天然树脂等为漆基的涂料,与亚麻仁油、松油、炭黑等配制而成,且只能用刷子一道又一道地刷涂在车体表面,油漆一辆车需要 1~2 周时间,严重限制了汽车的大批量生产。

1924 年杜邦公司研制出世界上首先使用喷枪喷涂的汽车漆——杜邦硝基漆,从而将每辆汽车的油漆时间缩短到几小时,使汽车的批量生产成为可能,加快了汽车生产的步伐。同时,该公司还成功开发出硝化棉为主要漆基的硝基漆(汽车修补漆)。

1929 年杜邦公司率先推出第一种用合成树脂——醇酸树脂制成的醇酸磁漆,它具有更好的光亮度和耐久性。

1935 年杜邦又首先推出汽车漆调色系统,打破汽车漆由原先的黑色一统天下的局面,使五彩缤纷的汽车行驶在世界各地,增添了都市的风采。

1938—1945 年,出现了以硝化棉、醇酸树脂为主要漆基的合成磁漆。

1945—1955 年,出现了醇酸树脂磁漆。20 世纪 50 年代,杜邦公司推出了今天仍在使用的丙烯酸快干漆,它很快取代了硝基漆而成为第三代汽车漆。

在 20 世纪 50 年代,我国的汽车制造厂家所用面漆均采用醇酸树脂磁漆。

20 世纪 60 年代,出现了热固性氨基醇酸磁漆、热塑性丙烯酸树脂漆、烯酸聚氨酯磁漆、热固性丙烯酸氨基烤漆、阳极电泳料,使汽车漆的光亮度、耐久性和硬度进一步提高。同时开发了防锈静电涂装等,使汽车的喷涂技术有了一个新的突破。

20 世纪 70 年代,出现了粉末涂料;双层面漆工艺的开发(即底色漆加里光漆层);热固性氨基烤漆;阴极电泳涂料。70 年代,双层烤漆首先出现在欧洲,因其耐久性和高光亮度,被日本和美国制造商相继采用,为金属漆和珍珠漆的开发奠定了基础。科研人员发现细薄的铝片加入油漆后,闪烁效果非常好,并可以造成正侧面颜色深浅不同。于是这种发明被工业化并越来越多地用在汽车上,这就是人们所说的金属漆。同时新型的金属漆和珍珠漆逐渐被汽车生产厂家使用,配上高亮度的清漆罩光,使汽车颜色日益美观,并开始影响客户的购买选择。与此同时,出现了硬度和光亮度均优于原有丙烯酸漆的热固性丙烯酸漆。

20 世纪 80 年代,出现了氨基烤漆、高固体成分丙烯酸烤漆,采用罩光工艺(即本色或金属闪光漆都采用底色漆加罩光漆)。1980 年德国涂料专家苏塔努希首次使用云母钛珠光颜料,制成了一种具有全新色彩艺术风韵的珍珠汽车漆,并成功地用于美国福特汽车公司的轿车生产线。珍珠汽车漆具有很高的镜面光泽、珠光细洁柔和,装饰性极佳,同时具有随视角而变化的闪色效应,从而奠定了它在现代轿车表面高装饰性涂料的地位。目前,美、欧、日各大汽车公司,几乎所有高档豪华轿车均采用珍珠漆涂装。

20 世纪 80 年代,随着对环保的日益重视,低污染油漆开始应用。高固体成分的聚氨酯高温烤漆、丙烯酸聚氨酯漆和清漆普遍被使用。由于高光泽度和使用透明图层,使得疵点更容易暴露出来,因此材料的准备工作和干净的车间环境比以往更重要,因而出现了下吸式通风喷漆房。同时珍珠漆的涂装技术进一步改进,使用了二层涂装和三层涂装,使车身的颜色更加美丽并具有幻觉感。

此后,汽车漆的发展日新月异。

我国的汽车制造厂家所用面漆,在 20 世纪 60 年代末至 80 年代中期,一般都采用中、低氨基含量的氨基烤漆。1985 年以后采用高氨基含量的氨基烤漆。随着轿车工业的发展,丙烯酸树脂磁漆、优质的氨基树脂磁漆和双层面漆涂装工艺也随之引进,应用在新建的多条轿车车身涂装线上。

20 世纪 90 年代,一批耐酸雨、抗划伤型汽车面漆、水性涂料、高本分涂料和粉末涂料等环保型涂料相继开发,并已广泛获得工业应用。

20 世纪 90 年代,ICI 公司成功地开发出划时代的水性涂料,现在各大汽车制造公司越来越多地使用这种涂料。超高固成分油漆和耐擦伤清漆也被成功开发,目前已开始被日产、丰田等汽车厂使用。同时,色母涂料的推广,不含异氰酸硅的底涂层罩透明层的安全型聚氨酯高温烤漆等一批高科技涂料相继问世,为 21 世纪汽车漆的发展开创了美好的前景。

1997 年,杜邦公司成功推出高科技变色珍珠涂料,这种先进涂料中含有一种不同于传统的金属漆和珍珠漆的颜料,用半导体合成工艺,将 5 层透明的金属氧化物叠合起来,使一层油漆在不同角度下会变成红、蓝、绿、紫等多种颜色。这种高科技变色珍珠涂料必将引起汽车颜色的又一场变革。

随着各国对环保的日益重视,21 世纪汽车漆的主要发展趋势是除了适应市场竞争的需要和追赶新潮流,努力提高汽车涂层的外观装饰性(高光泽、多色彩化、增加立体感等)、耐擦性、抗石击性和耐环境对涂膜的污染性外,还必须降低汽车涂装过程中对环境的污染。为了控制汽车涂装生产带来的环境污染,美国和欧洲的环保法规对挥发性有机物都有明确规定。

(2)涂装涂料工艺对汽车色彩的影响

从涂装涂料的发展历史中,可以折射出其对汽车色彩的开发有着重要的意义。

福特的 T 型车在 1914—1926 年就只有黑色一种。这是由于当时涂料是以植物油、天然树脂等为漆基的涂料,与亚麻仁油、松油、炭黑等配制而成,属自然干燥型,而且黑色干得最快,于是就被用上了。但 1935 年杜邦首先推出汽车漆调色系统后,打破了汽车漆由原先的黑色一统天下的局面,使五彩缤纷的汽车行驶在世界各地,增添了都市的风采。

1973 年的石油危机以后,全球经济低迷。这个时期汽车的色彩,白色、银白色和灰色占据了主要地位。另外,崇尚自然成为时尚,浅茶色、褐色等开始流行,而褐色的出现正是由于氧化铁颜料的开发得以实现的。

1980 年,在日本马自达车以其鲜艳的红色成为话题,红色兼有"热烈""可爱""时髦"的形象,成为 BOX 车的标志色。这种颜色是使用称为奇那克里东的颜料得以实现的。

超级白色从 1977 年开始,在日本国内连续增长。按颜色来区分汽车产量,1986 年白色汽车达到了 75%,这在其他国家是无此先例的。这是由于涂料的革新,再加上中涂也用白色。从涂装工艺、中涂使用的材质直至干燥炉都进行了改进,使过去没有过的纯白得以实现。而且由于白色引起了人气沸腾,日本国内还出现了"白色是永远的流行色"的说法。可见,涂装涂料工艺对汽车色彩有多么大的影响。

在汽车的色彩设计中,应准确地把握住涂装涂料工艺的发展脉搏,运用好先进的涂装工艺和涂料,以此来引导消费市场和消费观念。

6.3　汽车外形与色彩对消费者的影响

随着汽车工业的发展和人们生活水平的提高,人们的审美观发生了很大变化,人们对任何商品的要求不再是单纯地追求其可靠的性能,对外观的美和独特的色彩也有了更高的要求。作为商品的汽车,为满足用户的要求,在设计和生产中,不仅要保证其具有良好的使用性能,其外形和色彩设计也不可忽视。美观的汽车外形和新颖、时髦的色彩,更能吸引用户的眼球。

6.3.1　汽车外形对消费者的影响

在中级车市场竞争日益激烈的当今,消费者买车更看重什么? 什么车型最能拨动消费者的心弦? 一项针对中级车消费市场的最新调查结果显示:汽车的外观和乘坐舒适度已成为选车的重要关注点。可以说,造型与舒适度已成为中级车市场的主流需求。尤其是女性消费者。随着女性自身经济能力的提高,今天的她们不甘于做副驾驶座上的风景,正日益成为汽车消费的新兴力量。在全世界各地的车市中,女性购车整体比例在不断攀升。女性对一辆车有没有好感,一般决定于第一眼的感觉。外观是否好看被排在第一位,整体造型小巧玲珑、外表靓丽、车身轻盈、活泼俏丽、颜色鲜艳的乖巧小车,通常都会是女性的最爱。这不但体现了女性柔美细腻的一面,同时也为女性在城市里川流不息的车河中行车,带来了很多方便。

对女性来说,车不仅仅是代步的工具,更是展现自我个性和审美情趣的产物。女人喜欢细节美,因此女性对于汽车的细节也有更多的要求,视野与光线良好、驾驶便利、车体轻巧等便成为新的时尚因素。

6.3.2　汽车色彩对消费者的影响

(1)性别影响人们对汽车色彩的选择

男性喜欢黑色、银色、墨绿、香槟金的汽车,以展示男性的刚性、成熟。喜欢黑色的人很情绪化,尽管可能处于重压之下他们也会尽可能地表现得自然,他们通常会很复杂、高贵、戏剧性、正式并且给人一种强有力的感觉,他们可能成为非常有权力和威慑力的人。银色具有柔和、高雅的意象,而且属于中间性格,男女皆能接受,因此银色也是永远流行的主要颜色,在许多的高科技产品,尤其是和金属材料有关的,几乎采用银色来传达高级、科技的形象,使用银色时,大多利用不同的层次变化组合或搭配其他色彩,才不会过于单一、沉闷,而使人有呆板、僵硬的感觉。墨绿使人阴沉。总之,男性在选择汽车的同时,需要展示男性的刚性、成熟的特点。

大多数女性喜欢红色、黄色、白色。红色是跳跃兴奋的运动色,因其强烈的视觉冲击成为都市女性在购车时的最佳选择。据调查结果显示,将红色、银色作为自己购车的首选颜色的女性比率分别为 35.4%,31.5%。倾向于选择红色的女性年龄段一般为 18～35 岁,趋于年轻化。

代表车型:法拉利红跑(见图 6.14)。

跃马的车标和红色的贴地跑车,简直是一个不可跨越的高度。

选择红色车的人,是潮流的追随者,他们注重自我,比较在意自己的社会形象。艳丽的红色体现了车主热情、勇于尝试的个性。

图 6.14　红色法拉利跑车

代表车型:福克斯(见图 6.15)。

选择黄色车的人,什么事情都喜欢自己做主,别人的反对甚至会坚定他们做事的决心。很多时候勇往直前会碰钉子,最好还是好好计划再行事。

图 6.15　黄色福克斯汽车

代表车型:高尔夫(见图 6.16)。

白色能够陪衬多种不同颜色,喜欢白色汽车的人工作热情高,万事追求完美的境界,干事简练,从不拖泥带水。

图 6.16　白色高尔夫汽车

（2）年龄影响人们对汽车色彩的选择

调查结果表明,年龄层次越低,对颜色选择的范围越广,浅绿、明黄等明朗而少见的颜色在年轻的消费群体中占有一定的比例。而随着消费群体年龄的攀升,对汽车颜色的选择逐渐趋于单一,并以沉稳厚重的暗色系为主,银、黑、白依然是固定的色彩喜好。同时,在 35～45 岁的年龄层次,对灰色车型的喜好比例有所上升;在 45～50 岁的年龄层次,对深绿/墨绿车型的比例也有所上升。

代表车型:马自达(见图 6.17)。

对于当下的年轻人,蓝色是他们的最爱,因为蓝色感觉高贵、典雅、深沉,但是这个颜色感觉个性不突出,颜色稍显暗。喜欢蓝色的人,一般而言比较容易伤感。这类人也很容易满足,能够保持平衡、调和,经常保持沉着、安定,安全感比较强烈。他们通常处于轻松的状态,并因此而陶醉于理想的境界。

图 6.17　蓝色马自达汽车

代表车型:奥迪(见图 6.18)。

黑色,永远的流行色,沉稳有余、张扬不足,庄重大气有点酷,适合成熟男性商务用车,而且车体要大才好看。

图 6.18　黑色奥迪汽车

代表车型:迈腾(见图 6.19)。

图 6.19　银色迈腾汽车

调查结果显示,有 25% 的消费者最喜欢的汽车颜色是银色,虽然各种颜色被不同的消费群体所接受,但是银色这种不张狂,也不呆板的颜色显然成为众多消费者首选的颜色;以往一直霸占第一位的"黑色",退居第二,成为多数公务车的首选颜色。

喜欢银色车的人,不喜欢过于刺激的活动,由于个性好静,容易引起别人的好感,即便不是这样也不至于被人嫌弃。若车主为女性,则是不可多得的理想主妇。

(3)民族影响人们对汽车色彩的选择

中国人偏爱黑色、银色的汽车。黑色和银色代表着身份和地位。西方文化推崇直率,感情外露受到赞许。正因为如此,西方人喜欢白色、红色、绿色的汽车。

(4)消费层次影响人们对汽车色彩的选择

不同的消费层次对色彩选择有较大影响,根据调查结果,可以对消费者购买的车型作以下 3 个分类:

1)经济车型:5 万~15 万元

经济型轿车市场定位为收入稳定的普通消费者。由于这个价格区间的目标消费群体数量庞大,因此对经济型汽车颜色的需求也相对多样。生产厂商一般都为其经济型车辆制订了尽可能丰富的备选颜色。值得注意的是,一般比较鲜艳、明朗、轻快、时尚的色彩,是这个消费群体购车时的首选,也更能体现出车主的个性特点。以奇瑞 QQ 为例,黑、白、银、红、绿、蓝、黄等颜色都能在市面上看到,适合不同颜色喜好者的需要,也能因其多彩的颜色给消费者直接的感官刺激,从而留下深刻的印象。

2)中档车型:15 万~25 万元

在这个价位段,黑色同样受欢迎。同时深绿和墨绿色的受欢迎程度在中档车型中有所提高,但是鲜艳、夸张的颜色明显减少。由于这一价位段大致为中档轿车、SUV 等车型,已逐渐融入了商务用途,颜色过于鲜艳与场合不相匹配,因此所选颜色应比一般经济型用车略有收敛,但又不宜过分凝重。

3)高档车型:25 万元以上

高档车一般集家用、商用于一身,因此颜色比较沉稳厚重,以黑、白、银色为主。认为银色车型印象最深刻的占调查人数的 80% ,而选中黑色、白色车型的占调查人数的 20% 。

随着消费心理的成熟,消费者对汽车的选择标准已更加理性并趋于多元化,汽车生产厂商,要想在激烈的市场竞争中取胜,不仅要保证产品和售后服务的质量,更要深刻把握消费者的心态,无论是外形设计还是色彩喜好,都要满足消费者对车型的多方面需求。

第**7**章
汽车运动文化

7.1 汽车运动的起源

7.1.1 汽车运动的起源

"赛车"一词来自法文(Grand Prix),意思是大奖赛。在国外,汽车比赛几乎与汽车具有同样长的历史。今天,各式各样的汽车比赛被统称为现代汽车运动,它是世界范围内一项影响较大的体育运动。多姿多彩的汽车运动使这一冷冰冰的钢铁机器充满了柔情蜜意,同时,汽车运动的激烈、惊险、浪漫、刺激,不仅使成千上万的观众为之痴迷,而且还使世界汽车技术的发展日新月异。

汽车运动是指汽车在封闭场地内、道路上或野外比赛速度、驾驶技术和性能的一种运动项目。19 世纪 80 年代,欧洲大陆出现了最早的汽车。汽车运动也随着汽车工业的发展而兴起。从第一辆汽车被生产出来到第一次汽车比赛的举行只不过 10 年的时间。起初,汽车比赛的目的只是汽车生产厂家为了检查车辆的性能,宣传使用汽车的安全性和可靠性,因此汽车生产厂家积极资助,推销其产品。1894 年,Le Petit 日报的 Pierre Gifard 组织了世界上第一次汽车比赛,线路由巴黎到鲁昂(Rouen),共 80 mi(1mi = 1.609 344 km)。这次比赛远不及现在的大奖赛扣人心弦,引用当时的话:"without danger,easy to handle and cheap to run!"

1895 年 6 月 11 日,由法国汽车俱乐部和《鲁·普奇·杰鲁纳尔》报联合举办了世界上最早的长距离汽油车公路赛,线路由巴黎到波尔多往返,全程 1 178 km。获得比赛第一名的埃为尔·鲁瓦索尔共用 48 h 45 min,平均车速为 24.55 km/h。但是由于比赛规定车上只许乘坐 1 人,而他的车上却乘坐了 2 人而被取消了冠军的头衔。此次比赛共有 23 辆车参赛,跑完全程的只有 8 辆汽油车和蒸汽车。

赛车运动开展的初期出现过两次危机。一次是 1901 年的巴黎-柏林公路赛,一名男孩跨入赛道去看一辆开过去的车,被后来一辆车撞到并死亡。法国政府随后禁止了比赛,但最终在汽车业的强大压力下恢复了比赛。另一次是 1903 年的法国汽车俱乐部举办的巴黎-波尔多-

马德里的比赛中,有近300万观众在赛道两旁观看比赛。赛车在丛林行驶中,扬起的尘土阻挡了车手的视线,赛车撞向观众,很多人被撞。比赛随后被法国、西班牙政府终止。后来,法国政府再一次妥协,恢复了比赛。但为赛车运动制订了一些规则:为了避免汽车在野外比赛扬起漫天的尘土影响后面车手的视线,造成伤亡事故,车赛逐渐改在封闭的赛场和跑道上进行,赛道两旁围上护栏(barriers),比赛选在人口稀少的地方举行。这就是汽车场地赛的雏形,它被认为是封闭赛道(closed roads)开始的标志。

为了吸引更多的人参加汽车比赛,使比赛更加富有刺激性和挑战性,法国的勒芒市在1905年举行了第一次真正意义上的场地汽车大奖赛(见图7.1)。此时赛车已经职业化,德国、意大利、英国、美国都有自己的赛车参赛,涌现出 Felice Nazzaro,Georges Boillot,Jules Goux 等一批新的车手。

图7.1　1905年第一次世界性汽车大奖赛上场面

有些讽刺的是,法国汽车俱乐部举办的第一次汽车大奖赛,正标志着法国车坛统治地位的结束。在欧洲,德国、英国、意大利各国都想自己举办比赛。1907年,第一条专为比赛修建的赛道在英国萨里(Surrey)的布鲁克兰(Brooklands)建成。由于经济萧条,比赛规则及场地利益的冲突,法国于1909年退出了汽车大奖赛。

20世纪前10年,美国在汽车大奖赛中,与车队冠军、车手冠军无缘,从1909年印第安纳波利斯竞速比赛(the Indianapolis Motor Speedway)起,情况有了转机。赛车运动开始向西部扩展,越来越多的赛道在西部修建完成,最著名的是1 mi和2 mi的椭圆形赛道。这种赛道建造较快,采用经济的木材作为原料。经营商很喜欢这种赛道,因为观众座位得到规范,便于收费。观众也喜欢,因为他们可以看到整个赛道。这样的赛道使比赛更加紧张、快速,更加危险;这样的赛道使比赛过程变幻莫测,更加突显了车手的智慧与勇气。从1917年起,美国汽联(American Automobile Association)组织的全国冠军联赛全部采用椭圆形赛道,其中大多数是木制的,它也被人们戏称为"马达轰鸣的木版"(roaring boards)。这一时期著名的车手有 Ralph de Palma,Dario Resta。

1911年经济开始好转。第一次世界大战的前几年,欧洲的赛车运动有了短暂的发展。赛道开始重视转弯和曲折的设计与修建。赛车的设计不再一味追求大功率的发动机,更加关注操纵性、机动性和制动性,要求发动机在各种速度时都具有较好的可靠性。1914年时的赛车基本构造,在以后的40年中都没有大的改变。

第一次世界大战中,欧洲赛车运动基本处于停顿状态,战后相当一段时间才恢复起来。战争中,比赛虽然没有举办,但欧洲工程师们却从战争中学到了很多技术,欧洲人正走向一条通往先进科技的道路。第一次世界大战对赛车运动有两个重要的结果:一是意大利自此开始统治欧洲车坛;二是美欧在赛车上的科技差距开始拉大。

美国汽车制造商生产了许多车身瘦长的赛车,如 Miller 122,它们是为竞速赛道(speedways)量身定制的。在欧洲,Fiat 正在研制高转速顶置凸轮轴发动机(high-revving overhead camshaft engine),与之匹配的是轻质量的 805 底盘,这种组合使车速达到了 105 mi/ph。1922 年的法国斯特拉斯堡(Strasbourg)大奖赛上,FeliceNazzaro 驾驶这辆 Fiat 轻松夺冠。这次比赛也是赛车史上第一次集中发车(mass start)。1923 年,专为大奖赛设计的 Fiat805.405 问世,它安装了增压器(supercharger),它的设计还应用了风洞(wind-tunnel)。但出乎意料的是,在 1923 年的法国大奖赛上,它被一辆英国车击败。Henry Segrave 驾驶的 Sunbeam 赢得了比赛,这辆 Sunbeam 是 1922 年 Fiat 的抄袭版本。从此以后,Fiat 加强了保密工作,使用自己单独的人马,车手也固定为 Pietro Bordino 和 Nazzaro。Alfa-Romeo 在 1923 年生产了 P1,在此基础上,1924 年生产了大奖赛赛车 P2(见图 7.2)。P2 轻松赢得了 1925 年新举办的全年大奖赛的年度车队总冠军(World Championship for Manufacturers)。P2 的全胜一直保持到法国 Montlhery 大奖赛出现事故为止。

图 7.2　1924 年大奖赛冠军赛车 P2

由于参赛费用过于昂贵,Alfa-Romeo 宣布退出车坛。这时一场席卷全球的世界性经济危机(1929—1933 年)即将到来,它对欧洲的政治、经济、社会生活产生了很大的冲击,当然也对蓬勃发展的赛车运动产生了巨大的影响和冲击。赛车的这一黄金时代的结束就像它的开始一样突然。

如图 7.3—图 7.7 所示为各种赛车。

图 7.3　玛莎拉蒂赛车

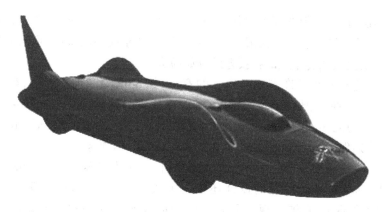

图 7.4　青鸟赛车

图 7.5　推力 2 号喷气式赛车

图 7.6　推力 SSC 赛车

图 7.7　保时捷赛车

7.1.2　汽车运动的魅力

与通常的体育运动相比,汽车运动不仅是车手个人技艺、意志和胆量的竞争,而且是汽车设计、产品质量的角逐,这种独具特色的双重性运动,更能体现人类精英与高新科技最完美的结合,体现人类对自然的征服能力。有了具有高科技产品的汽车公司作后盾,有了拥有雄厚经济实力的大企业集团的资助,再加之热心汽车运动的人们的积极参与,这就是汽车运动能够经久不衰的关键所在。汽车比赛不断推动着世界和各国汽车工业的技术革命,而汽车工业日新月异的变革又推动了汽车运动水平的不断提高。汽车运动自始至终围绕交通车和专门特制赛车这两大类车种发展。有钱人驾着刚刚问世不久的汽车,炫耀他们的"绅士派头"已成为历史。如今汽车甲级赛(即F1)驾驶员,他们身穿类似潜水员潜水服的长袖防火服,头盔和宇航员戴的差不多,如图7.8所示。

图7.8　专业赛车手的装备

现在的汽车赛已完全成为一种职业活动,出现了空前繁荣的局面。在赛车场,那些五彩缤纷的赛车,随着一声令下,竞相出发,开足马力冲向前方。车手们你追我赶地争先表演,赛车如万马奔腾、一泻而过,场面非常壮观,这对于20万~30万人的现场观众和数以亿计的电视观众来说极富刺激性,如图7.9所示。

图7.9　现代赛车比赛场面

汽车运动的魅力可以表现为以下几个方面:

(1)有助于改善汽车的性能

汽车赛有助于改善汽车的性能,尤其是它的动力性。汽车诞生100多年来,汽车技术得以不断发展的原因,在很大程度上是根据各式各样车赛所作的大量实验。赛车场是汽车技术的试验场。汽车赛可以作为汽车新构造、新材料实验等的最重要的手段。在比赛中获奖的赛车往往就是制造厂日后生产新车型的参考样本。20 世纪 50 年代,当日本汽车厂家决定加快汽车生产步伐时,首先选中的"基地"就是赛车场。20 世纪 60 年代,他们又将自己的赛车驶向国际赛场。向车坛霸主欧、美赛车宣战,在屡败屡战中吸收了对手的优点,找到了自己的不足,通过改进,他们不仅在赛车场获得了一席之地,而且为日本汽车工业的全面崛起奠定了坚实的基础。

如今,几乎所有赛车都采用了涡轮增压发动机,只有这种发动机才能达到 700 ~ 800 马力（1 马力 $\approx$ 0.736 kW）的输出功率。轮胎不断加宽、制动系统制冷及底盘的日臻完善,使赛车的速度日新月异。在高级赛车运动中,稳操胜券不仅仅靠驾驶者的天赋能力,还取决于发动机、底盘和轮胎三位一体的综合技术水准。从这个意义上讲,赛车活动是一场技术水准的大较量。

（2）强化的道路实验

汽车赛实质上是一种强化的道路实验。它能使汽车所有零部件都处于最大应力状态下工作,将正常使用条件下几年之后出现的问题在短短的几个小时之内就能暴露出来,节省了大量的时间。

（3）动态车展

汽车赛可喻为动态车展。一级方程式汽车比赛每年举行 16 场,分赛场遍布全世界。赛车几乎总是先进技术的结晶,今天,在汽车大赛中推出的每一部新的赛车,几乎都代表着一家汽车公司甚至一个国家在汽车方面的最新技术水平。不仅如此,赛车还体现了普通汽车发展的方向。比较当代新型轿车与 20 世纪 30 年代的赛车设计,不难发现它们之间有一些共同点,如较高的发动机转速、较大的压缩比、较小的汽车质量和流线型的车身等。从某种意义来说,赛车是汽车发展的先驱。最能代表赛车技术的一级方程式赛车,主要出自德国波尔汽车公司、意大利法拉利汽车公司、美国福特汽车公司和日本本田等汽车公司的精心杰作。福特汽车公司形象地把一级方程式汽车大赛称为高科技奥运会。在汽车大赛中推出的新型赛车,从设计到制造都凝聚着众多研制者的心血。在德国有 2 000 多名专门人才直接从事赛车的研制、设计和制造工作,美国约有 1 万人。正是这些专家,使得赛车成为代表高新技术的精品。

（4）最佳广告

汽车赛是生动的广告。组织得好的汽车赛,尤其是国际性高水平大赛能够吸引成千上万的观众。比赛中赛车和车队是汽车制造商和赞助商的最佳广告宣传载体,可以促进产品销售,为企业带来巨大的经济利益。正因为如此,许多车队才高薪争聘优秀的车手,大的公司才慷慨解囊赞助大型车赛。

（5）促进汽车大众化

汽车赛促进了汽车大众化。除职业性比赛外,世界各地的汽车爱好者们还自行组织进行一些小型的汽车比赛,这对汽车工业的发展有着另外一层意义。许多地方性的汽车俱乐部,联系着千千万万汽车运动爱好者,其广泛性和群众性是汽车大赛所无法比拟的,地方汽车俱乐部组织的汽车赛吸引大量参赛者和现场观众,通过比赛掀起了汽车热,把众多的人吸引到汽车上,传播汽车技术,扩大了汽车爱好者队伍,培育了潜在的汽车制造、使用、维修方面的人才和汽车市场。

（6）集人与车为一体的综合较量

汽车赛是集人与车为一体的综合较量。与通常的体育运动相比,汽车运动不仅是车手个人技艺、意志和胆量的竞争,而且是汽车设计、产品质量的角逐。这种独具特色的双重性运动,更能体现人类精英与高新科技最完美的结合,体现人类对自然的征服能力。

作为一项群众性体育活动,赛车不仅体现着技术革新的步伐,也体现出人类驾驭自然的能力。它壮观而激烈,充满着冒险的情趣,因而激起越来越多人的狂热。每次大奖赛到来,总有成千上万的爱好者趋之若鹜。英国以每张 1 500 美元的往返机票组织人们前往巴西观看汽车大赛;葡萄牙人和意大利人则成群结队地乘火车奔奥地利观看比赛。联邦德国、英国和南非,是甲级赛车的会聚之地,每次都有不下 10 万人前往观看。

汽车赛是车战? 商战? 金融战还是科技战? 谁也无法说清。它那丰富而又复杂的内涵超过了世界上任何一项体育运动。总之,有了具有高科技产品的汽车公司作后盾,有了拥有雄厚经济实力的企业集团的资助,再加上热心汽车运动的人们的积极参与,这就是汽车运动能够经久不衰的关键所在。

7.2 汽车运动的管理机构及重要赛事

7.2.1 汽车运动的管理机构

赛车运动的蓬勃发展促使法国、英国、德国、比利时等欧洲其他国家于 1904 年 6 月 20 日在法国巴黎成立了国际汽车联合会(法文缩写为 FIA,当时不是用此名,1946 年改为现称),它负责管理全世界汽车俱乐部和各种汽车协会的活动。国际汽车联合会有一个下层机构,称为国际汽车运动联合会(缩写为 FISA),成立于 1922 年,其任务主要是制订有关参赛的车辆、车手、路线和比赛方法等相应规则,对比赛记录进行认可,并在各地举行汽车比赛时作必要的调整和协调。国际汽车联合会标志如图 7.10 所示。

图 7.10 国际汽车联合会标志

国际汽车运动联合会由世界汽车运动委员会（World Motor Sport Council）的 22 个小组掌管,此委员会负责制订、监督和管理全球一切有关赛车事宜。在国际汽车联合会之下还设有若干具体赛事委员会,协助世界汽车运动委员会处理事宜,这些机构如下:

①）赛车委员会。

②国际小型赛车委员会。

③越野赛车委员会。

④越野吉普车委员会。

⑤登山越野车委员会。

⑥一级方程式赛车委员会。

⑦轿车锦标赛委员会。

⑧老式汽车委员会。

⑨太阳能车及电动车委员会。

⑩技术委员会。

⑪赛车日程委员会。

⑫安全及赛场委员会。

⑬制造厂委员会。

⑭记录委员会。

⑮医药委员会。

其中,⑩—⑮为服务机构。此外,各个国家的体育运动委员会（ASN）也是 FIA 的下设机构,它们就汽车赛有关事宜和 FIA 进行接触。

中国汽车运动联合会（FASC）于 1975 年在北京成立,1983 年加入国际汽车联合会。中国汽车运动联合会标志如图 7.11 所示。

图 7.11　中国汽车运动联合会标志

7.2.2　国际汽联的重要赛事

国际汽联每年根据各国的申请在世界上约 80 个国家和地区安排包括世界锦标赛、世界杯赛、世界大奖赛和地区赛在内的近 800 场各类国际汽车比赛。国际汽联的主要赛事如下:

国际汽联一级方程式锦标赛（FIA FORMULA ONE CHAMPIONSHIP）。

国际汽联方程式 3000 国际锦标赛（FIA FORMULA 3000 INTERNATIONAL CHAMPION-SHIP）。

国际汽联 GT 锦标赛（耐力赛）（FIA GRANDTOURING CAR CHAMPIONSHIP）。

国际汽联三级方程式洲际杯（FIA FORMULA 3 INTERCONTINENTAL CUP）。

国际汽联杯老爷车 GT 赛（FIA CUP FOR HISTORIC GRAND TOURING CARS）。

国际汽联杯萨罗布莱德大奖赛（FIA CUP FOR THOROUGHBRED GRAND PRIX CARS）。

国际汽联青少年方程式卢拉尼奖杯赛（FIA LURANI TROPHY FOR FORMULA JUNIOR CARS）。

国际汽联老爷房车欧洲挑战赛（FIA EUROPEAN CHALLENGE FOR HISTORIC TOURING CARS）。

国际汽联世界拉力锦标赛（FIA WORLD RALLY CHAMPIONSHIP）。

国际汽联 2 L 厂商世界杯赛(FIA2-LITRE WORLD CUP FOR MANUFACTURERS)。

国际汽联欧洲拉力锦标赛(FIA EUROPEAN RALLY CHAMPIONSHIP)。

国际汽联非洲大陆拉力锦标赛(FIA AFRICAN CONTINENT RALLY CHAMPIONSHIP)。

国际汽联中东拉力锦标赛(FIA MIDDLE EAST RALLY CHAMPIONSHIP)。

国际汽联亚太拉力锦标赛(FIA ASIA-PACIFIC RALLY CHAMPIONSHIP)。

国际汽联欧洲老爷车拉力赛大奖赛(FIA EUROPEAN HISTORIC SPORTING RALLY TROPHY)。

国际汽联拉力越野世界杯赛(FIA WORLD CUP FOR CROSS COUNTRY RALLIES)。

国际汽联爬坡欧洲锦标赛(FIA EUROPEAN HILL CLIMB CHAMPIONSHIP)。

国际汽联爬坡国际挑战赛(FIA INTERNATIONAL HILL CLIMB CHALLENGE)。

国际汽联老爷车爬坡挑战赛(FIA HISTORIC HILL CLIMB CHALLENGE)。

国际汽联直线竞速锦标赛(FIA EUROPEAN DRAG RACING CHAMPIONSHIP)。

国际汽联拉力越野赛手和 1.4 L 欧洲杯锦标赛(FIA EUROPEAN CHAMPIONSHIP FOR RALLYCROSS DRIVERS & FIA EUROPEAN 1 400 CUP)。

国际汽联场地越野赛手和 1.6 L 欧洲杯锦标赛(FIA EUROPEAN CHAMPIONSHIP FOR AUTOCROSS DRIVERS & FIA EUROPEAN 1 600 CUP)。

国际汽联太阳能动力杯赛(FIA LECTRO-SOLAR CUP)。

国际汽车运动赛事种类繁多,下面就主要的国际赛事作些简单介绍。

7.3　一级方程式锦标赛

7.3.1　方程式汽车赛的级别

方程式汽车赛属于汽车场地赛的一种。1950 年,国际汽车运动联合会出于安全和汽车技术发展的需要,颁布了赛车竞赛规则,对汽车自身质量、车长、车宽、发动机功率和发动机排量等技术参数作出了一系列规定,使车赛趋于公平,于是便有了"方程式"(Formula)的概念,该词既有方程式的意思,也有准则、方案的含义,联系到车赛,应把它理解为规则、级别更为合理。以共同的方程式(规则限制)所造出来的车就称为方程式赛车。方程式汽车赛按发动机排量和功率分为 3 个级别:一级方程式(简称 F1,发动机排量 3.5 L,功率 478 kW,最高时速超过 315 km)、二级方程式(简称 F2,发动机排量 3 L,功率 350 kW)和三级方程式(简称 F3,发动机排量 2 L,功率 125 kW),其中等级最高者是 F1。1950 年 5 月 13 日在英国的银石赛车场举行了第一次世界一级方程式汽车赛。自那以后,汽车比赛逐步成为一项全球范围内的规范性体育运动。下面就一级方程式赛车作些介绍,F1 就是 Formula One 的缩写,中文称为一级方程式赛车。F1 的标志如图 7.12 所示。

图 7.12　F1 标志

1950 年 5 月 13 日,在英国的银石赛车场举行了首届世界一级方程式汽车大赛,当时只有 7 场比赛,后来场次逐渐增加,1996 年重新规定最多为 17 场,现在一般为 16 场,2006 年为 18 场。所有比赛均由国际汽车联合会(FIA)安排,赛场遍布全球。

7.3.2 世界主要赛道介绍

(1)澳大利亚　墨尔本　阿尔伯特公园赛道

阿尔伯特公园赛道示意图及实景图如图 7.13、图 7.14 所示。

赛道长度:5.303 km。

赛道记录:1 min 24 s 408(2004,舒马赫,法拉利)。

比赛总长度:307.574 km。

比赛总圈数:58 圈。

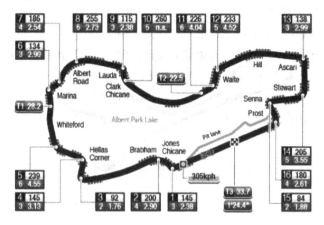

图 7.13　阿尔伯特公园赛道示意图

图 7.14　阿尔伯特公园赛道实景图

(2)马来西亚　吉隆坡　雪邦赛道

雪邦赛道示意图及实景图如图 7.15、图 7.16 所示。

赛道长度:5.543 km。

赛道记录:1 min 34 s 649(2004,蒙托亚,威廉姆斯)。

比赛总长度:310.408 km。

比赛总圈数:56 圈。

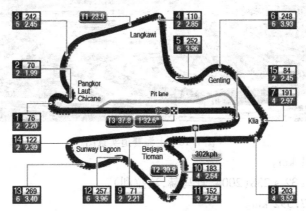

图 7.15　雪邦赛道示意图

图 7.16　雪邦赛道实景图

(3)中国　上海　上海国际赛车场赛道

上海国际赛车场赛道示意图及实景图如图 7.17、图 7.18 所示。

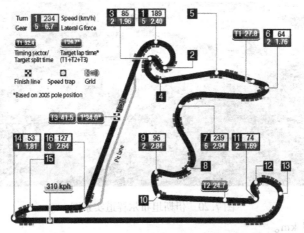

图 7.17　上海赛道示意图

图 7.18   上海赛道实景图

赛道长度:5.451 km。

赛道记录:1 min 32 s 238(2004,舒马赫,法拉利)。

比赛总长度:307.592 km。

比赛总圈数:53 圈。

(4)土耳其   伊斯坦布尔赛道

伊斯坦布尔赛道示意图及实景图如图 7.19、图 7.20 所示。

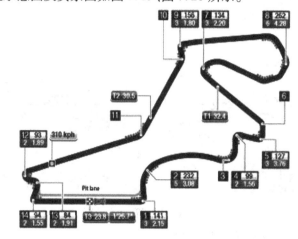

图 7.19   伊斯坦布尔赛道示意图

图 7.20   伊斯坦布尔赛道实景图

赛道长度:5.378 km。

赛道记录:1 min 24 s 770(2005,蒙托亚,迈凯轮)。

比赛总长度:307.546 km。

比赛总圈数:57 圈。

(5)西班牙　巴塞罗那　加泰罗尼亚赛道

加泰罗尼亚赛道示意图及实景图如图7.21、图7.22所示。

赛道长度:4.730 km。

赛道记录:1 min 15 s 641(2005,费斯切拉,雷诺)。

比赛总长度:307.323 km。

比赛总圈数:65 圈。

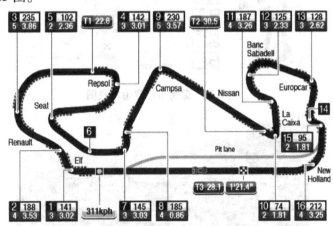

图7.21　加泰罗尼亚赛道示意图

图7.22　加泰罗尼亚赛道实景图

(6)摩纳哥　蒙特卡洛赛道

蒙特卡洛赛道示意图及实景图如图7.23、图7.24所示。

赛道长度:3.340 km。

赛道记录:1 min 14 s 439(2004,舒马赫,法拉利)。

比赛总长度:260.520 km。

比赛总圈数:78 圈。

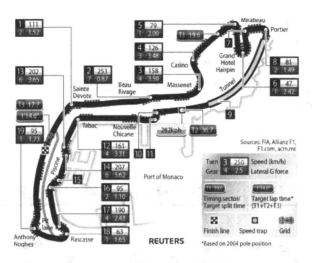

图 7.23　蒙特卡洛赛道示意图

图 7.24　蒙特卡洛赛道实景图

(7)加拿大　蒙特利尔　维伦纽夫赛道

维伦纽夫赛道示意图及实景图如图 7.25、图 7.26 所示。

赛道长度:4.361 km。

赛道记录:1 min 13 s 622(2004,巴里切罗,法拉利)。

比赛总长度:305.270 km。

比赛总圈数:70 圈。

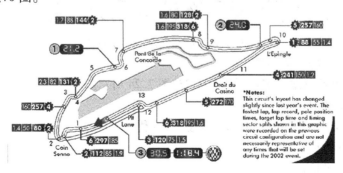

图 7.25　维伦纽夫赛道示意图

图7.26　维伦纽夫赛道实景图

（8）西班牙　瓦伦西亚赛道

瓦伦西亚赛道示意图及实景图如图7.27、图7.28所示。

赛道长度:5.440 km。

赛道记录:1 min 38 s 683(2009,蒂姆·格洛克,丰田)。

比赛总长度:310.080 km。

比赛总圈数:57圈。

图7.27　瓦伦西亚赛道示意图

图7.28　瓦伦西亚赛道实景图

（9）英国　银石赛道

银石赛道示意图及实景图如图 7.29、图 7.30 所示。

赛道长度：5.141 km。

赛道记录：1 min 18 s 739（2004，舒马赫，法拉利）。

比赛总长度：308.586 km。

比赛总圈数：60 圈。

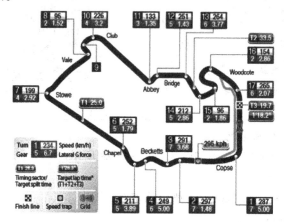

图 7.29　银石赛道示意图

图 7.30　银石赛道实景图

（10）德国　霍根海姆赛道

霍根海姆赛道示意图及实景图如图 7.31、图 7.32 所示。

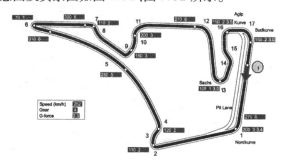

图 7.31　霍根海姆赛道示意图

图 7.32　霍根海姆赛道实景图

赛道长度:4.574 km。

赛道记录:1 min 13 s 700(2004,舒马赫,法拉利)。

比赛总长度:307.458 km。

比赛总圈数:67 圈。

7.3.3　Fl 赛车

F1 赛车主要出自德国波尔舍公司和宝马公司、意大利法拉利公司、美国福特公司和日本丰田公司等几家大公司。法拉利赛车如图 7.33 所示。

图 7.33　法拉利赛车

发动机是 Fl 赛车取胜的关键因素。一辆赛车发动机大约由 6 000 个零件组成,造价 13 万多美元,而且每一场比赛用过之后就必须更换。Fl 赛车走过了几十年的历程,变化最大的也是发动机的技术。在 20 世纪 50 年代,Fl 赛车曾采用过增压发动机,70 年代,福特公司生产的自然吸气式发动机称霸一时,共获得了 55 次世界冠军。1977—1989 年,流行废气涡轮增压发动机,其输出功率为自然吸气式发动机的 2 倍,最高输出功率可达 880 kW,赛车在直道上的速度可达 350 km/h 以上,弯道速度可达 280 km/h。出于安全的考虑,从 1989 年起,FIA 规定禁止使用废气涡轮增压器,一律使用排量不大于 3.5 L(1995 年又限定为 3.0 L)、汽缸数不超过12 个的自然吸气式发动机(禁止使用转子发动机),并且限制进排气门的尺寸。发动机采用高标号汽油,微机控制点火装置。机油和水的冷却均靠行驶时产生的气流进行空冷。F1 赛车结构如图 7.34 所示,F1 赛车引擎如图 7.35 所示。

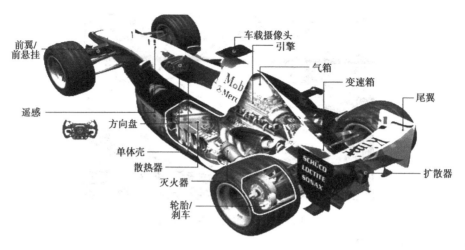

图7.34 F1赛车结构

图7.35 F1赛车引擎

　　F1赛车连人带车及燃料总重不得低于600 kg,0~100 km/h加速时间为2.3 s,由0 km/h加速到200 km/h再减速到0 km/h,所需的时间也只有12 s。这么轻的车子要在这么快的速度下奔驰,要求Fl赛车车身应该具有特殊的形状。Fl赛车车身酷似火箭倒放于4个轮子之上,发动机位于中后部。它的外形是综合考虑减小车身迎风面积和增加与地面附着力,以及赛车运动规则而成形的。赛车疾驶时,迎面会遇到极大的空气阻力,为了减小空气阻力,赛车外形要尽可能呈流线型,以获得较小的迎风面积。通过减小迎风面积并采用扰流装置,借以减小空气阻力,提高速度。另外,当赛车高速前进时会产生向上的升力,使车轮与地面之间的附着力减小,导致赛车"发飘",影响加速和制动。在赛车尾部安装后翼板后,可以增加向下的压力,使赛车行驶时的附着力增大。

　　轮胎也是赛车的关键技术。为了充分发挥发动机的动力,轮胎制作得相当宽大(前轮约为290 mm,后轮约为380 mm),用以增加与地面的接触面积。根据天气的不同,赛车选用不同的轮胎。在无雨时选用干地轮胎,这种轮胎表面光滑,无任何花纹,以利于与地面良好贴合;在湿滑条件下则要选用湿地轮胎,这种轮胎具有明显的花纹,以利于排出轮胎与地面之间的积水,保持必要的附着力。比赛中的高速行驶及频繁的强力转向和紧急制动使轮胎磨损极快,经常需要在中途更换轮胎。赛车轮胎只有一个紧固螺栓,便于迅速拆装。F1 赛车轮胎如图 7.36 所示。

图 7.36   F1 赛车轮胎

　　F1 的安全问题一直是公众瞩目的焦点。F1 赛车极快,为保障车手的安全,赛车、赛道和赛手的穿着都采取了相应的安全措施。赛车由高强度的材料制成,赛车前后部装有防翻滚装置,车手坐在为他量身定制的一体化驾驶舱中,驾驶舱内配备了无线电系统插头、饮料、特制灭火器及油箱。车手身穿用特殊材料做成的连体防护服,其印满了赞助商的名称与商标。为安全起见,赛道两旁一般铺设宽阔的草地或沙地,以便将赛道与观众隔开,同时也可作为赛车出道之后的缓冲区。上海上字形国际赛车场的赛道采取沥青层、绿化缓冲区、沥石缓冲区、轮胎防撞墙、三肋防撞墙和铁丝防护网 6 级防护措施,以增加 F1 大赛的安全系数。

　　赛车的安全头盔、颈椎保护装置、头盔耐压测试、饮水系统及安全防护系统等如图 7.37—图 7.43 所示。

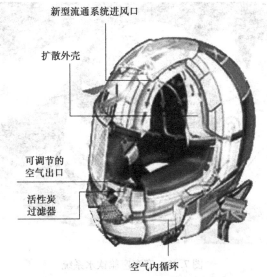

图 7.37   赛车安全头盔

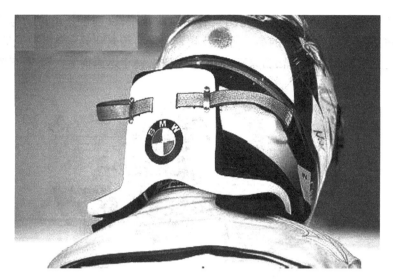

图 7.38 赛车颈椎保护装置

图 7.39 赛车头盔耐压测试

图 7.40 赛车座舱饮水系统

图 7.41 赛道安全防护系统(1)

图 7.42 赛道安全防护系统(2)

图 7.43 赛道安全防护系统(3)

正是因为 F1 赛车具有如此先进的结构和装备,才使它具有了普通汽车所难以达到的良好性能,每辆赛车都是机械、电子、材料等现代高科技的结晶。

7.3.4 F1 赛车手

据国际汽车联合会(FIA)规定,参加 F1 比赛的选手,必须持有"超级驾驶执照"。而每年,全世界有资格驾驶 Fl 赛车的车手不能超过 100 名。因此,为了跻身 Fl 赛场,每名车手必须过五关斩六将,先是小型车赛,然后是三级方程式,接着是二级方程式;这一切都通过了,才能获得"超级驾驶执照",成为 Fl 车手。如图 7.44 所示为 1991 年舒马赫拿到超级驾驶执照的证书。

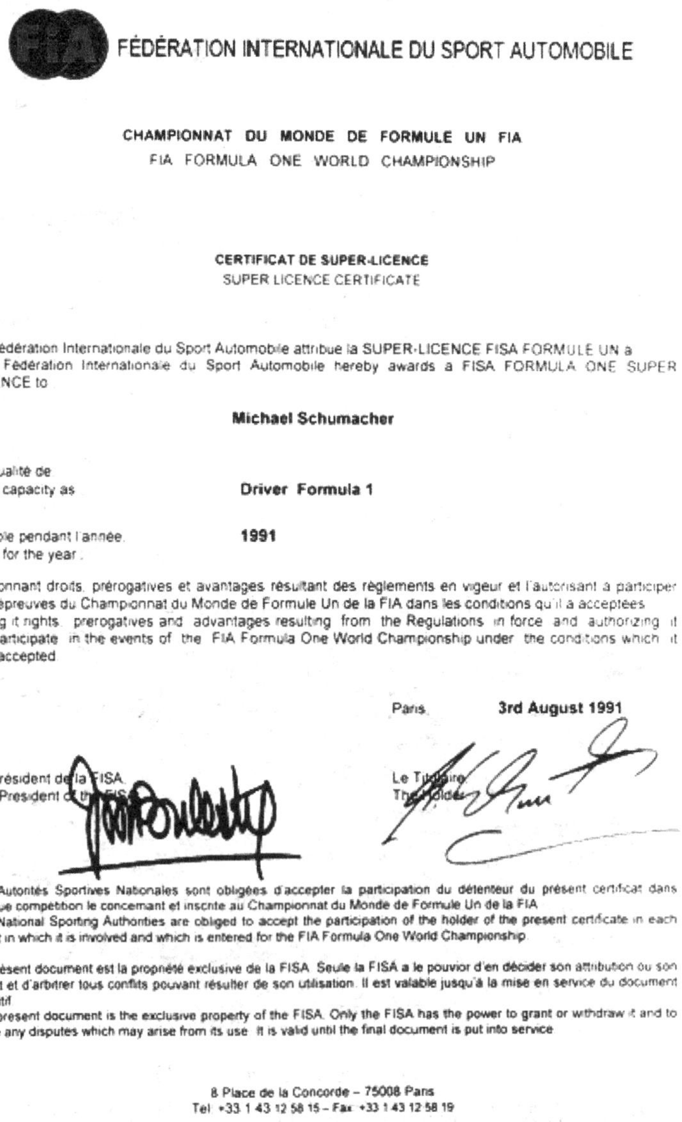

FÉDÉRATION INTERNATIONALE DU SPORT AUTOMOBILE

CHAMPIONNAT DU MONDE DE FORMULE UN FIA
FIA FORMULA ONE WORLD CHAMPIONSHIP

CERTIFICAT DE SUPER-LICENCE
SUPER LICENCE CERTIFICATE

La Fédération Internationale du Sport Automobile attribue la SUPER-LICENCE FISA FORMULE UN a
The Fédération Internationale du Sport Automobile hereby awards a FISA FORMULA ONE SUPER LICENCE to

Michael Schumacher

en qualité de
in its capacity as   **Driver Formula 1**

valable pendant l'année.   **1991**
valid for the year .

lui donnant droits, prérogatives et avantages résultant des règlements en vigeur et l'autorisant à participer aux épreuves du Championnat du Monde de Formule Un de la FIA dans les conditions qu'il a acceptées
giving it rights, prerogatives and advantages resulting from the Regulations in force and authorizing it to participate in the events of the FIA Formula One World Championship under the conditions which it has accepted

Paris   **3rd August 1991**

Le Président de la FISA
The President of the FISA

Le Titulaire
The Holder

Les Autorités Sportives Nationales sont obligées d'accepter la participation du détenteur du présent certificat dans chaque compétition le concernant et inscrite au Championnat du Monde de Formule Un de la FIA
The National Sporting Authorities are obliged to accept the participation of the holder of the present certificate in each event in which it is involved and which is entered for the FIA Formula One World Championship

Le présent document est la propriété exclusive de la FISA. Seule la FISA a le pouvoir d'en décider son attribution ou son retrait et d'arbitrer tous conflits pouvant résulter de son utilisation. Il est valable jusqu'à la mise en service du document définitif
The present document is the exclusive property of the FISA. Only the FISA has the power to grant or withdraw it and to settle any disputes which may arise from its use. It is valid until the final document is put into service

8 Place de la Concorde – 75008 Paris
Tel +33 1 43 12 58 15 – Fax +33 1 43 12 58 19

图 7.44 1991 年舒马赫拿到超级驾照的证书

　　F1 车赛不仅是车速的比试,同时也是车手体能和意志的较量,因此 F1 车手必须集身体素质、车技、经验和斗志于一身。比赛中,高速行驶的赛车在转弯时会产生巨大的离心力,这种离心力使人感到非常恶心,感觉五脏六腑都与身体骨架脱节;比赛中,车手一直处于神经高度紧张的状态,赛车内温度极高,车手的水分、盐分和矿物质消耗极快。因此,从某种意义上来说 F1 大赛是对车手身体的摧残。

　　在 Fl 大赛中要取得好成绩必须具有娴熟的驾驶技术和丰富的赛车经验。掌握拐弯时的各种战术可以说是车手取胜的法宝。在赛车拐弯前,各车手都会作好超前的准备,比较常用的方法是掌握赛车的制动以超过对方。由于 Fl 赛车的车速极快,转向时最容易出现危险。

7.3.5　F1 著名车队

（1）雷诺车队（见图 7.45）

图 7.45　雷诺车队

　　车队所在地:英国恩斯顿。

　　车手:费尔南多-阿隆索/基安卡尔洛。

　　试车手:科瓦莱恩。

　　赛车型号:R26。

　　引擎:RS26。

　　轮胎:米其林。

　　首次参加 F1 时间:1977 年。

　　获得冠军次数:1 次。

　　最好名次:第一名（125 次）。

　　获得杆位次数:43 次。

　　创造最快圈速次数:22 次。

　　2005 赛季前期,雷诺车队在比赛中占据优势。尽管迈凯轮车队在后面的比赛中表现神勇,但雷诺车队依然将优势保持到最后,最终赢得了双冠头衔。阿隆索荣膺 F1 历史上最年轻的车手冠军,而雷诺车队也成为获得车队冠军殊荣的首个主流汽车制造商。

（2）迈凯轮车队（见图7.46）

图7.46　迈凯轮车队

车队所在地:英国沃金。

正式车手:基米·雷克南/胡安·帕伯罗·蒙托亚。

试车手:德拉·罗萨/帕菲特。

赛车型号:MP4-21。

引擎:奔驰 FO 108S。

轮胎:米其林。

首次参加 F1 时间:1966 年。

获得冠军次数:8 次。

最好名次:第一名(148 次)。

获得杆位次数:122 次。

创造最快圈速次数:125 次。

2005MP4-20 赛车是 2005 赛季最快的赛车。迈凯轮一共赢得了 10 个分站赛的冠军,比雷诺车队还多两个,但是赛车糟糕的可靠性使迈凯轮车队与冠军失之交臂。雷克南获得车手亚军,而其队友蒙托亚因肩伤错过两站比赛,最终获得了第四。

（3）法拉利车队（见图7.47）

图7.47　法拉利车队

车队所在地:意大利马拉内洛。

正式车手:迈克尔·舒马赫/菲利普·马萨。

试车手:卢卡·巴杜尔/吉恩。

赛车型号:248F1。

引擎:Type056。

轮胎:普利司通。

首次参加 F1 时间:1950 年。

获得冠军次数:14 次。

最好名次:第一名(183 次)。

获得杆位次数:179 次。

创造最快圈速次数:184 次。

2005 赛季,法拉利车队因为新规则而苦苦支撑,尤其是那些对轮胎表现和可靠性有较高要求的规则。法拉利车队一共 7 次登上领奖台,其中包括一次在印第安纳玻利斯站获得分站赛冠军,而这次分站赛冠军还是在米其林轮胎退出,仅有 6 辆车参赛的情况下获得的。法拉利车队最终在 2005 赛季位列第三。

(4)丰田车队(见图 7.48)

图 7.48　丰田车队

车队所在地:德国科隆。

车手:拉尔夫·舒马赫/雅诺·特鲁利。

试车手:奥利弗·潘尼斯/里卡多·宗塔。

赛车型号:TF106。

引擎:RVX-06。

轮胎:米其林。

首次参加 F1 时间:2002 年。

获得冠军次数:0 次。

最好名次:第二名(2 次)。

创造最快圈速次数:1 次。

2005 年丰田车队在 2005 赛季进步巨大,共获得两个杆位,5 次登上颁奖台,最终获得第四名,屈居法拉利车队后。丰田车队获得积分最多的是在巴林站,特鲁利获得第二,拉尔夫·舒马赫获得第四;获得积分最少的是在印第安纳波利斯站,拉尔夫·舒马赫由于速度过快出现事故,而在此之后米其林轮胎退出了比赛。

（5）威廉姆斯车队（见图7.49）

图7.49　威廉姆斯车队

车队所在地:英国格罗弗。

正式车手:马克·韦伯/罗斯伯格。

试车手:卡菲基恩/伍尔兹。

赛车型号:FW28。

引擎:考斯沃斯 CA2006。

轮胎:普利司通。

首次参加 F1 时间:1975 年。

获得冠军次数:9 次。

最好名次:第一名(113 次)。

获得杆位次数:125 次。

创造最快圈速次数:128 次。

对威廉姆斯车队来说,2005 赛季是一个困难重重的赛季,昔日王者仅名列第五。之后,引擎合作伙伴宝马起身离去;而海德菲尔德在纽伯格林赛道获得个人生涯的首个杆位后,却因为疾病和伤痛错过了 5 站比赛。威廉姆斯车队在摩纳哥站的比赛中获得的成绩最好,两名车手双双登上了领奖台。罗斯伯格与威廉姆斯车队签约,他将在 2006 赛季与马克·韦伯并肩作战。

（6）本田车队（见图7.50）

图7.50　本田车队

车队所在地:英国布拉科利。

正式车手:鲁本·巴里切罗/简森·巴顿。

试车手:戴维森。

赛车型号:RA106。

赛车型号:RA806E。

轮胎:米其林。

首次参加 F1 时间:1964 年。

获得冠军次数:0 次。

最好名次:第一名(3 次)。

获得杆位次数:2 次。

创造最快圈速次数:2 次。

在 20 世纪 80 年代和 90 年代,本田车队作为威廉姆斯和迈凯轮车队的引擎供应商,享受了冠军的荣耀。而现在,本田车队收购了英美车队,组建 F1 车队重返赛场。

(7)红牛车队(见图 7.51)

图 7.51 红牛车队

车队所在地:英国米尔顿·基尼。

正式车手:塞巴斯蒂安·维特尔/马克·韦伯。

试车手:塞巴斯蒂安·布埃米。

赛车型号:RB8。

引擎:雷诺 RS27-2012。

轮胎:倍耐力。

首次参加 F1 时间:2005 年。

获得冠军次数:3 次。

获得杆位次数:46 次。

创造最快圈速次数:29 次。

这支奥地利车队在 2004 年收购了美洲虎车队,2005 年首次参赛便取得了成功,在前两个分站赛取得的积分超过了美洲虎车队 2004 年全年的积分,最后在赛季结束时获得了第七名,仅比英美车队少 4 个积分。2006 年,红牛车队放弃了考斯沃斯引擎,转而使用法拉利引擎。

(8)宝马索伯车队(见图7.52)

图 7.52　宝马索伯车队

车队所在地:德国慕尼黑/瑞士新威尔。

正式车手:海德菲尔德/雅克·维伦纽夫。

赛车型号:F1.06。

引擎:BMWP86。

轮胎:米其林。

首次参加 F1 时间:1993 年。

获得冠军次数:0 次。

最好名次:第三名(6 次)。

获得杆位次数:0 次。

创造最快圈速次数:0 次。

2005 赛季,皮特·索伯与宝马磋商后,于 2005 年 6 月宣布他将不再担任车队经理,车队将由宝马接管。2004 年风洞的投资获得了良好的回报,车队的稳定性令人印象深刻。12 站比赛中都获得了积分,在车队积分榜上排名第六,并在 2005 年签下了前世界冠军雅克·维伦纽夫。

7.3.6　F1 冠军车手

1994—2011 年期间 F1 冠军车手见表 7.1。

表 7.1　1994—2011 年期间 F1 冠军车手

届　　次	车　手	国　籍	车　队
2011	维特尔	德国	红牛
2010	维特尔	德国	红牛
2009	巴顿	英国	布朗 GP
2008	汉米尔顿	英国	迈凯轮

续表

届 次	车 手	国 籍	车 队
2007	莱科宁	芬兰	法拉利
2006	阿隆索	西班牙	雷诺
2005	阿隆索	西班牙	雷诺
2004	舒马赫	德国	法拉利
2003	舒马赫	德国	法拉利
2002	舒马赫	德国	法拉利
2001	舒马赫	德国	法拉利
2000	舒马赫	德国	法拉利
1999	哈基宁	芬兰	迈凯轮
1998	哈基宁	芬兰	迈凯轮
1997	维伦纽夫	加拿大	威廉姆斯
1996	D-希尔	英国	威廉姆斯
1995	舒马赫	德国	贝纳通
1994	舒马赫	德国	贝纳通

著名 F1 冠军车手有维特尔、巴顿、汉米尔顿等,如图 7.53—图 7.58 所示。

图 7.53　F1 冠军车手塞巴斯蒂安·维特尔

图 7.54　F1 冠军车手简森·巴顿

图 7.55 F1 冠军车手尤兹·汉米尔顿

图 7.56 F1 冠军车手吉米·莱科宁

图 7.57 F1 冠军车手费尔南多·阿隆索

图 7.58 F1 冠军车手迈克尔·舒马赫

7.4 其他著名的汽车大赛

7.4.1 勒芒 24 h 世界汽车耐力锦标赛

距巴黎西南面 200 km 的勒芒有一条 13.6 km 长的著名赛车环路,从 1923 年开始,每年 6 月份(1936 年、1940—1948 年除外)都要举行汽车连续行驶 24 h 的比赛。在一昼夜之中汽车的行程超过 5 000 km、平均车速超过 200 km/h。最高车速超过 300 km/h,需要两个驾驶员轮流驾驶与休息,行驶距离最长者获胜。这项竞赛可以说是距离最长(不停车检修)的汽车耐力赛,发动机长时间地吼叫、汽车在不停地狂奔,驾驶员丝毫不能松懈,精神紧张,无论是对汽车还是对驾驶员都是极其严峻的考验。因此,各个汽车公司都希望利用这项大赛来显示汽车产品的优良性能。这就是著名的勒芒 24 h 世界汽车耐力锦标赛,如图 7.59 所示。

图 7.59　勒芒 24 h 世界汽车耐力锦标赛

　　20 世纪 60 年代,福特汽车公司力图制造出赛坛名车以树立企业形象。该公司的主攻方向是勒芒 24 h 大赛,参赛的"武器"是 GT40 型赛车,如图 7.60 所示。该车异常低矮,总高度仅 40 in(1 016 mm),因而命名为 40 型。1964 年,该车首次在勒芒亮相,并无建树,被法拉利车队囊括了第一、第二和第三名。1965 年,法拉利车队又一次包揽三甲。福特汽车公司败而不馁,着力改进了汽车结构,装备一台 7 L 的发动机,可发出 294 kW,使该车以全新的面貌展现在 1966 年的赛事中。为此,持聘布鲁斯·麦克拉伦和克里斯·阿芒披挂上阵。二人不负厚望,一举夺冠,其余两辆福特 GT40 型也同时夺得第二、第三名,可谓"倒转法拉利的乾坤"了！随后,该车又在 1967—1969 年勒芒大赛上连续夺标,创下四连冠的佳绩。还应提一下,布鲁斯·麦克拉伦从此崭露头角,组建了自己的车队,以自己设计的 M8B 型赛车 4 次夺得加纳—美国汽车锦标赛冠军,由此名声大噪。这位出色的设计师兼赛车手被授予"沙格雷夫奖金"。不幸的是,在 1973 年,麦克拉伦领奖之前在驾驶他的新式 M8D 型赛车试验中殉难。

图 7.60　福特 GT40 赛车

截至1994年,勒芒24 h汽车耐力赛已举行62届。前58届的冠军均被欧美汽车垄断。1991年第59届比赛上,装备转子发动机的日本汽车马自达大显雄风,除夺取冠军外,其余两辆车均打进前20名,充分显示出这种发动机的结构优越性。好景不长,同年国际汽车运动联合会决定修改竞赛规则,将转子发动机排斥在外。于是1992年起,冠军又回到欧洲车中。1993年和1994年的赛车中,丰田和本田赛车已取得名列前茅的佳绩。

7.4.2 世界拉力锦标赛

汽车拉力赛属于长距离比赛。汽车拉力赛的"拉力"来自英语RaUy,意思是集合。World Rally Championship的缩写为WRC,中文称为世界拉力锦标赛或世界越野锦标赛,全年赛程规划有14站,分别在14个不同的国家举行,赛季分为两部分。在上半年赛季结束之后,经过1个月的休息之后再进行下半年赛季,让各车队对车辆与车手作些调整。WRC世界越野锦标赛可以说是所有赛车项目中最苛刻,也最接近真实的一种比赛,因为所有参赛车辆都是按实际情况研发制作而成,并在雨林地带、泥泞地、雪地、沙漠及蜿蜒山路等全球各地最具代表性险恶路段的道路中进行。10亿多人次通过电视转播或其他媒体观赏这世界顶级的赛事,如图7.61、图7.62所示。

图7.61 世界拉力锦标赛

图7.62 世界拉力锦标赛

比赛组别分项比赛依参赛车的不同分为原厂组Group N及改装组Group A两大组别。即拉力赛是将参赛的汽车集合在一起进行比赛,然后再集合,再比赛,反复进行,最后根据每辆赛车的总成绩排出名次。世界汽车拉力赛通常在世界各地确定若干站,最后一站比赛结束后,根据车手和车队各站比赛的总积分,排定年度冠军车手和冠军车。巴黎—达喀尔汽车拉力赛是世界行程最长的汽车拉力赛。从 1995 年后,巴黎—达喀尔汽车拉力赛改为格拉纳达—达喀尔汽车拉力赛,如图 7.63、图 7.64 所示。

图 7.63　达喀尔汽车拉力赛

图 7.64　达喀尔汽车拉力赛

　　1985 年,在中国汽联的前身国家体委一司摩托处、中国对外体育服务公司以及中国香港汽车会的具体组织下,首届 555 香港—北京汽车拉力赛正式举行。路线总长 3 400 多 km,纵跨 7 个省市。比赛组织工作牵动了国家体委、公安部、交通部、总参等 20 余个部委,规模和气魄国际少有。比赛的成功举办为中国汽联日后组织大型国际性汽车赛事奠定了良好的基础,也使拉力赛成为中国汽车运动的一个先驱性项目。港京拉力赛共计举办了 7 届,分别在 1985—1987 年,1993—1996 年。自 1994 年起,港京拉力赛以其出色的组织工作开始被国际汽联列为亚太拉力锦标赛的一站。在国际上,港京拉力赛以其线路长、规模大、地形变幻莫测、沿途风光绮丽而获得广泛赞誉,成为世界上最具魅力的汽车拉力赛之一,如图 7.65 所示。1997年,为了申办世界拉力锦标赛,港京拉力赛改版为中国拉力赛,它采用梅花形路线,在北京和河北省北部山区举行。整个赛事严格按照世界拉力锦标赛规则设计。为此,中国汽联将赛事总部设在怀柔的雁栖湖旅游区,并勘测出一条高标准的比赛路线。经过 1997 年、1998 年连续两年的成功举办,比赛的组织水平不断提高,得到了国际上的广泛赞誉,同时也获得国际汽联官员的一致肯定。中国拉力赛因而被批准列为 1999 年世界拉力锦标赛的一站,并获得了很大成功。2000—2001 年,中国拉力赛仍然是国际汽联亚太拉力锦标赛的一站,比赛地点则变更为广东省北部的韶关,那里拥有全国最好的沙石路赛段,每年吸引大量来自日本、韩国、新西兰、澳大利亚、印度、马来西亚以及意大利和英国的赛车参与,中国内地、中国台湾、中国香港地区的车手积极参与,日益成为拉力赛中的主力,如图 7.66 所示。

图 7.65　港京拉力赛

图 7.66　中国拉力赛

短道拉力赛是拉力赛的一站比赛,一般把整个赛段分成20~30个分赛段进行比赛,3 d完成。每个赛段的长度在20 km左右。为了使比赛更有影响力,达到更好的宣传效果,满足赞助商在宣传上的回报,能使更多的人亲临现场目睹拉力赛车在比赛时的一个个精彩画面以及那扣人心弦的激烈竞争的场面。有些国家逐渐地把第1个赛段设计在开幕式中、设计在城镇郊区的公园内,甚至可以设置在体育场内,并且可以反复使用。目前英国、澳大利亚等国(世界拉力锦标赛)正是这样操作的。这个赛段是人工修造在特定场地中的一条沙石路,也可作为临时性的建设。由于这个赛段的比赛具有观众多、观赏性强、广告效益好、可作现场直播等特点,因此很容易被广大观众所了解。这种赛段的长度一般在2 km左右,分内外两条车道,中间由立交桥交叉换道,形成一个整圈。比赛时两辆车分别在内外车道同时发车,每辆车完成一个整圈,记录该车所完成的时间。谁的时间短谁就是这个赛段的获胜者。这个赛段的比赛发车及路线控制形式一般采用场地赛的方法进行,比如,发车要看信号灯,路线的重要地点有裁判员出示信号旗,甚至可以采用电子计时设备记录时间。

由于这种比赛的路线很短,又可作为拉力赛中的一个赛段,并具有拉力赛的风貌,因此可把这种比赛称为短道拉力赛(其实也可称为场地沙石路赛、短道赛、场地混合路赛等)。短道拉力赛是汽车比赛中很容易参与的一项赛事,不仅参加者的花费少,而且参加者不用自己带车。使用组织者提供的统一品牌的车辆,这大大减轻了参赛者的负担。使更多的人参加到汽车运动中来,使更多的人梦想成真。短道拉力赛由于赛道很短,运动员徒步看看赛道就可以记住赛道的走向,而且不像拉力赛那样复杂,比赛规则也很简单,也不需要时间卡、行车路线图,因此这种比赛只需要驾驶员,不需要领航员,如图7.67所示。

图7.67 短道拉力赛

中国汽车运动联合会为适应中国汽车运动发展的需要,在北京的通县于1997年修建了这样一个赛道,赛道全长2.04 km,并在同年举办了全国南北对抗赛,1998年举行了全国拉力锦标赛北京分站的第一个赛段的比赛。把拉力赛中的一个赛段作为单独的一个赛事,这是中国汽车运动发展的需要而形成的。这种比赛可使运动员多次出场,利用计时和淘汰的方式决出胜负。由于短道拉力赛符合现阶段中国汽车运动发展的需要,因此报名参加这项比赛的选手超出组织者想象的人数,也是参加汽车比赛人数最多的项目之一。

7.4.3 卡丁车赛

卡丁车运动是汽车运动中的一个特殊类别,它不仅作为汽车场地竞赛的一个项目,同时也是一项很有魅力的大众休闲、健身娱乐项目。卡丁车赛使用的赛车是轻钢管结构车身,无车厢,采用100 mL,115 mL 或250 mL 汽油机的四轮单座微型车,如图7.68 所示。卡丁车赛是一种场地比赛,赛车在曲折的环形路上比赛车速,如图7.69、图7.70 所示。

图7.68 卡丁赛车

图7.69 卡丁车赛场

图7.70 卡丁车比赛

　　"卡丁车"使用初级机械时,最高时速大约是100 km;而使用高级机械时,最高时速可达到130 km以上。同时,由于车型小巧,车底板距路面仅4 cm,车手实际感觉到的速度要比车辆实际速度快2~3倍,就是说感觉时速达300 km以上。在驾车转弯时,会产生像一级方程式赛车转弯时那样的横向加速度(3~4倍于重力加速度),使驾驶者体验到一种平时体验不到的乐趣。驾驶卡丁车不仅可以给驾驶者带来身体上、视觉上的高度刺激,还是普及汽车驾驶技术和汽车基础理论知识及机械常识的好课堂。卡丁车运动于1940年在东欧开始出现并逐渐推广,20世纪50年代末才在欧美普及并迅猛发展,当时这种运动称之为"高卡(GOKART)"。此时,人们已不满足于用卡丁车仅进行休闲娱乐,而以竞速比赛为主要形式的卡丁车竞技活动也广泛开展起来,但组织形式十分松散,车辆规格和比赛规则也不统一。为了指导该项运动正确发展,1962年在国际汽车联合会主席巴莱斯特的倡议下,成立了国际汽车联合会卡丁车委员会,负责在世界范围内普及、促进卡丁车运动,监督实施统一的规则和技术标准。经过近16年的演变,在1978年卡丁车委员会经改组成立了国际汽车联合会新的卡丁车委员会,当时协会会员只有15个。从那时起,卡丁车运动有了很大的改变,形成了现代卡丁车运动,使卡丁车进入了一个新的发展时期,并使其成为培养现代方程式赛车车手的基础和桥梁。

　　经过30多年不断的发展壮大,现其会员国(地区)已发展为72个。欧美各国均由全国性的国家汽车协会领导,下设等级俱乐部。俱乐部会员自备卡丁车或租用俱乐部的卡丁车参加训练和比赛。亚洲从20世纪80年代初开始开展卡丁车运动,目前亚洲地区的会员国(地区)有中国、日本、中国香港、中国澳门、马来西亚、印度尼西亚、新加坡、菲律宾。

　　国际汽车联合会卡丁车委员会自成立以来,在全世界已颁发了7万多张车手执照,每年要举办上万次各类比赛,列入国际赛事年历的比赛有150余项,全世界的优秀选手每年要参加15次卡丁车委员会组织的世界锦标赛,推动世界汽车运动的发展。由于卡丁车是世界方程式赛车的初级形式,经过年复一年的努力,卡丁车运动结出了丰硕的果实,已有数十名卡丁车车手进入了世界方程式赛车车手的行列。在这个阶段中,几乎所有的一级方程式车手都是来自卡丁车车手的队伍,有些已成为世界冠军,像著名的巴西车手埃尔顿·塞纳、法国车手阿兰·普罗斯特、英国车手尼盖尔·曼塞尔、德国车手迈克尔·舒马赫等,因此卡丁车运动被誉为是一级方程式赛车车手的摇篮。

　　现代卡丁车分为娱乐型和竞赛型两种。娱乐型的卡丁车多采用小型四冲程汽油机,工作容积一般在200 mL以下,其行驶速度在50 km/h以下,是初学者和以休闲为目的的娱乐者最好的运动器械。竞赛型卡丁车分为两大类共12个级别。

　　方程式卡丁车有国际A,B,C,D,E级和普及级6类,共12个级别。

　　中国汽联自1995年加入国际汽车联合会卡丁车委员会后,卡丁车的普及和推广发展迅速。中国汽联从1997年起创立全国卡丁车锦标赛,每年一届。首届比赛在北京、上海等6个城市举办,取得了很大成功,发现和培养了一大批具有潜力的卡丁车车手,为赛车运动的进一步发展奠定了基础。全国已建成投入使用的卡丁车赛车场地有100余个。

7.4.4　德国房车大师赛

　　房车通常指普通轿车,有4个车门,又称汽车上的家,英语简称为RV。德国房车大师赛英文全名是Deutsche Tourenwagen Masters,简称DTM,由德国赛事组织协会筹办赛事管理及运作,是全世界最高水平的房车赛事。尽管DTM不是国际汽联直接管理,但是筹委会成员拥有多年管理赛车的经验,其中包括奔驰 AMG 车队的创办人阿菲特先生(Mr. Hans Werner Aufrecht),对比赛规则及法律条文有丰富经验的贝特斯勒博士(Dr. Thomas Betzler),对赛事市场推广有丰富经验的马特斯先生(Mr. Walter Mertes),还有代表车厂提供技术顾问的几位赛车界名人,如奔驰赛车部总监哈格先生(Mr. Nobert Haug)及欧宝赛车部总监斯图克斯先生(Volker Strycek)等,加上几家著名汽车公司一直大力支持参与赛事,投入最新科技研究发展赛车及派出世界一流的房车好手参加比赛,因此 DTM 可以说是全世界众多房车赛中水平最高的,如图7.71、图 7.72 所示。

图 7.71　德国房车大师赛

图 7.72　德国房车大师赛

　　虽然 DTM 是由德国人筹办的赛事,而且参赛的汽车公司全部来自德国,但这是一项国际性的房车赛事。因为赛事在欧洲不同国家的赛车场巡回比赛,参赛车手来自不同的地方,其中包括德国、英国、荷兰、意大利、瑞士、法国、捷克、丹麦、瑞典及日本等国。而且,很多现任的DTM 车手都是前任一级方程式的车手,例如,代表奔驰车队的舒耐特(Brend Schneider)、阿里斯(Jean Alesi),代表奥迪车队的比卢(Emanuele Pirro)以及刚刚从一级方程式转到 DTM 发展的范臣(Heinz-Harald Frentaen)等,还包括其他三级方程式及 F3000 冠军车手进入 DTM 参加比赛。以车手阵容来看,DTM 可算是全世界拥有最多顶级车手参加的房车比赛。

赛车改装上,DTM 的赛车改装科技早已在 20 世纪 90 年代已经在全世界房车比赛中处于世界领导地位,例如,最先使用碳纤维车身配件,钛合金发动机活塞及连杆,电子悬挂系统,发动机最高转速超过 10 000 r/min 等。有些一级方程式车队也派车参加 DTM 赛事,并把一级方程式赛车使用的许多技术用在 DTM 赛车上,造成运作一支 DTM 车队的经费不断提高,很多私人车队无法支付高昂的费用,因此 DTM 从 1995 年开始由国际汽联直接管理后,大部分车队因经费问题不能继续参加比赛,最后赛事在 1997 年暂时停办。如图 7.73 所示为改装的房车。

图 7.73　改装的房车

经过几位 DTM 赛事创始人的努力,新 DTM 赛事终于在 2000 年再次重返国际赛车舞台。重新制订比赛规则的 DTM 赛事有很多技术上的限制,例如,发动机只能使用 4 LV8,每支车队的两台赛车每年只能使用 3 台发动机参加比赛。发动机除了尽量提高输出功率外还要耐用,这样大大减少了车队投放在发动机上的开发费用。而每支车队赛车车身的前扰流器及尾翼设计必须相同,使用相同的轮胎、发动机管理系统(ECU)及变速箱等。在严格的比赛规则限制下,赛事在公平、公正及低成本的基础上进行,使各车队的实力变得相当接近,从而大大提高了入场观众的娱乐性。虽然新的比赛规则对赛车有很多限制,但无论在赛车改装的技术,车手的阵容以及赛车的速度上与世界其他房车赛事比较,德国房车大师赛 DTM 仍然是全世界水平最高的房车比赛。

7.4.5　GT 跑车耐力赛

GT(Grand Touring)赛是专为超级跑车而设计的锦标赛,体现了美感和动力的完美结合。GT 赛车必须由可在公路上行驶的跑车改装而来,一般都是双门双座或是双门"2 +2"座形式的车辆。如保时捷 911、法拉利 F40、通用克尔维特、克莱斯勒蝰蛇、美洲虎 XJ220、丰田苏伯拉、本田 NSX、布加型 EBll0、莲花精灵和迈凯轮 F1 等。这些生产型跑车,在外形轮廓基本不变的情况下,对内部进行赛车化改装,就是 GT 赛车。GT 赛以功率的大小分为两个组:平均 600 马力的 Grand Touring(GT)组和 400 ~470 马力的 Series Grand Touring 组(N—GT)。GT 耐力赛总共有 11 ~14 站比赛,比赛时赛车必须在赛道上连续跑满规定的时间,圈数多者为胜,GT 跑车耐力赛如图 7.74、图 7.75 所示,GT 跑车如图 7.76 所示。

图 7.74　GT 跑车耐力赛

图 7.75　GT 跑车耐力赛

图 7.76　GT 跑车

　　根据 FIA 规定,GT 赛中的赛车队全都是私人车队,并不能接受汽车公司的经济援助,汽车公司只能出售车和配件、提供技术和物流援助。同时汽车公司不能只向一个车队售卖跑车,每个型号的赛车在每年第一场赛事中至少要有 6 辆参赛,不过由改车厂改装并已在 FIA 登记的符合规定的赛车可不受此限制。

　　参加整个赛季的赛车最多只能有 36 辆,不过每场赛事都允许两名当地(举办赛事的国家)车手参加。无论任何原因,参赛车辆都必须参加每场赛事,若其中一场缺席,那么该赛季接下来的几场赛事都不准参加。这样的规定可保证赛事的参赛者数量。

7.4.6　CART 汽车赛

　　CART 是冠军汽车优胜赛车队"Championship Automobile Racing Teams"4 个英文单词的首字母缩写,它代表着由一些美国主要赛车队于 1978 年结成的团体。CART 汽车赛又被称为美国方程式汽车赛。参加 CART 的赛车有独自的规则,采用涡轮增压的 2.65 L 排量的福特考斯沃斯(Casworth)甲醇燃料发动机,输出功率 750 马力,并配有 6~7 速手动变速装置。CART 赛车的体积要比 F1 赛车大许多,主要是从比赛安全上考虑的。这项赛事最早是在美国国内按照方程式赛车规则进行的锦标赛,但随着加拿大、澳大利亚、巴西以及日本等国也都相继开始举办,逐渐发展成了一项世界性的汽车比赛。比赛吸引了来自各国的顶尖好手,由于 CART 赛对赛车技术的竞争有一定限制,于是成为了一项极具竞争性的方程式系列比赛。2004 年 2 月 17 日 CART 汽车赛更名为"Champ car world Series",即冠军汽车世界系列赛。CART 汽车赛最大的特征是除了通常的公路赛段和设在市区街道上的赛段以外,还使用了椭圆形赛道,使比赛更具魅力。各椭圆形赛道的形状和距离长度都不相同,赛车在全速冲刺赛道上的最高速度可达到 400 km/h。

7.4.7　其他汽车竞赛

（1）汽车山地赛

　　汽车山地赛的路线是非封闭型的,赛程全长为 20 km。道路选择在多山地区,一般为多弯道,经常有接近 180°的急转弯。比赛起点在山脚下,道路不断向高处延伸,终点比起点高出 100~1 600 m。基于道路条件的限制,汽车山地赛的平均车速不超过 100~130 km/h。为了安全起见,选手们一般都是单人比赛,即在前一名选手跑完全程以后,后面的选手才出发。汽车山地赛如图 7.77 所示。

图 7.77　汽车山地赛

（2）汽车足球比赛

汽车足球比赛是美国和德国等国家兴起的一种新式足球运动。参赛的运动员不用脚踢球,而要开动甲壳虫一般的汽车追击足球,把足球撞进对方的球门。这种比赛用的足球比一般的足球大,运动员都要戴着防护盔甲,车身周围也有防护设备,以防相撞时发生意外。汽车足球比赛如图7.78所示。

图7.78　汽车足球比赛

（3）大脚汽车比赛

疯狂大脚车赛在西方非常流行,试想一下,在震耳欲聋的马达轰鸣声中,开着一辆特别改装的、拥有4个硕大轮胎的汽车在泥泞的道路上疯狂驰骋,是多么激动人心。到目前,大脚车赛已发展成为室内/室外、动力版/脚踏版、大尺寸及小尺寸等多种形式、多种规格的比赛。大脚汽车比赛如图7.79所示。

图7.79　大脚汽车比赛

（4）老爷车比赛

在英国伦敦、中国澳门和巴塞罗那等各地每年都要举办一次老爷车比赛。参加比赛的都是过了时的旧式汽车,各种各样的老式车同场参赛,吸引着众多观众到场助威。令人忍俊不禁的是某些车需要人推行一段路后才能发动起来。老爷车比赛如图7.80所示。

图 7.80 老爷车比赛

（5）太阳能汽车赛

太阳能汽车在环境保护和自然能源利用方面存在着巨大优势,因此日益受到人们重视,太阳能汽车赛成了这项新技术的演示会。以往在澳大利亚和瑞士进行的太阳能汽车比赛较有名气,近几年在日本也频频举行国际太阳能汽车大赛,参加比赛的车队范围很广,如汽车制造厂、电力公司、电器制造商、大学和俱乐部等。

太阳能汽车赛一般分为两个级别:当代组和未来组。当代组比未来组限制条件多,如1992 年日本铃鹿太阳能车大赛要求:当代组汽车太阳能板的总发电量不大于 800 W,蓄电池只能用铅酸电池;而对未来组的汽车太阳能的发电量不作限制,只规定太阳能板尺寸,并且可以使用除铅酸电池以外的各种蓄电池。太阳能汽车赛如图 7.81 所示。

图 7.81 太阳能汽车赛

（6）汽车冲刺赛

汽车冲刺赛(直线竞速赛)起源于美国,由于具有很高的刺激性和娱乐性,因而逐渐在欧洲和日本得到较大发展。到目前为止汽车冲刺赛还是一种不够规范的汽车比赛,比赛采取两辆车"捉对厮杀"的办法进行逐步淘汰,坚持到最后者为胜。这种比赛场面非常热闹壮观,比赛时两辆功率奇大无比且奇形怪状的汽车在一条长 1 500 m、宽 30 m 的平直跑道上静止发车，加速行进，以最快的速度通过一段由电子仪器测量的距离(一般为 1/4 mile,即 402 m)，先到终点者为优胜。汽车冲刺赛如图 7.82 所示。

图 7.82　汽车冲刺赛

汽车冲刺赛始于第二次世界大战后的美国，那时主要在加州的干湖床上进行。1951 年，美国成立了国家高速汽车协会，这是至今美国最大的一个冲刺赛组织。1960 年，派生出了美国高速汽车协会，使冲刺赛每年举办的场次和竞争更为激烈。大约在 20 世纪 70 年代，汽车冲刺赛引起加拿大、澳大利亚和欧洲一些人的兴趣，特别是 20 世纪 90 年代汽车冲刺赛开始走向世界。

汽车冲刺赛所用的赛车都是特制的，它具有细长的车体和两个小前轮，一般采用喷气式发动机并用制动伞减速，发动机的排量可以高达 9 000 mL,所用的燃料可以是汽油，也可以是酒精，车重 500 ~ 1 000 kg。冲刺赛赛车如图 7.83 所示。

图 7.83　冲刺赛赛车

(7)创车速记录赛

创车速记录赛是为了创造新的汽车车速记录而进行的比赛。

汽车车速记录和田径比赛的记录一样有许多种，这是因为车速与行车距离和时间有密切的关系。在短距离、短时间内的速度,通常大于长距离、长时间的速度。因此,国际汽联对于汽车的车速记录,分成按规定时间和按规定距离两种:

按规定时间:分 1,6,12,24 h,4 个档次。

按距离规定:分 1/4 mile 到 100 km 不等。

最引人注目的是短距离车速记录,它代表了汽车行驶速度的最高纪录。现今以内燃机驱动的汽车最高车速记录为 660 km/h,是由赛默兄弟在 1965 年 11 月创造的。

超音速汽车 Bloodhound SSC 由 1997 年曾创造世界纪录的 ThrustSSC(时速达 763 mi)的设计者 Richard Noble 和 Andy Green 设计,将欧洲"台风"战斗机喷气式发动机和一种混合火箭发动机作为动力系统。当推动力达到 300 mi/h(约合 483 km/h)的时候,其就转换成为固液混合火箭,这款超音速汽车可以获得 9.8 m/s 的驱动力,直到速度达到 1 043 mi/h(约合 1 678 km/h)。超音速汽车 Bloodhound SSC 如图 7.84、图 7.85 所示。

图 7.84　超音速汽车 Bloodhound SSC

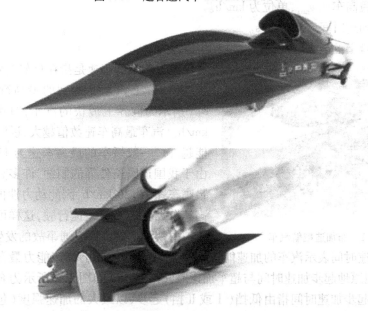

图 7.85　超音速汽车 Bloodhound SSC

第 **8** 章
汽车使用性能

8.1 汽车的动力性

汽车的动力性是指汽车在良好的路面上直线行驶时由汽车受到的纵向外力决定的、所能达到的平均行驶速度。它是汽车各种性能中最基本、最重要的性能。

8.1.1 汽车动力性的评价指标

汽车动力性主要由以下 3 方面指标评定：

①汽车的最高车速 v_{max}，单位为 km/h。

②汽车的加速时间 t，单位为 s。

③汽车能爬上的最大坡度，简称爬坡度，指标为 i_{max}。

图 8.1 布加迪威航汽车

汽车的最高车速是指在良好的水平路面（混凝土或沥青）上汽车能达到的最高行驶车速。如图 8.1 所示为世界上最快的汽车，时速可以达到 431 km/h。汽车最高车速数值越大，说明汽车的动力性能越好。一般轿车的最高车速为 170 ~ 250 km/h。由于我国道路条件等的制约，许多高速公路上限制最高车速为 120 km/h，因此动力性再出色的汽车在高速公路上也不能超速行驶，这样可有效地防范由车速过快引起的道路交通事故的发生。

汽车的加速时间表示汽车的加速能力，在实际中评价汽车的加速能力最常用的指标是加速时间，可以用原地起步加速时间与超车加速时间来表示。如图 8.2 所示为奔驰轿车加速测试数值。原地起步加速时间指由低挡（Ⅰ 或 Ⅱ 挡）起步，以最大的加速强度（包括选择恰当的换挡时机）逐步换至最高挡位后达到某一预定距离或车速所需的时间。一般用 0→400 m 或 0→100 km/h 的时间表示原地起步加速能力。超车加速时间指用最高挡或次高挡由某一较低车速全力加速到某一高速所需的时间。

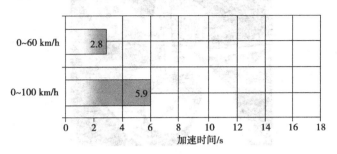

图 8.2　奔驰 SL500 轿车加速测试数据

汽车的爬坡能力:用满载时汽车在良好路面上的最大爬坡度（Ⅰ挡的最大爬坡度）表示（见图 8.3）。不同的车辆对爬坡能力的要求:轿车由于最高车速高,加速时间短,经常在较好的道路上行驶,一般不强调它的爬坡能力;货车需要在各种道路上行驶,要求它具备足够的爬坡能力,一般为 30% 即 16.7°;越野车在坏路或无路条件下行驶,它的最大爬坡度可达 60% 或 31°。

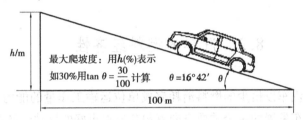

图 8.3　汽车最大爬坡度

8.1.2　汽车动力性的影响因素

汽车动力性能的发挥,直接影响汽车的使用效果。而影响动力性的因素包括汽车结构的因素和使用因素两方面。

（1）汽车结构方面

汽车结构包括发动机参数,如发动机外特性、最大功率和最大转矩等;传动系参数,如传动效率、主减器传动比和变速器挡位等;空气阻力系数;汽车总质量;轮胎尺寸与形式,等等。

作为重要指标数据,汽车的发动机功率表示汽车持续做功的能力,功率越大表示汽车具备良好的动力性。在高速行车中,空气阻力的存在对汽车的动力性影响较大,因此,改善汽车流线型车身结构,开发出更小空气阻力系数的轿车至关重要。汽车自身质量越大,越能消耗汽车的功率,因此减少与行驶无关的质量,为汽车瘦身,可改善汽车动力性,而且经济性能也将更好。

（2）使用因素方面

要保证汽车良好的动力性,必须要对车辆进行必要的维护和保养。在使用因素中对发动机和底盘技术状况进行适合且必要的维护至关重要。这其中检查发动机工作状况,实时更换、补充相应油液;检查传动系各轴承润滑与紧固、四轮定位、轮胎胎压（见图 8.4）、制动器螺栓的调整、离合器的调整等都直接影响汽车动力性。由于涉及专业的领域,这些技术状况的检查、维护最好到汽车维修厂、4S 店等进行。

图 8.4　检查轮胎胎压

对汽车用户来说,熟练的驾驶技术、正确的换挡时刻、合理的挡位选择对发挥和利用汽车动力性有很大帮助。行驶过程中,路面状况和气候条件也将影响汽车的动力性。

总之,汽车动力性的发挥,有赖于用户对汽车结构的熟悉程度、对汽车合理的使用以及正确的维护与保养。

8.2　汽车的燃料经济性

汽车燃料经济性指汽车以最少的燃料消耗完成单位运输工作量的能力,它是汽车使用的主要性能之一。当前汽车发展的一个重要方向就包含追求更好的燃油经济性。

8.2.1　汽车燃油经济性

汽车的油耗量直接关系着使用成本,中国、日本和欧洲大多数国家主要采用升/百公里(L/100 km)来表示汽车的燃油经济性,即汽车行驶 100 km 所消耗的燃油量。如 2012 款福克斯 1.6 L 两厢舒适版轿车,综合油耗为 6.2 L/100 km。表示其在标定的 100 km 行程内,所测得耗油量为 6.2 L。作为一款合资品牌的两厢轿车,这一数据在众多的对手当中很有竞争力。

消费者在选车或购车后的使用当中,对这个数据指标很关注,但实际汽车厂商标示的这一数据和实际的数据之间是有一定的差距。另外,这一数据虽然在车辆的各项参数当中被标示出来,但它不是一个固定的值,而是随着汽车的使用状态一直在变化的。如在大多数情况下,正常行驶在高速公路上的汽车,其平均油耗量是最低的,而在城市道路上的汽车由于道路拥堵等原因,长期在低挡位行驶,或是发动机没有采用先进技术(如闭缸节油技术),这样在行车电脑中显示的数据就偏大。

汽车燃油经济性大小是和许多因素有关的,如汽车的发动机、传动系、整车和其他因素等。

8.2.2　如何提高汽车的燃油经济性

汽车的燃油是化石燃料,而众所周知化石燃料的储量是有限的。随着我国汽车销量自 2009 年起超过 1 300 万辆,跃居世界第一位,由汽车消耗的燃油量必将成倍增加,因此提高单位汽车的燃油经济性就显得尤为重要。

提高汽车燃油经济性包括两方面内容,即改进汽车结构和提高汽车使用效率。

（1）改进汽车结构

改进汽车结构主要从源头上，即汽车制造厂家方面进行。

首先，减小汽车的质量，实现汽车轻量化。这一点日本汽车企业处于领先地位，该国生产的汽车耗油量普遍较低。这对我们很有借鉴意义，如图 8.5 所示为我国比亚迪汽车公司生产的微型轿车 F0。

图 8.5　小型汽车比亚迪 F0

其次，提高发动机的效率等。如采用发动机增压技术、提高发动机热效率和机械效率、采用发动机电控化等先进技术。

最后，在汽车底盘结构方面进行改进。如增加挡位数、使用无级变速、采用子午线轮胎等。

（2）提高汽车使用效率

汽车的使用给人们带来了方便和快捷，虽然汽车用户没必要都成为汽车专家，但掌握适当的汽车使用知识，对汽车安全行车以及汽车的使用经济性还是很有必要的。

首先，在汽车使用当中，驾驶技能方面新手和技术熟练的驾驶员在节能方面差距就比较大。新手在车速控制、起步停车等方面还需要不断提高。我们经常在道路上看到"中速行驶"的标牌，可见控制车速对提高汽车使用经济性方面是很有帮助的。这是因为汽车行驶时油耗不仅取决于发动机的单位功率的燃料消耗量，也取决于汽车克服行驶阻力所需要的功率。当车速低时，由于空气阻力小，克服行驶阻力所需要的功率较小，但由于发动机的负荷小，有效油耗率上升，故汽车百公里油耗较高；而在高速行驶时，尽管发动机负荷率较高，有效油耗率降低，但由于空气阻力的增大，使汽车克服行驶阻力所需的功率增加较多，从而导致汽车百公里油耗增加。因此，只有在某一车速行驶时，油耗最低。当汽车以直接挡（或超速挡）行驶时，燃油消耗最低的车速，称之为经济车速。驾驶技术熟练的人往往可以很好地控制汽车达到这一速度。另外，汽车的行驶经济性也和挡位的正确使用有关，一般在高挡位上汽车的经济性较好。因此直接挡或超速挡的使用直接体现了驾驶员的驾驶技能。

其次，汽车使用中要体现合理的维护保养工作。现代汽车提倡"三分修，七分养"，车辆出现问题去维修这是大家都知道的，然而正确、合理地保养汽车就不是所有用户都能做到的。作为新车车主，按照汽车保养手册的规定进行首保，几乎人人都能做到。但过了首保后，许多人对爱车的养护就没有那么到位了。除非发生了磕磕碰碰，影响到了汽车的"脸面"才会引起人们的注意。作为家庭消费的第二大消耗品，汽车的使用是一个长期的过程，尤其是在国家取消了汽车报废年限后，对汽车的保养，延长汽车的使用年限更有必要性。因此在汽车的使用中，按照车辆的使用手册进行必要的保养很有必要。这其中按期更换汽车相应的润滑油液，对汽车轮胎进行换位，对车辆的电器设备进行适当的调试等更显得意义非凡。汽车的使用维护伴随着汽车使用的始终，如在行车前，对汽车外观进行查看，检查相应车身、螺钉、紧固件、轮胎气压等是否正常，检查发动机舱相应油液是否充足等，对汽车进行"瘦身"，减轻汽车的质量等，这些基本的检查或保养都可以增加汽车的使用经济性，甚至汽车安全性能也会提高。

最后，汽车是一件消耗品，而每辆汽车经济性状况都不同，原因就在于使用者是千差万别的。因此，除了一些客观原因外，汽车使用者主观的原因才是造成使用千差万别的原因。在使用方面养成爱护汽车、合理用车的习惯才是提高汽车使用经济性的最终途径。

8.3 汽车的行驶安全性

从每年发生的大量交通事故中,我们才发现汽车的安全性能给人们带来了多么大的影响。尽管汽车给我们带来了方便、快捷,但安全出行才是人民的基本愿望。因此,将汽车安全性作为第二项选车需考虑项目,仅次于购车预算,也就不难理解了。那么汽车的行驶安全性包括哪些内容呢?

汽车的行驶安全性分为主动安全性和被动安全性。主动安全性指汽车本身防止、减少道路交通事故发生的性能,如制动性、操稳性等;被动安全性指汽车发生事故后汽车本身减轻人员受伤和货物受损的性能。每辆汽车的安全性能在汽车出厂前都要经过严格的检查,因为这些性能直接影响汽车用户的生命安全。

8.3.1 汽车主动安全性

汽车的主动安全性主要包括汽车的制动性、操纵稳定性等。

汽车的制动性是汽车的重要使用性能之一。它是指汽车在行驶时能在短距离停车且维持行驶方向稳定和在下长坡时能维持一定车速的能力。制动性能也包括在一定坡道上能够长时间停放的能力。

制动性能的好坏对汽车的使用安全性将带来直接的影响。因此一辆汽车的制动性能优劣对人们购买、使用汽车有很大的影响。而制动性能中制动距离最为直观,因此,我们经常从一些专业汽车网站上看到对汽车的刹车距离进行排行,这一距离越短说明汽车的制动性越好,当然汽车的价格也就越高。如图8.6所示为斯巴鲁轿车制动性测试数据。

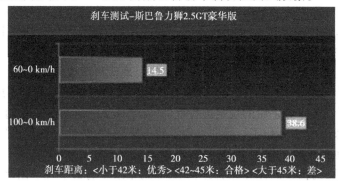

图8.6 斯巴鲁轿车制动性测试数据

汽车的操纵稳定性是指汽车在行驶过程中,能按照驾驶员给定的行驶方向行驶,且受各种外部干扰尚能保持稳定行驶的能力。汽车的操纵稳定性最主要体现在驾驶员对车辆行驶方向的控制,以及汽车自身恢复直线行驶的能力上。现代汽车上一般安装助力转向,或者液压助力,或者电控助力。这些装置极大地减轻了驾驶员的工作强度,增加了安全系数。汽车的四轮定位系统使得汽车在特殊使用条件下能及时恢复原有的方向,这些都增加了汽车的安全性能。

8.3.2 汽车被动安全性

汽车的被动安全性指汽车发生事故后汽车本身减轻人员受伤和货物受损的性能。提高汽车的被动安全性能,可以采用增加汽车的质量,加大车身材料厚度等措施,但这又会带来汽车油耗增加等问题。为了使安全性能和经济性能都提高,汽车制造商通常采用高强度的合成材料,减轻汽车整体质量。被动安全性也包括使用安全气囊、安全气帘(见图8.7)等措施,这样可以在发生事故时,最大限度地保护车内乘员的安全。

图 8.7　前排安全气囊和安全气帘

　　汽车安全性的提高不仅可为汽车制造厂商带来丰厚的利润,而且可创造良好的汽车使用环境,为社会带来和谐。因此,汽车制造厂商热衷于采用新技术,提高汽车的安全性能。现代轿车的基本配置中 ABS 的应用可使汽车的制动距离最短,从而降低了汽车由制动原因引起的交通事故的发生。随着汽车技术的发展进步,越来越多的新技术,如 EBD(见图8.8)、ESP 等开始普及应用到汽车上面,这些新技术的使用必将使汽车的安全性能大大提高。

■无ABS+EBD

■有ABS+EBD+EDS

图 8.8　汽车有无 ABS 和 EBD 效果图

8.4　汽车的通过性和平顺性

　　汽车的通过性是指汽车在一定载荷下,以足够高的平均速度通过坏路或无路地带(如松软地、沙地、雪地及坎坷路面等)和克服各种障碍(如陡坡、侧坡、壕沟、台阶、灌木丛及水障等)的能力。

　　汽车行驶平顺性是指汽车在一般行驶速度范围内行驶时,能保证乘员不会因车身振动而引起不舒服和疲劳的感觉,以及保持所运货物完整无损的性能。

8.4.1　汽车的通过性

　　汽车的通过性主要体现汽车的越野性能,它需要有专业的数据指标进行评价,这些指标包括最小离地间隙(见图8.9)、纵向通过角、接近角、离去角、最小转弯半径等。轿车的各种参数中,常见的最小离地间隙,指汽车满载、静止时,汽车支撑平面与汽车上的中间区域最低点离地面的距离。这一数据越大说明车辆的通过性能越好。通过性能的好坏,直接影响车辆适应各种路面的状况。如越野车能很好地适应野外环境,就是由其良好的通过性能决定的。而城市环境中,轿车的最小离地间隙(见图8.10)一般比较小,其通过性能相比越野车就差些,但由于其较低的底盘,整体稳定性反而较好。

涉水深度
610 mm
最小离地间隙   251.5 mm

图 8.9　越野车最小离地间隙

离去角:34°　纵向通过角:23°　接近角:31°
最小离地间隙:210mm

图 8.10　轿车的最小离地间隙

8.4.2　汽车的平顺性

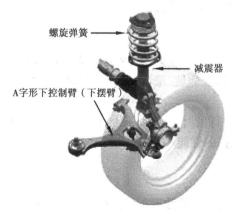

螺旋弹簧
减震器
A字形下控制臂(下摆臂)

图 8.11　麦弗逊悬架

汽车的平顺性直接影响乘客的主观感受,这一指标对高端豪华轿车尤为重要。目前常用汽车车身振动的固有频率和振动加速度来评价汽车的行驶平顺性。影响平顺性的因素包括悬架结构、轮胎、悬挂质量及非悬挂质量等。

现代轿车常采用麦弗逊悬架如图8.11所示,这种结构可以很好地过滤由汽车运动产生的车轮振动感,从而消除乘员的不舒服感觉。另外,采用更好的轮胎结构,减小非悬挂质量等都可以增加汽车的平顺性。在越来越强调舒适性的今天,如何提高汽车的行驶平顺性已成为各大汽车公司越来越重视的领域。各种类型的汽车在制造时所追求的方向截然不同,如越野车强调通过性能,而家用轿车更强调其运行平顺性。

8.5　汽车的公害

汽车作为改变世界的机器,它的出现极大地改变了人们的面貌。然而事物都存在两面性,汽车也不例外。汽车的公害主要包括以下方面:汽车排放污染物、噪声和电磁波干扰等。

8.5.1　汽车排放物

汽车排放物是汽车的排气排放物(见图8.12)、蒸发排放物和曲轴箱排放物的总称。它主要指一氧化碳(CO)、碳氢化合物(HC)、氮氧化物(NO_x)和微粒物(PM)等。

图 8.12　汽车尾气

一氧化碳是燃料中的碳在不完全燃烧下所生成的一种气体。它有很大的危害性,由于一氧化碳与氧气相比,更能溶于血液当中,因此当人们吸入一氧化碳后,它会很快与人体血红蛋白结合形成碳氧血红蛋白,使血液的输氧能力大大降低,使心脏、头脑等器官严重缺氧,引起头晕、恶心、头痛等症状,轻者使中枢神经系统受损,慢性中毒,严重时会危害血液循环系统,导致生命危险。

碳氢化合物对人的鼻、眼和呼吸道黏膜有刺激作用,可引起结膜炎、鼻炎、支气管炎等疾病。

氮氧化物能刺激人眼黏膜,引起结膜炎等疾病,还对呼吸系统有害。

微粒物除对人体呼吸系统有害外,由于微粒物存在孔隙而能黏附有毒物质和致癌物等。

8.5.2　噪声

在城市中,汽车的噪声几乎无处不在,它严重地影响了人们的工作、休息等。汽车的噪声源来源于发动机、传动系和轮胎等方面。

发动机噪声是指发动机在工作过程中产生的噪声,包括燃烧噪声、机械噪声、进排气噪声及风扇噪声等。人们常听到的发动机噪声,在距离公路很远的公寓中仍然具有很高的辨识度,特别是在静静的晚上,这些噪声严重影响了人们的休息。噪声的存在使得人们再难寻觅那种安静的世外桃源,这恐怕就是现代社会所带来的负面影响吧。但由于人们尚未找到替代汽车的新产品,因此汽车所引起的噪声将继续存在。

传动系噪声包括变速器噪声、传动轴和驱动桥噪声等。传动系是汽车将动力传输到车轮上的必经机构,这一过程所产生的噪声有时不那么显著,但它却真实地存在着。

轮胎噪声包括轮胎花纹噪声、道路噪声、弹性振动及风噪声等。汽车上大量使用橡胶轮胎,随着车速的加快,轮胎的噪声也将越来越大。

8.5.3 电磁波干扰

现代汽车上应用的电子产品越来越多,伴随而来的就是产生的电磁干扰。因为汽车每一次点火,汽车电脑执行每一项指令都会产生相应的电磁波。虽然这种电磁波很微小,但也会有一定的影响。

在汽车的诸多公害中,排气污染是最令人头痛的。汽车的使用者毫无顾忌地向大气中排放大量的废气,这在大排量的汽车中更为明显,而其他人则被动地吸收着来自大气当中的废气。这些废气不仅对人有害,而且还在不断增加。因此采用先进技术,减少汽车尾气排放是汽车发展的当务之急。北京作为我们国家的首都,机动车保有量大,汽车的排污也比较严重,因此北京对机动车排放采取了极为严厉的措施,即机动车必须通过国 V 标准,达标的机动车才能上牌。政府部门已认识到了汽车公害带来的严重影响,制订相应措施对车辆的使用进行严格控制。这些政策的实施都将给整个汽车行业带来压力,希望这种压力能让汽车企业加强技术改造,生产出更好的产品,从而在市场和环境保护两方面取得双丰收。

第**9**章
汽车时尚

人类在发明汽车的同时,也创造了辉煌的汽车文化,如汽车竞赛、汽车展览、汽车俱乐部等。人类在使用汽车的过程中,汽车不仅仅只是交通运输工具,也成为人们突出自我、追求时尚的载体。

9.1 汽车俱乐部

汽车作为一个新事物的出现,免不了出现一批忠实的、热心的"粉丝"——汽车迷,他们聚合在一起,切磋驾驶技术、交流爱车心得、结伴驾车出行、讨论修理技术、寻觅配品备件、互相救助救援。这种实践的凝聚力催生了汽车俱乐部,这样的结果决定了汽车俱乐部的本质,汽车俱乐部是由汽车车主组织起来的一种联谊组织。

汽车俱乐部是以会员制的形式,将社会上高度分散的汽车组织到一起,通过发挥规模效应和服务网络的优势,给会员车辆提供单车和小单位很难办到的一些服务,从而给会员带来诸多方便和实惠,而俱乐部本身,也从会费中取得一定收益的双赢项目。随着会员人数的不断增多,俱乐部服务的范围也在不断扩大,金融、保险、房地产、汽车生产厂都开始与俱乐部联系。

1897年英国成立了世界上最早的汽车协会——皇家汽车俱乐部,即现在的 R. A. C 前身,随后1902年美国 AAA 汽车俱乐部,1903年 ADAC 全德国汽车俱乐部(见图9.1),1904年 FIA 国际汽车联合会,1905年 ACI 即意大利汽车俱乐部,以及1962年 JAF 即日本汽车联合会等相继诞生。

1995年中国成立第一家汽车俱乐部——大陆汽车俱乐部,简称 CAA 大陆救援(见图9.2)。大陆汽车俱乐部以全国汽车道路救援为起点,建立全国综合性的汽车服务管理平台。现在已经发展全国网络合作伙伴1 880家,全国道路服务网络覆盖全国1～5级城市的95%以上。现在大陆汽车俱乐部已有的服务包括救援服务、保险服务、车检代缴费用服务、技术咨询及俱乐部自驾、趣味讲座等活动,丰富了 CAA 大陆救援会员的服务范围。

图9.1 ADAC 德国汽车俱乐部

图9.2 大陆汽车俱乐部

9.2 汽车展览

最初,汽车展扮演了普及汽车知识和推动汽车工业发展的角色。汽车也从一开始仅是少数人的奢侈品变为被大众所接受交通工具。现在的汽车展主要起到了两方面的作用,它不仅仅是一个人们可以参观全世界车型的盛会,也是整个汽车行业专家的集会场所。

9.2.1 国际知名车展

巴黎车展与德国法兰克福车展、瑞士日内瓦车展、美国北美车展以及日本东京车展一同被誉为当今全球汽车业的五大国际车展。

(1)巴黎车展——概念车云集的海洋

1898 年,在法国汽车俱乐部的倡议下,全球第一个国际性的车展在巴黎杜乐丽花园举行,大约14 万名游客前来参观,232 辆汽车往返了巴黎与凡尔赛之间,汽车成为了公众瞩目的焦点。

作为浪漫之都的巴黎,它的车展如同时装,总能给人争奇斗艳的感觉。该展起源于 1898 年的国际汽车沙龙会,直至 1976 年每年一届,此后每两年一届。在每年的 9 月底至 10 月初举行。1998 年 10 月,巴黎车展恰逢一百周年,欧洲车迷期待很久的巴黎"百年世纪车展"以"世纪名车大游行"方式,让展车行驶在大街上供人们观赏。

法国的汽车设计一向以新颖独特著称于世,富于浪漫和充满想象力的法国人,总是在追求最别具一格的车型、风一般的速度和最舒适的车内享受。这些法国人的嗜好,都在巴黎车展中显露无遗,使得巴黎车展始终围绕着"新"字作文章。与此同时,巴黎车展也是概念车云集的海洋,各款新奇古怪的概念车常常使观众眼前一亮。第一届巴黎车展共有 14 万人参加。2000年,参展人数增长了 10 倍,达到了 140 万人,其中包括来自 81 个国家的 8 500 名记者。2002年法国巴黎国际车展持续 16 天,迎来世界 5 000 多名记者和 125 万名观众。

如图 9.3 所示为凡尔赛门展览中心,如图 9.4 所示为雷诺概念车。

图 9.3　凡尔赛门展览中心

图 9.4　雷诺概念车

（2）德国法兰克福车展——"汽车奥运会"

德国是世界最早办国际车展的地方。法兰克福车展前身为柏林车展,创办于 1897 年,1951 年移到法兰克福举办,每年一届,轿车和商用车轮换展出。法兰克福车展是世界规模最大的车展,有"汽车奥运会"之称(见图 9.5)。每两年举办一次的法兰克福国际车展一般安排在 9 月中旬开展,为期两周左右。参展的商家主要来自欧洲、美国和日本,尤其以欧洲汽车商居多。法兰克福地处德国,唱主角的自然是德国企业,这似乎与底特律车展、东京车展的地域性同出一辙。德国是现代汽车的发祥地,是奔驰公司、大众公司、奥迪公司老牌公司的老家,法兰克福车展正是它们一展身手的好机会。

图 9.5　法兰克福车展

如图9.6所示为2011年法兰克福车展奥迪馆。

图9.6　2011年法兰克福车展奥迪馆

（3）瑞士日内瓦车展——汽车"群英会"

日内瓦车展是每年3月在瑞士日内瓦举行的汽车展览,也是全球重要的车展之一。该车展的展览地点是位于日内瓦国际机场旁的日内瓦 Palexpo 展览会议中心（见图9.7）,主办单位是世界汽车工业国际协会。日内瓦车展是各大汽车商首次推出新产品的最主要的展出平台,素有"国际汽车潮流风向标"之称。

图9.7　日内瓦 Palexpo 展览会议中心

日内瓦车展首次于1905年举行,当时展出所有汽车工业历史上重要的内燃机以及以蒸汽为动力的汽车。由于该车展在全球占有举足轻重的地位,众家汽车制造商常选择在该车展公开发表自家的最新研发科技、超级跑车、概念车等,以争取镁光灯的焦点。相比世界其他车展而言,日内瓦车展是最受传媒关注的,并且被业内人士看作是最佳的行业聚会场所。作为世界五大车展之一的日内瓦车展以其悠久的历史和众多首次推出的概念车和新车型而闻名,届时日内瓦将成为来自欧洲和世界的汽车制造商、汽车设计大师们展现实力的舞台。

每年,日内瓦车展都向世人展示全球汽车世界的最新革新成果,而这种态度正是吸引人们关注的关键所在。每年日内瓦会有来自100多个不同国家和地区的近百万名参展者,其中更包括了4 000名来自80多个国家的新闻记者。

在五大车展中,瑞士是唯一一个没有汽车工业的国家,但却承办着世界上最知名的车展之一,它每年总能吸引30个国家900多辆汽车参展,是世界上举足轻重的车展之一。

如图9.8所示为车展中的法拉利 Ferrari。

图9.8 法拉利 Ferrari

（4）北美车展——一场盛大的派对

北美车展是一个每年举办一次的国际性汽车展览。除了是世界五大车展之一，也是北美洲规模最大的国际车展，每年1月固定在底特律的寇博中心（Cobo Center）举办（见图9.9）。

图9.9 底特律的寇博中心

如果说美国是一个轮子上的国家，那么底特律就是给美国装上轮子的城市。北美车展的举办地底特律可是美国汽车产业三大巨头福特、通用、克莱斯勒诞生的地方。直到今天，它的汽车日生产量仍然雄踞世界第一，因此底特律也被冠以"汽车城"的称号。在这里举行的北美国际车展之所以能够成为世人瞩目的国际汽车盛会，与这里积淀了一个世纪的汽车文化是分不开的。众多人被吸引到车展的原因，除了对汽车的兴趣外，还因为车展办得像一个大的假日集会，吃喝玩乐，热闹非凡。独具特色的音乐和美酒为北美车展增彩，使得北美车展更似一场盛大的派对。

如图9.10所示为2014款 GMC Sierra SLE。

图 9.10 2014 款 GMC Sierra SLE

（5）日本东京车展——日系车主场

最不可忽略的就是东京车展，它是世界五大车展之一。虽然日本东京车展在五大国际车展中排行最小，但是日本东京车展在亚洲可谓领军人物，被誉为"亚洲汽车风向标"。

它诞生于 1954 年，最初展览名称为"全日本汽车展览"，自 1964 年起，展览名称更改为"东京汽车展览"。东京车展是世界五大车展中历史最短的，创办于 1954 年，逢单数年秋季在东京近邻的千叶县举办，双数年为商用车展，是亚洲最大的国际车展，历来是日本本土生产的各式小型车唱主角的舞台。展馆位于东京附近的千叶县幕张展览中心，是目前世界最新、条件最好的展示中心，展出的展品主要有整车及零部件（见图 9.11）。

图 9.11 千叶县幕张展览中心

如图 9.12 所示为东京车展中的奇葩小车。

图 9.12 东京车展中的奇葩小车

9.2.2 国内著名车展

（1）北京车展——规模大时间长

北京国际汽车展览会（Auto China）于 1990 年创办，每两年定期在北京举办，至今已走过 20 多年的发展历程。4 月下旬到 5 月上旬的北京国际汽车展览会，在国内车展中以创办时间早、最具权威性、规模盛大、参展商阵容强大、知名品牌齐全、展品品质高端、新颖、国际化程度高、文化底蕴厚重、媒体关注度强、观众数量众多等鲜明特色而享誉海内外。素有"中国汽车工业发展风向标"之称。

迄今为止，北京车展在国内车展中依然在参展商质量、展品档次和水平、记者、观众数量等方面保持着多项纪录，成为与世界顶级车展比肩而立的品牌汽车展会（见图 9.13）。全球著名的汽车跨国公司、顶级品牌制造商、零部件厂商都把北京国际汽车展作为提升企业形象和品牌、展示其科技实力的大舞台。每逢展会期间，国内外汽车业的各路巨擘与数以万计热情如潮的海内外观众会聚一堂，人们就是冲着北京车展规模大而来的。

图 9.13 北京车展

（2）上海车展——技术先进

上海车展创办于 1985 年，是中国最早的专业国际汽车展览会。逢单数年举办，是亚洲最大规模的车展。4 月中旬到 4 月下旬的上海国际车展（见图 9.14），其特点是，国际巨头的参展阵容之强大、亚洲或全球首发的车型以及概念车的数量均是国内车展少见的。当谈到车展最吸引人的东西，除了那些魅力动人的车模外，恐怕就要数那些外观时尚、前卫技术领先于世的概念车了。全球首发车型的多少是体现车展实力的关键指标之一。在历年上海车展上，有不少车型都是全球首发或亚洲首发。

图 9.14　上海车展

2004 年 6 月，上海国际汽车展顺利通过了国际博览联盟（UFI）的认证，成为中国第一个被 UFI 认可的汽车展。伴随着中国汽车工业与国际汽车工业的发展，经过 20 多年的积累，上海国际汽车展已成长为中国最权威、国际上最具影响力的汽车大展之一。从 2003 年起，除上海贸促会外，车展主办单位增加了权威性行业组织和拥有举办国家级大型汽车展经验的中国汽车工业协会和中国国际贸促会汽车行业分会，三家主办单位精诚合作，为上海车展从区域性车展发展成为全国性乃至国际汽车大展奠定了坚实的基础，确立了上海车展的地位和权威性。

（3）广州车展——参与人数多

广州车展时间一般在年底 12 月左右，为的是和年初的北京、上海车展错开，避免冷场。由于在国内汽车行业中影响巨大的日本三大车商纷纷扎根广州，现在广州车展影响力正日益增强。广州的优势在于汽车市场以及后市场的领先。广东境内以广州为核心放射的城市群间便利的高速公路网是众多省外自驾游的朋友所羡慕的。地处珠三角，临近港澳地区，广州的改装、音响甚至越野等汽车后市场比起其他车展发展得更快一些，这些都是广州得天独厚的优越之处。因此，广州车展的阵容逐年丰富、壮大也是不无道理的。

（4）成都车展——日益壮大

成都车展还在发展之中，时间暂不固定，如今年是 3 月份举行，而去年是 9 月份。曾经过 10 余年发展的成都国际车展，近日被中国贸易促进委员会汽车行业分会认定，成都车展跻身成为当今中国最具影响力的四大车展之一。

从 1985 年首届上海车展以 73 家参展商、1.5 万 m^2 展台面积起家，到 1990 年首届北京车展观众即突破 10 万人；从 1985 年原装进口桑塔纳作为展会主推车型，到 2004 年凯迪拉克 Sixteen 概念车亮相国展，北京车展与上海车展的你追我赶共同见证了中国汽车工业的发展。

在数字的增长之外,国内汽车产销量的增长与普及率的提高正在改变着京沪车展的内涵。京沪车展在十几年间经历了"庙会—展销会—文化盛典—专业展会"的变化过程;国际车展不但成为京沪等大都市白领生活不可缺少的组成元素,更成为加快汽车文化普及、使中国步入汽车社会的推进剂。

关于北京车展、上海车展,日益变得重要,按照参观人数、参展车辆已进入国际级车展行列,但首发车少、新技术车少、能够引导潮流的概念车和新能源车少,归根结底是由于中国人多,购买力强,国际大公司才组团而来参展。但从最近几届车展开始,福特、宝马、通用等都把上海车展当作国际 A 级车展布展;30 位全球汽车老总亲临现场;新车发布、概念车展示成为了上海车展的主流。北京车展和上海车展都已经成为国际性的车展,它们承担得更多的是汽车企业科技、新产品的展示意义。而带有促销性质的车展,已经被后起的广州车展、成都车展和长春车展等二级车展所取代。

9.3　汽车时尚之房车

汽车的诞生不得不看作是人类生活方式的一大改革的里程碑。汽车发展到今天,绝不仅仅是一个交通工具那么简单,汽车正在影响着人们生活的方方面面,已经成为人们生活中不可缺少的一部分。

房车英文全称 Recreational Vehicle,简称 RV。房车又称"车轮上的家",兼具"房"与"车"两大功能,但其属性还是车,是一种可移动、具有居家必备的基本设施的车种。其车上的居家设施有卧具、炉具、冰箱、橱柜、沙发、餐桌椅、盥洗设施、空调、电视、音响等家具和电器。它可分为驾驶区域、起居区域、卧室区域、卫生区域、厨房区域等。房车是集"衣、食、住、行"于一身,实现"生活中旅行,旅行中生活"的时尚产品(见图 9.15、图 9.16)。

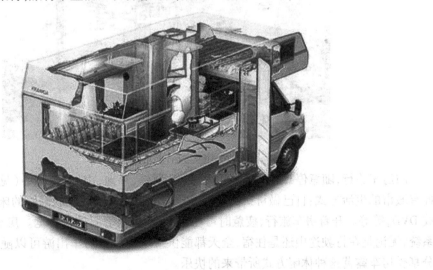

图 9.15　经典房车

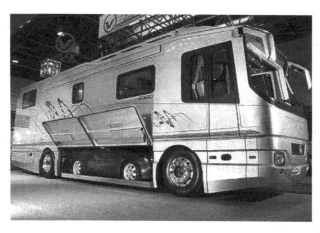

图 9.16　豪华房车

　　房车跟缩小版的房子一样,大体可分为自行式和拖挂式两种。自行式房车可分为自行式 A 型、B 型、C 型;拖挂式房车可分为拖挂式 A 型、B 型、C 型、D 型、移动别墅。房车一般都有卧室,装了座厕、盥洗台,有浴缸的卫生间、客厅、开放式厨房。客厅里两边都有大窗,方便随时随地欣赏路上的风景,地上铺着浅色的地毯,软包内壁再配以原木装饰,确实有一种家的味道。"房子"里面还配备空调、液晶电视、VCD、冰箱、微波炉、煤气炉、热水器等电器(见图 9.17)。电器的启动,完全依赖交流发电机提供电源,在有外接电源的情况下,就由外接电源取代。同时,车上还装备了许多安全设施,包括 LPG(液化石油气)检测器、CO 报警器、烟雾报警器、紧急出口、灭火器、安全带等,可谓麻雀虽小,五脏俱全。

图 9.17　房车内部

　　用房车旅行,随意停靠在远离城市的沙滩、湖岸、草地、山坡、森林中(见图 9.18),同时又拥有城市的生活方式:自己做可口的饭菜,洗个热腾腾的澡,睡柔软舒服的床,看电视,听音乐,放 DVD,等等。开着房车旅行,疲惫时可在床上、沙发上舒服地睡一觉。房车内配有多套供电系统,无论是在行驶途中还是住宿,全天都能供应电力。乘房车出游可以随走随停,可让你充分享受房车露营这种休闲方式所带来的快乐。

图 9.18　房车

9.4　汽车媒体

随着汽车在人们生活中占的地位越来越重要,人们所接触的汽车媒体也越来越多。汽车媒体包括汽车报纸杂志、书籍、宣传、广告、汽车网站等。它是传播汽车信息、汽车技术和文化的重要手段,也是广大汽车工作者、汽车驾驶员、汽车修理技术人员提高自己的重要途径之一。

9.4.1　汽车报纸杂志

国外著名的汽车报纸杂志主要有《汽车工程》(美国)、《汽车工业》(美国)、《汽车技术杂志》(德国)、《汽车工程师》(法国)、《汽车工程》(意大利)、《汽车工业》(俄罗斯)等。

国内主要汽车报纸杂志有《汽车杂志》《汽车之友》《车主之友》《车迷》《汽车商情周刊》《车王》《中国汽车画报》等(见图 9.19、图 9.20)。

图 9.19　汽车杂志

图 9.20　汽车之友

9.4.2 汽车网站

汽车网站能及时反映汽车的新信息,每天都有大量的国内外汽车发展新动态、新技术以及广大网民的意见和评论,是快速获取汽车信息的一种方法。

(1)专业汽车网站

专业汽车网站是指专门从事汽车信息发布的网站。国内主要专业汽车网站见表9.1。

表9.1　国内主要专业汽车网站

序　号	网站名称	网站地址
1	中国汽车网	www. chinacars. com
2	中国汽车新网	www. qiche. com. cn
3	太平洋汽车网	www. pcauto. com. cn
4	中国汽车交易网	www. auto18. com
5	汽车之家	www. club. autohome. com. cn
6	中国汽车用品网	www. car2100. com
7	汽车世界	www. autoworld. com. cn
8	爱卡汽车	www. xcar. com. cn

通用网站的汽车栏目或汽车搜索是指综合性网站在其内部专门开辟了汽车栏目或汽车搜索。大部分网站现在都具有这种功能,比较著名的网站见表9.2。

表9.2　比较著名的汽车栏目或汽车搜索网站

序　号	网站名称	网站地址
1	百度汽车搜索	http://www. baidu. com
2	搜狐汽车频道	http://auto. sohu. com
3	腾讯汽车	http://auto. qq. com
4	雅虎汽车	http://autos. cn. yahoo. com
5	新浪汽车	http://auto. sina. com. cn
6	CCTV 汽车频道	http://autocctv. com
7	21CN 汽车频道	http://et. 21cn. com/auto
8	网易汽车	http://auto. 163. com

(2)汽车集团公司网站

汽车集团公司网站是指汽车集团公司为了宣传、贸易等需要而开辟的公司网站。几乎所有汽车公司都有自己的网站,只要在百度搜索等搜索网站键入该汽车公司的名称,一般都可以找到,这里不再赘述。

(3)其他汽车网站

还有大量的汽车销售公司、学校及个人创办的网站,根据各自需要,介绍汽车的相关内容,各有特色。

参考文献

[1] 余志生.汽车理论[M].北京:机械工业出版社,2004.

[2] 王世铮.汽车文化[M].北京:北京理工大学出版社,2009.

[3] 陈超,闫炳强,杨立云.汽车文化与常识[M].北京:清华大学出版社,2010.

[4] 龚箭,陈恒华.汽车文化[M].上海:复旦大学出版社,2007.

[5] 郎全栋.汽车文化[M].北京:人民交通出版社,2009.

[6] 李艳菲.汽车文化与新技术[M].北京:机械工业出版社,2013.

[7] 曲金玉,任国军.汽车文化[M].北京:机械工业出版社,2010.

[8] 凌永成,李美华.汽车文化[M].北京:中国人民大学出版社,2011.

[9] 梁学军,高志华.汽车文化[M].南京:东南大学出版社,2011.

[10] 梅玉颖,吴翱翔.汽车文化[M].北京:清华大学出版社,2013.

[11] 安军.汽车文化[M].重庆:重庆大学出版社,2005.